Grażyna Fosar
Franz Bludorf

Spektrum der Nacht

Gut schlafen – klar träumen

Grażyna Fosar
Franz Bludorf

Spektrum der Nacht

Gut schlafen – klar träumen

mit 43 Fotos,
19 Zeichnungen und 6 Tabellen

Omega

Die Deutsche Bibliothek – CIP Einheitsaufnahme

Fosar, Grażyna:
Spektrum der Nacht: Gut schlafen - klar träumen;
mit 6 Tabellen / Grazyna Fosar ; Franz Bludorf. - 1.
Aufl. - Aachen : Omega-Verl., 2002
ISBN 3-930243-26-1

1. Auflage September 2002

Covergestaltung und Satz: Martin Meier

Druck: FINIDR s.r.o., Český Těšín, Tschechische Republik

Omega®-Verlag, Gisela Bongart und Martin Meier GbR
Karlstr. 32 • 52080 Aachen

eMail: omegate@compuserve.com
http://www.omega-verlag.de

Inhalt

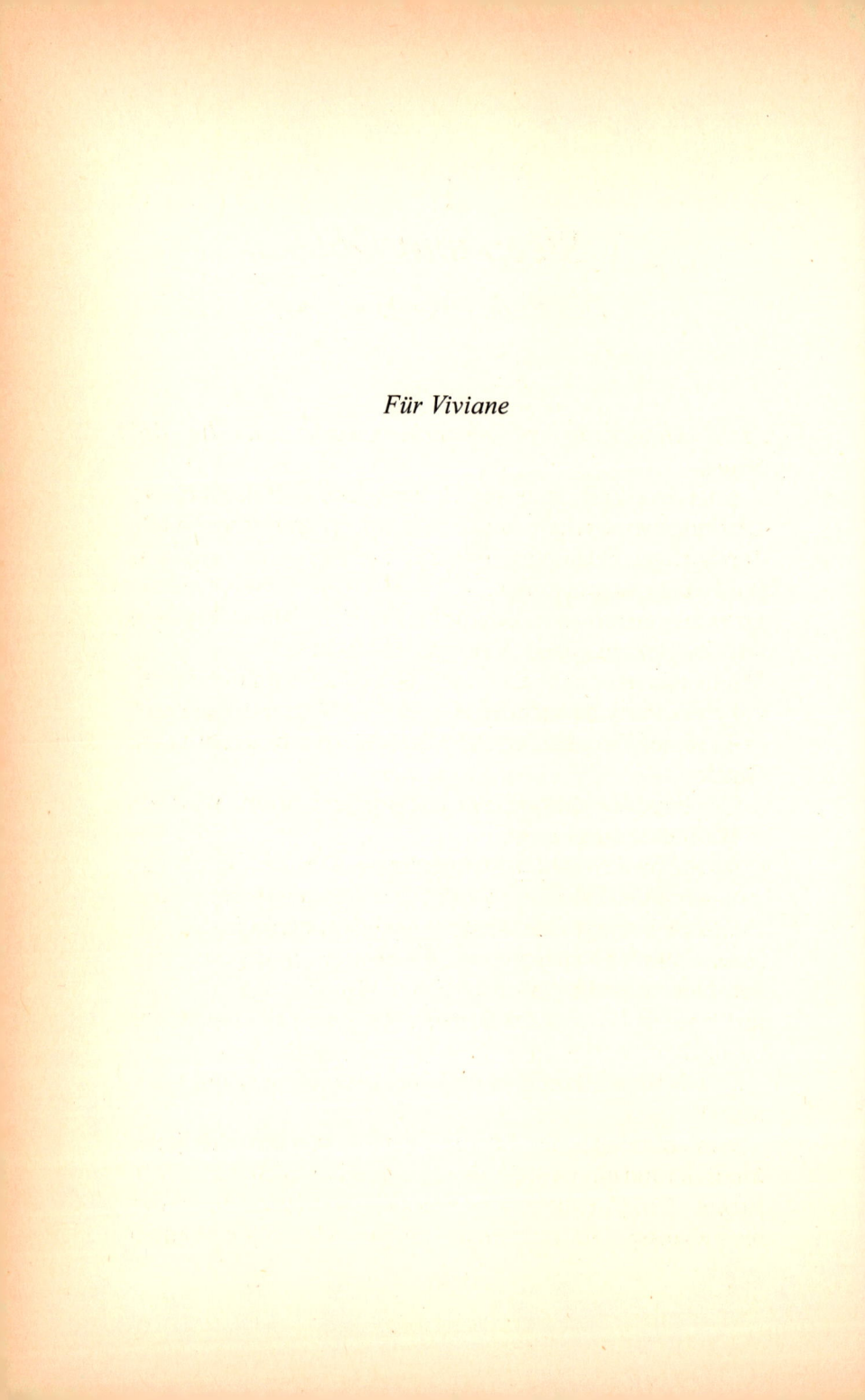

Für Viviane

I
Sleep and Go!

Das Ende einer Legende

„Ich hatte gerade eine wunderbare Nacht ... an der Wall Street."

In unserer Zeit ist es schick geworden, mit pausenloser Leistungsbereitschaft und Erfolg zu renommieren. Viele Topmanager behaupten, mit drei bis vier Stunden Schlaf pro Nacht auszukommen, und nach einem langen Transatlantikflug gehört es sich natürlich, sofort zu einem Meeting statt ins Bett zu gehen. Karriere verpflichtet.

Selbstverständlich ist es auch, ab und zu die ganze Nacht auf einer Party zu verbringen und am Morgen danach topfit in seiner Firma zu erscheinen. Der Mythos kennt keine Gnade.

Wer dagegen mittags ein Nickerchen macht, wird als Schlafmütze ausgelacht.

Zurück in die Realität. Schlafstörungen drohen heutzutage zu einer Volkskrankheit zu werden. Beinahe jeder zweite Deutsche beklagt sich über zu wenig Erholung im Schlaf. Jeder dritte fühlt sich tagsüber müde, obwohl er geschlafen hat. Jeder vierte hat abends Einschlafschwierigkeiten, und fast hundert Prozent der Betroffenen trauen sich nicht, das zuzugeben.

Und damit willkommen im Land des Schlafens und Träumens!

Man sollte sich der Tatsache bewußt werden, daß jeder Mensch rund ein Drittel seines Lebens komplett verschläft. Einem „Land", in dem wir einen so bedeutsamen Teil unserer Lebensspanne verbringen, müßten wir doch eigentlich mehr Interesse entgegenbringen, selbst wenn wir in der Regel – wie es wünschenswert ist – einen gesunden, tiefen und erholsamen Schlaf haben sollten.

Ein volles Drittel unseres Lebens ist natürlich eine erhebliche Zeitspanne. Könnten wir damit nicht etwas Produktiveres anfangen, als sie einfach zu „verratzen"?

Am Ende des Buches werden wir erfahren haben, daß diese Zeit im Gegenteil hervorragend investiert ist.

Sicher ist: ein Leben ohne Schlaf ist undenkbar. Der Schlaf gehört zu den Grundbedürfnissen des Menschen, und niemand kann ihm entkommen.

Warum ist das eigentlich so? Das ist bestimmt eine entscheidende Frage, die wir klären werden.

Wie viel Schlaf braucht eigentlich der Mensch? Diesbezüglich kursieren in unserer Gesellschaft phantastische Legenden. In Wahrheit ist das Schlafbedürfnis jedes Menschen individuell höchst unterschiedlich. Es wird nicht nur durch seine Lebensumstände, sondern auch genetisch mitbestimmt.

Wir alle kennen berühmte Kurzschläfer, die sich nach einer Spanne von nur drei bis vier Stunden Schlaf durchaus erholt und leistungsfähig fühlten. *Napoleon Bonaparte* etwa ging abends zwischen 22 Uhr und Mitternacht zu Bett und schlief dann bis 2 Uhr morgens. Dann stand er auf, arbeitete bis etwa 5 Uhr morgens an seinem Schreibtisch und schlief anschließend nochmals bis 7 Uhr. Auch am Tage machte er öfter ein kurzes Nickerchen, von Traumforschern heutzutage liebevoll „Nap" genannt.

Zu den prominenten Kurzschläfern gehörten auch *Thomas Alva Edison* und *Winston Churchill*. Aber einen wahrlich surrealistischen Erholungsschlaf praktizierte der spanische Maler *Salvador Dali*.

Von ihm wird berichtet, daß „*er im Lehnstuhl sitzend einen Zinnteller neben sich auf den Fußboden stellte, einen Löffel zwischen Daumen und Zeigefinger nahm und sich dann zu-*

rücklehnte. Sobald er einnickte, lösten sich die Finger, der Löffel fiel auf den Teller, und Dali erwachte. Der während dieses Augenblicks zwischen Einnicken und Erwachen genossene Schlaf soll so erfrischend gewesen sein, daß sich der Maler ausgeruht und munter erhob."[1]

Die Vermutung liegt nahe, daß diese eigenwillige Schlafmethode mitverantwortlich für Dalis berühmten surrealistischen Malstil war, denn er hatte ganz offenbar ein erhebliches Defizit an Träumen, die er daher über seine Kunst ausleben mußte.

Sollte jetzt allerdings der Eindruck entstanden sein, berühmte und erfolgreiche Menschen müßten stets Kurzschläfer sein, so ist dies ein Irrtum.

Als eines der bekanntesten Beispiele für einen klassischen Langschläfer gilt – man glaubt es kaum – *Albert Einstein.* Er verbrachte gerne zehn und mehr Stunden im Bett und soll dort auch wesentliche Aspekte seiner Relativitätstheorie entdeckt haben. Also ist es kaum verwunderlich, daß er sich mit Phänomenen wie der Zeitdehnung so gut auskannte!

Einstein schlief übrigens in seinem Arbeitszimmer, wie man es noch heute in seiner Villa in Caputh bei Potsdam sehen kann, so daß er nur drei Schritte vom Bett zum Schreibtisch hatte. Seine Schlafstelle war mehr als spartanisch – eine harte Pritsche in einer Wandnische. Auch sonst machte sein kombinierter Schlaf- und Arbeitsraum einen asketischen Eindruck (s. auch Abbildungsteil, Bild 13, 14).

Heutzutage sind Mediziner der Ansicht, daß die durchschnittlich notwendige Schlafdauer des Menschen etwa sieben bis neun Stunden beträgt. Unser individuelles Optimum ist erreicht, wenn wir tagsüber einer längeren Tätigkeit konzentriert nachgehen können, ohne dabei schläfrig zu werden. Insofern ist vom medizinischen Standpunkt aus nicht die nächtliche Schlafdauer ein Maß für Gesundheit oder Krankheit, sondern nur, wie der Mensch sich am Tage fühlt.

Sowohl Schlafbedarf als auch Schlafdauer sind stark altersabhängig und nehmen bis ins hohe Alter kontinuierlich ab. In einem Zeitraum von 24 Stunden

➢ verbringt ein Säugling ca. 2/3 des Tages schlafend,
➢ schläft ein Kleinkind ca. 12 Stunden,
➢ braucht der Erwachsene etwa 7-9 Stunden Schlaf,
➢ kann sich der Schlafbedarf bei älteren Menschen auf knapp 6 Stunden verkürzen.

Oft wird vermutet, ältere Menschen müßten länger schlafen, da ihre körperliche Leistungsfähigkeit nachlasse. Dies ist jedoch ein weiteres falsches Vorurteil. Ältere Menschen brauchen mehr *körperliche Ruhepausen* als junge, das ist richtig. Schlaf hingegen brauchen sie eher weniger.

Eine der wichtigen Erkenntnisse der modernen Schlafforschung, die wir Ihnen auch in diesem Buch vorstellen wollen, ist die, daß Schlafbedarf und Ruhebedürfnis *nicht dasselbe* sind.

Wenn ein älterer Mensch über „Schlaflosigkeit" klagt, sollte man ihm also diese Tatsachen bewußt machen. Außerdem beobachten Schlafmediziner immer wieder, daß viele ihrer Patienten ihre nächtlichen Wachzeiten maßlos überschätzen. Ein Grund liegt im Geheimnis des Schlafs selbst, der keineswegs die ganze Nacht über ein einheitlicher Vorgang und erst recht kein „Ruhezustand" ist. Das heißt, es gibt Schlafphasen, die für den Schläfer selbst im nachhinein nicht so einfach von Wachphasen zu unterscheiden sind.

Zudem ergaben ausgedehnte Untersuchungen des Schlafverhaltens, daß sich die Struktur der einzelnen Schlafstadien, auf die wir im nächsten Kapitel ausführlich eingehen wollen, mit zunehmendem Alter auch erheblich ändert. Der Tiefschlaf nimmt drastisch ab, und der ältere Mensch verbringt mehr Zeit im Stadium des leichten Schlafs. Auch das Einschlafstadium verlängert sich. Dies sind keine „Krankheitssymptome" oder gar „Alterserscheinungen" (im negativen Sinne), sondern es liegt einfach keine biologische Notwendigkeit für derartigen Tiefschlaf mehr vor.

Doch selbst wenn man eine gewisse Zeit tatsächlich nicht einschlafen kann, sollte man sich nicht krampfhaft herumwälzen und zum Einschlafen zwingen. Das hilft ebenso wenig wie das berühmte „Schäfchenzählen". Viel besser ist es, den momentanen Zustand anzunehmen und aufzustehen. So kann man die schlaflose Phase gewinnbringend nutzen, indem man vielleicht ein gutes Buch liest, einen Brief schreibt oder Musik hört (aber bitte leise, Ihr Nachbar leidet womöglich nicht an Schlaflosigkeit). Um so schneller wird sich echtes Schlafbedürfnis einstellen, und man kann nach der Rückkehr ins Bett in einen entspannten Schlummer sinken.

Nachts ein paar Stunden weniger zu schlafen bringt niemanden um, zumindest nicht, solange man sich dabei keinen Streß macht. Man sollte also solche Schlafersatzhandlungen auswählen, die dem Körper trotzdem Entspannung bieten.

Bleiben wir noch ein wenig bei einigen Vorurteilen über den Schlaf, die im Volksglauben verankert sind, ohne dadurch richtiger zu werden.

Eine der hartnäckigsten dieser Annahmen, daß nämlich Menschen, die besonders viel Schlaf brauchen, faul, undiszipliniert oder leichtlebig seien, haben wir bereits entkräftet.

Genauso wie die benötigte Schlafdauer individuell verschieden ist, gibt es eben Menschen, die von ihrer Veranlagung her eher ein Morgen- oder Abendtyp sind. Manche Menschen brauchen ganz einfach morgens mehr Zeit, um „in die Gänge" zu kommen, und können dafür noch bis in den späten Abend hinein sehr leistungsfähig sein. Auch dies hat absolut nichts mit Solidität oder Verantwortlichkeit zu tun. Andere wiederum springen morgens fröhlich singend aus dem Bett unter die Dusche, während ihnen am frühen

Abend bereits die Augen zufallen. Wo sollte da ein moralischer Vor- oder Nachteil liegen?

Irgendwann im Verlauf der Entwicklung der abendländischen (besser gesagt: einer puritanisch-protestantisch-preußischen) Kultur entstand das Vorurteil, daß es sich bei einem Langschläfer wohl zwangsläufig um einen unsoliden „Bruder Leichtfuß" handeln mußte. Nun ist allerdings zu berücksichtigen, daß der größte Teil der Bevölkerung damals in der Landwirtschaft arbeitete, wo die Arbeitsbedingungen einen Arbeitsrhythmus von Sonnenaufgang bis Sonnenuntergang geradezu erzwangen, während allerhöchstens Schauspieler oder andere freischaffende Künstler es sich überhaupt leisten konnten, morgens lange zu schlafen und abends zu arbeiten – also Menschen mit Berufen, die im puritanischen Geist jener Zeit nicht gerade angesehen waren und denen allgemein ein „liederlicher Lebenswandel" nachgesagt wurde.

Heute ist dies natürlich vollkommen anders. Es ist schade, daß im Berufsleben dennoch nicht auf die so unterschiedliche Veranlagung der Menschen Rücksicht genommen wird. Dies gilt gerade auch für unsere Kinder (und deren Lehrer), die durch ein starres Schulsystem ständig zum Unterrichtsbeginn um 8 Uhr morgens gezwungen werden, ohne daß dafür eine zwingende Notwendigkeit bestehen würde.

Nach wie vor werden die Abendtypen durch unser Berufsleben und andere Anforderungen unserer Gesellschaft einseitig diskriminiert, und das, obwohl sich Schlafmediziner heute darüber einig sind, daß sich ein solcher Veranlagungstyp, der zumeist genetisch bestimmt ist, nicht dauerhaft „umprogrammieren" läßt. Man kann lediglich gewisse Übungen durchführen, was dann allerdings lebenslang konsequent durchgehalten werden muß. Paradoxerweise müssen also die Abendtypen in unserer Arbeitswelt mehr Disziplin und Verantwortungsgefühl an den Tag legen als ihre angeblich „solideren" Mitmenschen, denen Mutter Natur das frühe Aufstehen bereits in die Wiege gelegt hat.

Ein prominenter „Abendtyp" ist übrigens auch der PDS-Politiker *Gregor Gysi*. Gleich zu Beginn der Koalitionsverhandlungen mit der SPD zur Bildung eines neuen Berliner Senats im Spätherbst 2001 fragte Gysi den Regierenden Bürgermeister *Klaus Wowereit*, noch auf den Stufen des Roten Rathauses, wann seine beste Verhandlungszeit sei. Er, so Gysi, verhandle am besten nach 21 Uhr. Wowereit entgegnete jovial, das sei ihm egal, er sei „immer fit".

Diese unterschiedlichen Aussagen der beiden Politiker sind natürlich sehr interessant, ohne daß daraus eine politische Wertung werden sollte. Während der eine seine Individualität betont und auch offen dazu steht, zeigt der andere die allbekannte Anpassung an den Jugend- und Fitneß-Mythos.

Nun heißt es aber auch, der Schlaf vor Mitternacht sei der gesündeste. Läßt sich daraus nicht doch ableiten, daß der Frühaufsteher, der „mit den Hühnern" schlafen geht, ein naturgemäßeres und gesünderes Leben führt?

Auch dieses Vorurteil erweist sich als falsch. Allenfalls läßt es sich auf Kinder anwenden. Es ist richtig, daß die Ausschüttung des Schlafhormons *Melatonin* und damit auch die Produktion der Wachstumshormone während der ersten beiden Tiefschlafphasen der Nacht am intensivsten ist, was für Kinder und Jugendliche im Wachstumsalter durchaus von Bedeutung ist. Beim Erwachsenen hingegen spielt es kaum eine Rolle, wann er sich seine notwendige Ration Schlaf holt.

Wenn es seine Zeit erlaubt, kann dies auch der berühmte kurze Mittagsschlaf sein. Wie umfangreiche Untersuchungen ergeben haben, hat der Mensch neben dem allabendlich zunehmenden Schlafdruck ein zweites tägliches Tief, das etwa um die Mittagszeit zwischen 13 und 14 Uhr liegt. Dies entspricht der „Siesta" in südlichen Ländern, in denen die Mittagsruhe aus klimatischen Gründen geradezu zwingend notwendig ist. Daß auch wir Bewohner der gemäßigten und nördlichen Breiten dieses Tief spüren, kann natürlich ein genetisches Erbe aus Zeiten sein, in denen ein anderes Klima herrschte, ganz abgesehen davon, daß es auch im mitteleuropäischen Sommer an heißen Tagen unmenschlich ist, die Angestellten in stickigen Büros zur Weiterarbeit zu zwingen.

Auf jeden Fall ist es nicht sinnvoll, den Mittagsschlaf länger als eine Stunde auszudehnen. Sollten Sie sich also bereits an einen längeren Mittagsschlaf gewöhnt haben, gönnen Sie sich ab jetzt ruhig etwas weniger.

Wenn es einem gelingt, am Tage zu schlafen, kann man natürlich auf diese Weise gewährleisten, daß man am Abend, an dem man vielleicht etwas Wichtiges vorhat, länger frisch bleibt. Dies klappt jedoch nur in begrenztem Rahmen. Es ist unmöglich – und die Erkenntnisse der Schlafforscher werden uns auch erklären, warum – „vorauszuschlafen", um etwa am Tage einer Prüfung oder eines sonstigen wichtigen Termins besonders gut in Form zu sein. Auch versäumter Schlaf aus schlaflosen Nächten wird in der Regel schneller kompensiert, als wir denken.

Die 10 Gebote gesunden Schlafs

1. Schlaf ist Gewohnheit. Stehen Sie nach Möglichkeit jeden Tag um die gleiche Zeit auf.
2. Lassen Sie sich von niemandem einreden, Ihr Schlafrhythmus sei abnormal, wenn Sie selbst sich dabei wohl fühlen.
3. Gehen Sie nur schlafen, wenn Sie müde sind.
4. Schlafen Sie so lange, daß Sie sich morgens ausgeruht und erholt fühlen. Finden Sie selbst heraus, wie viel Schlaf Sie persönlich brauchen. Es gibt Menschen, die mit wenig Schlaf auskommen, und andere, die viel Schlaf benötigen.
5. Schlafen Sie in einem ruhigen, dunklen, gut gelüfteten Raum auf nicht zu weicher Unterlage.

6. Sollten Sie einmal nachts nicht schlafen können, so stehen Sie auf und beschäftigen Sie sich (z. B. mit Lesen, Handarbeit, Schreiben, Musikhören etc.), bis Sie müde sind.
7. Kleine entspannende Rituale wie z. B. ein warmes Bad können das Einschlafen fördern.
8. Treiben Sie regelmäßig etwas Sport oder Aerobic.
9. Vermeiden Sie es, tagsüber zu schlafen, wenn Ihr Nachtschlaf gestört ist.
10. Vermeiden Sie am Abend:
   - übermäßigen Genuß von Kaffee, Alkohol und Nikotin
   - schwere Mahlzeiten
   - anstrengende geistige oder körperliche Tätigkeiten.

Nun werden Sie vielleicht denken: Ich halte mich seit jeher an diese Regeln, bin gesund und kann trotzdem nicht schlafen. Gibt es etwas, was ich tun kann?

Selbstverständlich. Zusammenfassend lassen sich vier Grundursachen für schlechten Schlaf benennen. Schlafstörungen können ein Symptom einer dahinter stehenden Grundkrankheit sein (s. auch Tabelle 1 in Kapitel III), sie können auf äußere Ursachen zurückzuführen sein (z. B. Wettereinflüsse, Jet-Lag, Elektrosmog), auf Ernährungsfehler oder auf psychische Probleme.

Letztere dürften die weitaus häufigste Ursache für schlaflose Nächte sein. Dabei geht es durchaus nicht nur um ernsthafte psychische Störungen wie etwa Depressionen, sondern auch um beruflichen Streß, Sorgen, Ängste oder ganz einfach die Unfähigkeit, vom Tagesbetrieb abschalten zu können.

In solchen Fällen empfehlen wir eine Entspannungsübung, die wir Ihnen jetzt genauer beschreiben wollen.

Wir wissen, daß Sie Schlafstörungen haben, für die Sie gern eine befriedigende Lösung finden würden, und wir sind uns nicht sicher, welche persönlichen Fähigkeiten Ihnen am meisten helfen würden, diese Schwierigkeiten zu lösen, aber wir wissen, daß Ihr Unbewußtes besser als Sie in der Lage ist, Ihre emotionalen Erfahrungen nach genau dieser Fähigkeit zu durchsuchen.

Um die Übung regelmäßig und erfolgreich durchzuführen, sollten Sie sich eine feste Zeit am Tag wählen.

„Stressless-Übung"

> *Setzen Sie sich in einen bequemen Sessel und schließen Sie die Augen.*
> *Versuchen Sie nicht, sich auf Kommando zu entspannen. Das ist nämlich nicht so einfach. Es ist aber leicht, sich einen Regentropfen vorzustellen, der auf einem Blatt ruht.*
> *Spüren Sie Ihren Körper, daß er da ist. Sagen Sie sich innerlich: „Ich sitze jetzt auf dem Sessel und spüre, wie mein Körper den Sessel berührt. Ich fühle meine Arme und Beine. Ich fühle, wie meine Füße den Boden berühren. Ich spüre die Lufttemperatur auf der Haut in meinem Gesicht.*
> *Vor meinem inneren Auge erscheint jetzt eine Wendeltreppe, die mit zehn Stufen nach unten führt. Ich stelle mir vor, auf der obersten Stufe dieser Wendeltreppe zu stehen. Ich gehe Stufe für Stufe langsam nach unten und zähle jede Stufe langsam mit. 10 – mit jeder Stufe gehe ich auf eine tiefere und immer tiefere Bewußtseinsebene – 9 – 8 – 7 – 6 –, und wenn ich auf der untersten Stufe angelangt bin, dann bin ich auf einer Bewußtseinsstufe, die mir verschiedene Möglichkeiten zum erfolgreichen Handeln zur Verfügung stellt – 5 – 4 – 3 – 2 – 1.*
> *Ich möchte meinen Schlaf verbessern – also jeden Abend, wenn ich zu Bett gehe und das Licht ausschalte, fallen alle Ereignisse des Tages von mir ab, so wie die welken Blätter von einem Baum im Herbst. Und ich spüre ein Gefühl des Friedens und der Harmonie. Ich habe einen gesunden,*

natürlichen und erholsamen Schlaf und wache immer erst morgens wieder ganz frisch und erholt auf. Ich kann mich dann an alle bedeutsamen Träume erinnern, denn mein Unterbewußtsein trägt immer alles Bedeutungsvolle zu meiner Gesundheit bei.

➤ *Beim Erwachen fühle ich sofort wieder das Gefühl des Friedens und der Harmonie, und ich bin voller Tatkraft und Energie, voller Freude auf den bevorstehenden Tag.*

➤ *Ich werde jetzt langsam von 1 bis 3 zählen, und bei 3 öffne ich die Augen wieder, fühle mich vollkommen wach, frisch und wohl. 1 – 2 – 3. "*

Das Geheimnis des Erfolgs dieser Übung liegt in der *regelmäßigen* Wiederholung. Es ist auch sehr wichtig, daß die Formulierungen dieses Textes *wortwörtlich* so verwendet werden, wie sie hier stehen. Wenn Sie den Text also nicht auswendig lernen wollen, so sollten Sie ihn auf eine Kassette sprechen oder sich ihn von einem Partner vorlesen lassen.

Eine wichtige Funktion des Schlafs haben wir bislang vollkommen außer acht gelassen. Wir alle wissen, daß wir unsere Schlafphasen nicht vollkommen bewußtlos verbringen, sondern während des Schlafs höchst bizarre Welten mit unserem Bewußtsein betreten – unsere Träume.

Es ist erwiesen, daß jeder Mensch jede Nacht mehrmals träumt, wenn er sich auch nicht immer daran erinnern kann. Wie wir im folgenden Kapitel sehen werden, träumen wir sogar fast pausenlos die ganze Nacht hindurch, wenn auch in höchst wechselnder Qualität. Die eigentlichen Träume, die psychologisch interessant und auch emotional gefärbt sind, treten dabei allerdings nur in bestimmten Schlafphasen auf, die unter anderem dadurch gekennzeichnet sind, daß die Augen unter den geschlossenen Augenlidern schnelle, ruckartige Bewegungen vollführen. Man spricht daher auch vom sogenannten REM-Schlaf (REM = Rapid Eye Movement = schnelle Augenbewegungen).

Vielerlei Theorien sind bereits über Sinn und Zweck unserer Träume angestellt worden, die die ganze Palette von mystischem Aberglauben bis hin zu materialistischem Agnostizismus abdecken. Kurz gesagt: Für den einen sind Träume „Botschaften der Götter", für den anderen eben bloß „Schäume" (oder etwas wissenschaftlicher ausgedrückt: „ein chaotisches Feuerwerk sinnloser elektrischer Impulse aus dem Stammhirn").

Wenn wir allerdings die ernstzunehmenden Ergebnisse der modernen Traumforschung auf einen gemeinsamen Nenner bringen, so werden wir sehen, daß Träume zwar vielleicht nicht gerade von den „Göttern" kommen (zumindest nicht immer), nichtsdestoweniger jedoch für uns sehr wichtig, ja sogar lebenswichtig sind. Vor allem haben sie entscheidende Bedeutung für die Funktion des Gedächtnisses und für innere Lernprozesse.

Wenn wir aber träumen, um zu lernen, dann ist dieses Drittel unseres Lebens doch ganz gut angelegt, oder nicht? Nur schade, daß man so wenig darüber weiß, nicht wahr? Wäre es nicht besser, wenn man sich an mehr Träume erinnern könnte?

Zweifellos, und deshalb wird die Arbeit mit Träumen auch einen wesentlichen Bestandteil dieses Buches ausmachen.

Eine *Deutung* von Träumen und Traumsymbolen nach Art herkömmlicher „Traumbücher" werden Sie bei uns allerdings vergeblich suchen. Diese vorgefertigten stereotypen Interpretationsmuster (Stichwort: „weißes Pferd von links bedeutet Geldgewinn" usw.), die zu wenig der Persönlichkeit des Individuums und seiner Lebenssituation Rechnung tragen, haben uns seit jeher gestört und sind mittlerweile auch mehr und mehr umstritten.

Statt dessen werden Sie hier etwas Besseres lernen können, nämlich selbst die Bedeutung Ihrer Träume herauszufinden oder gar zu verändern.

Wir werden Ihnen zunächst Hinweise geben, wie Sie Ihre

Schlafqualität verbessern können. Auf einem ungeeigneten Schlafplatz große und bahnbrechende Träume haben zu wollen wäre ungefähr dasselbe, als wenn Michael Schumacher zum nächsten Formel-I-Rennen im „Trabbi" antreten würde. Sie werden erfahren, welche Schlafstörungen gesundheitlicher Art es gibt und welche Umweltfaktoren Einfluß auf Schlaf und Träume nehmen können, in positiver wie in negativer Hinsicht. Außerdem werden Sie lernen, welcher Hilfsmittel Sie sich bedienen können, um Ihre persönlichen Traumerinnerungen bedeutsam zu verbessern (und von welchen Hilfsmitteln Sie lieber die Finger lassen sollten). Schlaf- und Traumhygiene sind wichtige Vorbedingungen, um Sie bei Ihren nächtlichen Lernprozessen sozusagen aus der „Volksschule" in eine Eliteanstalt zu befördern.

Irgendwann ist es nämlich mit der bloßen Traumerinnerung am Tag und der individuellen Interpretation des Traums nicht mehr getan. Was nützt es mir schließlich, wenn ich mich jede Nacht an fünf oder sechs Träume erinnere und dann feststelle, daß ich nur „Blödsinn" geträumt oder – um es mit dem Biophysiker *Francis Crick* auszudrücken – wieder einmal nur einem Lösch- und Bereinigungsvorgang meiner inneren „Speicherdisketten" im Gehirn zugesehen habe.[2]

Es geht nicht darum, ob man nun für das Träumen „begabt" ist oder nicht. Der bekannte amerikanische Traumforscher *Stephen LaBerge* hat für diese Situation Worte des Trostes für uns alle bereit: Auch Pablo Picasso konnte nicht an jedem Tag seines Lebens ein Meisterwerk malen.

Was wir allerdings tun können, ist, unsere Traumfähigkeiten zu trainieren, um zumindest hin und wieder einen wirklich bedeutsamen Traum zu haben und – was noch wichtiger ist – etwas daraus machen zu können.

Fangen wir also gleich damit an. Wir wollen Ihnen schon jetzt ein paar Möglichkeiten vorstellen, mit denen Sie ganz spielerisch und kreativ erste Erfahrungen darin sammeln

19

können, wie weit es überhaupt möglich ist, auf seine Träume Einfluß zu nehmen.

Was für einen Traum möchten Sie sich für heute nacht bestellen? Wir haben viele verschiedene Arten von Träumen für Sie in unserem Menü.

Wie wäre es zum Beispiel mit einem *bestätigenden Traum?* Solche Träume sind meistens positiv und stellen deutlich etwas dar, was man in seinem Leben neu begonnen hat oder beginnen will.

Sie können es heute nacht ausprobieren. Wählen Sie ein Thema aus dem Lebensbereich aus, in dem Sie gerade etwas Neues angefangen haben. Denken Sie darüber vor dem Einschlafen nach und programmieren Sie Ihr Unterbewußtsein darauf, Ihnen einen deutlichen Traum zu dieser Thematik zu inszenieren. Es kann hilfreich sein, wenn Sie sich dabei bis zum Einschlafen auf die beiden Innenflächen Ihrer Handgelenke konzentrieren.

Wenn Sie mögen, können Sie selbstverständlich einen ganz *gewöhnlichen Traum* bestellen. Das ist ein Traum, in dem Sie mit vielerlei inneren und äußeren Problemen konfrontiert werden. Er kann witzig, humorvoll und angenehm sein, oder auch bitter ernst, aber auf jeden Fall hilfreich. Dazu visualisieren Sie vor dem Einschlafen eine Tür, an der sich eine Nummer befindet, die Ihrem Lebensalter in Jahren entspricht. Schlafen Sie mit diesem Bild vor Ihrem inneren Auge ein.

Ein ganz besonderer Traum ist der sogenannte *große Traum,* der wichtige Ereignisse im Leben widerspiegelt, mit vielen spirituellen und oft archetypischen Symbolen, die Sie in Staunen versetzen können. Aber Achtung – dieser Traum ist sehr teuer! Im Wachzustand werden Sie an seiner Symbolik weiterarbeiten müssen, um Ihre Ziele zu erreichen. Um diesen Traum hervorzurufen, legen Sie sich hin, schließen Sie Ihre Augen und gehen Sie in Ihren Gedanken auf eine Wiese. Schauen Sie sich genau um – wie sieht sie aus? Was können Sie links oder rechts wahrnehmen? Was sehen Sie am Horizont, wenn Sie geradeaus schauen? Immer, wenn Sie mit diesem Motiv vor dem inneren Auge einschlafen, werden Sie sich von Mal zu Mal mehr und mehr den wichtigen Symbolen nähern, die nur in einem großen Traum zu finden und die oft spirituellen und archetypischen Charakters sind.

Einen *unangenehmen Traum* wollen Sie bestimmt nicht bestellen. Aber es ist möglich, daß Sie sowieso öfter einen haben. Er hat immer etwas mit Ihrer Schattenseite zu tun, mit dem, was Sie vielleicht verdrängen. In solchen Träumen kommen oft sehr bizarre Bilder vor. Um sie besser zu verstehen, versuchen Sie mit dem Bild einer Wiese einzuschlafen (wie beim großen Traum), diesmal aber am Rande eines Waldes. Es ist immer möglich, daß aus dem Wald etwas oder jemand auf Sie zukommt und Ihnen hilft zu erkennen, wo Ihr Problem liegt und wie Sie es lösen können.

Gehen Sie unter keinen Umständen jemals in den Wald hinein. Auf der Wiese sind Sie immer sicher, und jede Symbolgestalt wird über kurz oder lang bereit sein, Sie dort aufzusuchen.

Sollten Sie unter Alpträumen leiden, sagen wir Ihnen schon jetzt, daß es ein absolut sicheres Mittel gibt, um aus einem solchen Traum auf Befehl aufzuwachen: *Fixieren Sie einfach während des Traums einen festen Punkt mit den Augen.* Warum das so funktioniert und wie man es systematisch lernen kann, verraten wir Ihnen etwas später.

Es ist durchaus möglich, daß Sie aus unserem Menü einen *zukunftsweisenden Traum* auswählen möchten. So ein Traum deutet auf potentielle Möglichkeiten und Alternativen in Ihrem Leben hin. Schlafen Sie ein mit der Vorstellung, daß Sie sich auf einem Berg befinden und weit um sich herum ins Land schauen.

Einen *dynamischen Traum,* der in Ihrem Leben viel bewegen kann, besonders wenn Sie sich in einer Phase der

Stagnation befinden sollten, erreichen Sie mit einer Wanderung entlang des Ufers eines Baches. Machen Sie diese Wanderung vor dem Einschlafen (vor Ihrem inneren Auge), und beobachten Sie, wie der Bach allmählich zum Fluß wird und wie er dann weiter bis zum Meer fließt.

Würde es Ihnen Spaß machen, einen *präkognitiven Traum* zu träumen? Solche Träume weisen entweder auf zukünftige Ereignisse hin, oder sie sind die fördernde Ursache ihrer Entstehung. Deshalb ist hier die höchste Sicherheitsstufe angesagt. Wie man solche Träume erreichen kann, wollen wir an dieser Stelle nicht verraten. Entweder man ist dazu veranlagt, oder man sollte lieber die Finger davon lassen.

Als Beispiel möchten wir Ihnen an dieser Stelle einen Traum von *Abraham Lincoln* zitieren. Der amerikanische Präsident erzählte diesen Traum eines Abends im Verlauf eines Gesprächs seinem Biographen Ward Hill Lamon.

„Um mich herum schien eine todesähnliche Stille zu herrschen. Plötzlich hörte ich unterdrücktes Schluchzen, wie von einer weinenden Menschenmenge. Ich glaube, ich stieg aus dem Bett und ging die Treppe hinunter. Dort wurde die Stille von demselben jämmerlichen Weinen unterbrochen, aber nirgendwo waren Trauernde zu erblicken. Ich ging von Zimmer zu Zimmer; kein Mensch war zu sehen, doch überall hörte ich im Vorbeigehen die Laute des Kummers. Alle Zimmer waren hell erleuchtet; jeder Gegenstand war mir vertraut; aber wo waren all die Menschen, die klagten, als bräche ihnen das Herz? Ich war verwirrt und bestürzt. Was konnte das zu bedeuten haben? Fest entschlossen, die Ursache dieses schrecklichen Geheimnisses herauszufinden, ging ich weiter, bis ich zum Ostzimmer kam. Ich trat ein. Dort erwartete mich eine entsetzliche Überraschung. Vor mir stand ein Katafalk, auf dem ein verhüllter Leichnam lag. Um ihn herum waren Soldaten postiert, und um diese drängte sich eine große Menschenmenge. Manche blickten voller Trauer auf den Leichnam, dessen Gesicht zugedeckt war, andere weinten

hemmungslos. ‚Wer ist gestorben im Weißen Haus?' fragte ich die Soldaten. ‚Der Präsident', lautete die Antwort. ‚Er wurde von einem Attentäter ermordet!' In diesem Augenblick brach die gesamte Menge in laute Trauerbezeugungen aus, und ich erwachte. In dieser Nacht fand ich keinen Schlaf mehr."

Wenige Tage später wurde Abraham Lincoln erschossen. So viel also zu der Frage, ob man sich präkognitive Träume unbedingt wünschen sollte.

Auf jeden Fall wäre es empfehlenswert, sich ein Traumtagebuch zuzulegen, in das Sie die Träume, an die Sie sich morgens erinnern, eintragen können. Das müssen nicht unbedingt lange Geschichten sein, auch das kleinste Fragment, das Ihnen im Gedächtnis geblieben ist, zählt.

Später werden wir uns mit dem hochinteressanten Gebiet der Klarträume beschäftigen, und da wird es von großem Vorteil sein, wenn Sie schon auf ein kleines Archiv Ihrer eigenen Träume zurückgreifen können. Bis dahin haben Sie aber auch jetzt schon Gelegenheit, Ihr Traumerleben wesentlich zu beleben, dynamisch zu gestalten und bewußter zu organisieren.

Nachweislich verbessert sich durch das regelmäßige Notieren der Träume die Traumerinnerung erheblich. Hierzu noch zwei Tips. Erstens: Schreiben Sie abends vor dem Einschlafen bereits das Datum des folgenden Tages auf die nächste freie Seite Ihres Traumtagebuchs. Damit schaffen Sie einen Anker für Ihr Unterbewußtsein, der dafür sorgt, daß Sie am nächsten Tag auch etwas einzutragen haben werden.

Zweitens: Wir alle kennen den Effekt, daß wir beim Erwachen den Traum noch ganz deutlich im Kopf haben, und dann müssen wir hilflos beobachten, wie er in einem Moment auf Nimmerwiedersehen aus unserem Gedächtnis entschwindet. Dem kann man sehr effektiv vorbeugen, indem man einige einfache Grundregeln beachtet:

Bleiben Sie beim Erwachen noch einen Moment in der derzeitigen Position Ihres Körpers liegen und öffnen Sie

23

auch die Augen nicht. Während des Traums fühlten Sie sich in einem anderen „Traumkörper" und in einer anderen Umgebung als jetzt. Intensive Bewegungen oder das Öffnen der Augen zerstören diese Eindrücke zu abrupt, indem sie Ihr Bewußtsein auf die äußere Realität und Ihren materiellen Körper fokussieren, was den Traum entschwinden läßt.

Wenn Sie aber wie empfohlen noch einen Moment still und mit geschlossenen Augen liegenbleiben und den Traum während dieser Zeit noch einmal so gründlich wie möglich mit allen Details durchdenken, dann verankern Sie ihn in Ihrem Wachbewußtsein. Öffnen Sie anschließend die Augen und schreiben Sie ihn sofort auf. Es ist daher hilfreich, Traumtagebuch und Kugelschreiber immer griffbereit am Bett zu haben.

Was für ein *Schlaftyp* sind Sie eigentlich? Haben Sie sich schon einmal beobachtet, in welcher Position Sie am liebsten schlafen?

Menschen, die überwiegend auf dem *Rücken* schlafen, sind eher realistisch, meistens gesund, voll Selbstvertrauen und dynamisch, fast progressiv im Leben. Sie können aber auch meditativ veranlagt sein.

Wer den Schlaf auf der *linken Körperseite* bevorzugt, ist sehr intuitiv, zart, eher ein Träumer. Er ist oft leicht hellseherisch veranlagt. Im Wachleben ist er meistens ein Idealist, hat viel Wissen und ist sehr machtstrebend.

Die liebste Schlafposition auf der *rechten Seite* charakterisiert den Intellektuellen, der geradlinig, ehrgeizig, ehrlich und mutig ist. Im Leben sind solche Menschen oft Herrschertypen.

Auf dem *Bauch* schlafen Verliebte, Träumer, Menschen, die oft viel zu viel grübeln. Diese Schlafposition charakterisiert Leute, die nur wenig selbständig sind, oft romantisch, künstlerisch veranlagt. Sie können nur schwer etwas im Leben erreichen, sind meistens sehr rücksichtsvoll, aber auch sehr zäh und trickreich.

Sollten Sie die Frage nach Ihrer bevorzugten Schlafposition allerdings nicht spontan beantworten können, versuchen Sie lieber nicht, es in der nächsten Nacht herauszufinden. Es könnte Ihnen eine schlaflose Nacht bescheren.

Dazu gibt es eine hübsche Anekdote über einen Mann mit einem langen Bart, der in einer Talkshow einmal gefragt wurde, ob er beim Schlafen den Bart über oder unter der Bettdecke habe. Er wußte nicht, was er darauf antworten sollte. In der kommenden Nacht deckte er zuerst den Bart mit der Bettdecke zu und befand, es war nicht richtig. Dann zog er den Bart über die Bettdecke, aber auch das behagte ihm nicht. Es heißt, er konnte erst wieder ruhig schlafen, als er den Bart abrasiert hatte.

Träumen heißt Realitäten schaffen. Im Grunde sind wir immer Mitschöpfer unserer Realität, und zwar auch am Tage, indem wir denken und handeln. Nach einer Aussage des Bewußtseinsforschers und Sachbuchautors *Johannes Holler* bedienen wir uns hierfür allerdings unterschiedlicher Mechanismen:

➤ In der *Tagesrealität* schaffen wir Realität durch *Konditionierung* (also durch erlernte Gewohnheiten, die vorher durch Lernprozesse, vor allem in unseren Träumen, konsolidiert wurden).
➤ In der *Traumrealität* schaffen wir Realität durch *Emotionen.*

Doch da gibt es seiner Aussage nach noch einen dritten, schöpferischen Bereich, der vielleicht nicht so unmittelbar offensichtlich, nichtsdestoweniger aber sehr wichtig ist, denn wir wollen ja Menschen sein und keine Automaten. Dieser Bereich ist dem weiten Feld der Kreativität, der Intuitionen und Inspirationen zuzurechnen und tritt im wesentlichen ebenfalls in unseren Träumen (zumindest in den wichtigeren unter ihnen) auf:

➢ In *alternativen Realitäten* schaffen wir Realität durch *Akte des freien Willens.*

Alternative Realitäten bedeuten eine echte Neuschöpfung durch Kreativität und Phantasie, was natürlich hauptsächlich dann einen Sinn hat, wenn wir dies hinterher auch in die Tagesrealität umsetzen können.

Wäre es nicht schön, solche Träume öfter zu haben und vor allem selbst bestimmen zu können, in welchem Lebensbereich man neue Erkenntnisse haben möchte?

In der Tat ist auch das möglich, und ein großer Teil des Buches wird sich mit diesen Möglichkeiten beschäftigen, die zum Faszinierendsten gehören, was das menschliche Bewußtsein hervorgebracht hat – dem *Klartraum.*

Ein Klartraum ist ein Traum, während dessen der Träumer weiß, daß er träumt, und sich weiterhin der Tatsache bewußt ist, daß er den Traum durch seinen freien Willen steuern und verändern kann.

Viele Menschen haben solche Träume spontan irgendwann in ihrem Leben, doch es hat sich auch gezeigt, daß im Grunde jeder Mensch das Klarträumen prinzipiell erlernen kann – wenn es auch nicht so leicht ist, wie oft behauptet wird, und sogar im Erfolgsfall mit einigen Fallstricken und Gefahren verbunden ist, die man kennen muß, ehe man sich auf dieses äußerst spannende Abenteuer einläßt.

Unser Buch ist auch eine Hommage an unseren leider viel zu früh verstorbenen Freund *Paul Tholey,* dessen Lebenswerk als Professor für Psychologie an der Universität Frankfurt am Main darin bestand, unserem modernen Kulturkreis das uralte Wissen über Klarträume wieder verfügbar zu machen. Wer Paul Tholey kannte, weiß, daß er nicht nur durch seine fundierten wissenschaftlichen Kenntnisse, sondern auch durch sein humorvolles und zuweilen auch etwas skurriles Wesen die Menschen für sich gewinnen konnte, daß er kurz gesagt ein Mensch war, den man mit all seinen

Marotten einfach gernhaben mußte. So manches Erzählenswerte aus seinem Leben und seiner Forschungsarbeit wird daher auch die Fakten im weiteren Verlauf unseres Buches humorvoll auflockern.

Paul Tholey ist von seinem letzten Klartraum nicht mehr in unsere Realität zurückgekehrt. Vielleicht aber kann uns dieses Buch einige Ahnungen verschaffen, in welche anderen Welten er aufgebrochen ist...

Damit haben wir jetzt einen ersten Überblick gewonnen, welche Stationen uns im einzelnen auf unserer Reise durch das Land des Schlafs und der Träume bevorstehen. Wirklich erkunden kann man dieses Land allerdings nicht durch Lesen, sondern durch Tun. Um diese geheimnisvolle Welt kennenzulernen, müssen wir sie betreten und erfahren, kurz gesagt: wir müssen schlafen.

Sie werden den maximalen Gewinn aus diesem Buch ziehen, wenn Sie versuchen, zumindest einige der hier angeführten Hinweise in die Tat umzusetzen.

Es kann ein kurzer, aber auch ein längerer Weg sein.

Oder, um es mit den poetischeren Worten des Dichters *Robert Frost* auszudrücken:

> *Des Waldes Dunkel zieht mich an.*
> *doch muß zu meinem Wort ich steh'n*
> *und Meilen geh'n, bevor ich schlafen kann.*

II
Traumdimensionen

Eine Nacht im Schlaflabor

„Der Gerichtssaal ist groß, rund und hell. Ich sitze und warte auf meinen Prozeß. Rechts sehe ich Olaf, er ist mein Verteidiger. Er lächelt mir leicht zu. Das macht mich etwas mutiger. Links von mir eine Frau – die Staatsanwältin. Sie soll eine Zicke sein, habe ich gehört...
Im Saal sehe ich viele Menschen. Mmh – was wollen die hier? Warum sind sie gekommen? Was habe ich getan, daß man mich angeklagt hat? Ich kann mich nicht erinnern, ich versuche es, aber ich weiß es einfach nicht.
Der Richter kommt herein, und der Prozeß beginnt. Er sagt mir, daß ich des Verbrechens angeklagt bin, zur gleichen Zeit zwei Männer zu lieben. So etwas ist zwar auf der Erde erlaubt, aber nach dem Gesetz hier nicht...“

Zur gleichen Zeit herrscht im Nebenzimmer eine sachliche und wachsame Atmosphäre. Die Wissenschaftler, die den Schlaf von Elisabeth überwachen, erinnern auf den ersten Blick an Piloten im Cockpit eines hypermodernen Jumbo Jets. Der ganze Raum ist angefüllt mit Computermonitoren und futuristisch anmutenden Meßgeräten.

Von all dieser Geschäftigkeit bekommt die friedlich schlafende Probandin nichts mit. Ihr Zimmer ist schallisoliert und abgedunkelt. Die Elektroden und Meßfühler, die an ihrem Körper befestigt sind, wurden von geschulten Krankenschwestern so zu einer Art „Pferdeschwanz“ oberhalb des Kopfes zusammengebündelt, daß sie die Bewegungsfreiheit während des Schlafs kaum beeinträchtigen.

Zur Erstellung einer Videoaufzeichnung wird eine Infra-

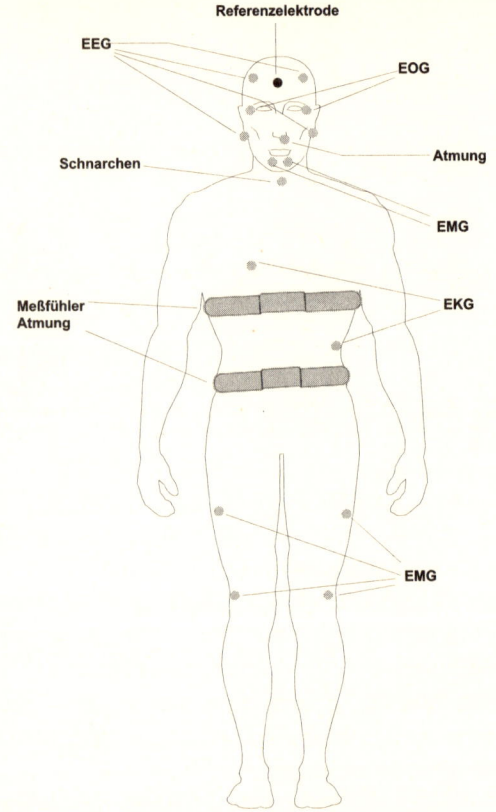

Abb. 1: Meßpunkte am menschlichen Körper für das Polysomnogramm: EEG (Gehirnwellen), EOG (Augenbewegungen), EMG (Muskelspannung), EKG (Herzfrequenz), Atmung und Schnarchen.

rotkamera benutzt, die auch in vollkommener Dunkelheit deutlich erkennbare Bilder aufnehmen kann.

Auf diese Weise entsteht während der Nacht ein sogenanntes *Polysomnogramm*, also eine Untersuchung sämtlicher Messungen und Aufzeichnungen der verschiedenen

EOG links

EOG rechts

EEG

EMG

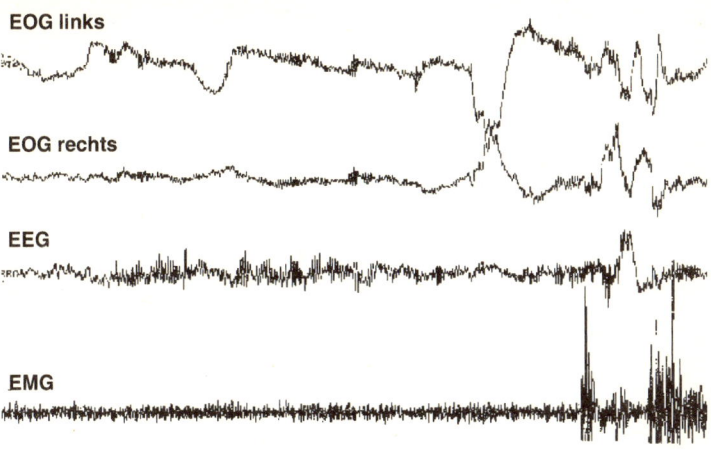

Abb. 2: Polysomnogramm eines Menschen im Wachzustand: Die beiden oberen Zeilen (EOG) zeigen die Augenbewegungen, darunter das EEG und die Muskelspannung (EMG).

Körperfunktionen, die für die wissenschaftliche Beurteilung des Schlafs benötigt werden.

So können die Schlafforscher nicht nur unterschiedlichen Schlafstörungen auf die Spur kommen, sondern auch die unterschiedlichen Phasen des Schlafs sauber voneinander abgrenzen.

Eine zentrale Rolle bei der Erstellung eines solchen Polysomnogramms spielt die Aufzeichnung der Gehirnpotentiale mit Hilfe eines *Elektroenzephalographen (EEG).*

Bestimmte Schlafphasen sind charakterisiert durch schnelle Augenbewegungen unter den geschlossenen Augenlidern, weshalb man diese Schlafphasen auch als REM-Schlaf („Rapid Eye Movement") bezeichnet. Wie man inzwischen weiß, treten in diesen Phasen besonders intensive und emotional empfundene Träume auf. Damit die Schlafforscher feststellen können, zu welchen Zeiten sich Elisabeth in einer solchen

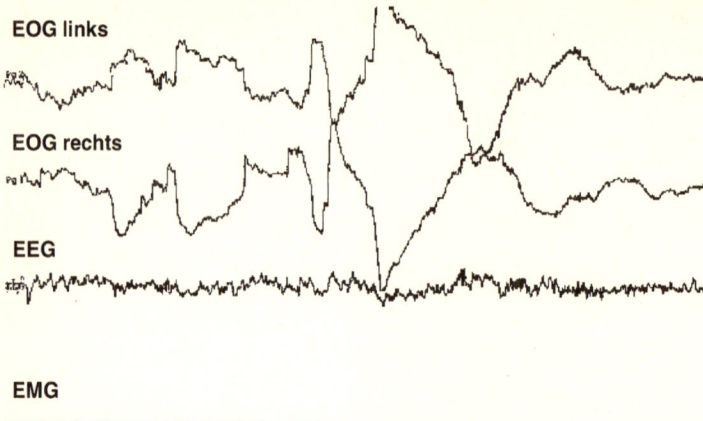

Abb. 3: Polysomnogramm eines Menschen im REM-Schlaf. Augenbewegungen und EEG ähneln dem Wachzustand, aber das EMG ist vollkommen flach.

Traumschlafphase befindet, zeichnen sie auch diese Augenbewegungen mit einem *Elektrookulogramm (EOG)* auf.

Natürlich ist die Wissenschaft noch nicht so weit, daß sie aus dem EEG, also aus den Gehirnströmen, ablesen könnte, was eine Person träumt. Immerhin läßt sich aber feststellen, ob ein Mensch während des Traums entspannt oder emotional erregt ist. Dazu werden etwa Herz- und Atemfrequenz gemessen, aber auch die Muskelspannung mit Hilfe eines *Elektromyogramms (EMG)*.

„Herr Professor, sie träumt jetzt!" sagt der Assistent, als er die typischen schnellen Augenbewegungen auf dem Monitor registriert. „Wollen wir sie aufwecken und fragen, was sie geträumt hat?"

„Nein, lassen wir sie durchschlafen", ruft ihm der Professor aus dem Hintergrund zu, „sie ist heute erst die zweite Nacht hier, und wir brauchen ihr vollständiges Schlafprofil."

1 Napoleon Bonaparte war ein typischer Kurzschläfer

2 Der Maler Salvador Dali benutzte ein spezielles Verfahren für einen „Sekundenschlaf"

3 Seine fehlenden REM-Träume lebte Salvador Dali im Wachzustand in seinen surrealistischen Bildern aus

3

4

5

Zwei Pioniere der Klartraumforschung:
4 Paul Tholey
5 Stephen LaBerge

6 Am Lucidity Institute entwickelte Stephen LaBerge die mikroprozessorgesteuerte Schlafbrille „Nova Dreamer" zum Erlernen des Klartraums

7 Ein tragbarer ELF-Frequenzgenerator zur künstlichen Erzeugung natürlicher Schumann-Frequenzen

6

7

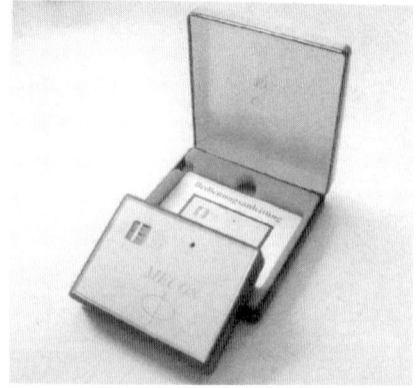

9

10

11

8

8   *US-Präsident Abraham Lincoln träumte seinen eigenen Tod voraus*

9   *Am 14. April 1865 erschoß John Wilkes Booth Abraham Lincoln in Ford's Theater*

10 *Begräbnisprozession für Abraham Lincoln in New York. Genau so einen Katafalk hatte Lincoln in seinem Traum gesehen.*

11 *Der romantische Dichter Friedrich von Hardenberg, genannt Novalis, beschrieb in seinem Roman „Heinrich von Ofterdingen" einen „Traum im Traum".*

12

13

12 Albert Einstein war ein passionierter Langschläfer

13 Einsteins Schreibtisch in seinem Sommerhaus in Caputh

14 Gleich gegenüber vom Schreibtisch steht in Einsteins Arbeitszimmer
 in Caputh ein spartanisches Bett

14

Die meisten Menschen glauben, Schlafen bedeute ganz einfach, sich abends hinzulegen und morgens wieder aufzuwachen und aufzustehen, während man zwischendurch eben „weg" ist. Aber so einfach ist es nicht. Der Schlaf ist ein höchst geheimnisvoller Prozeß, der aus verschiedenen unterschiedlichen Stadien besteht, die ganz bestimmten Rhythmen folgen. Diese Rhythmen können individuell sehr unterschiedlich sein und hängen von ganz verschiedenen Faktoren ab, zum Beispiel dem Lebensalter und den individuellen Schlafgewohnheiten. Der eine Mensch ist nach vier Stunden Schlaf frisch und ausgeruht, während ein anderer wesentlich mehr benötigt. Vom medizinischen Standpunkt aus gelten grundsätzlich alle persönlichen Schlafprofile als „normal", solange der Mensch sich am Tage ausgeruht und leistungsfähig fühlt.

Als sich Elisabeth um ca. 22 Uhr in ihr Bett im Schlaflabor legte, begann für die Forscher im Nebenzimmer die eigentliche Arbeit. Sobald sie die Augen geschlossen hatte, ging die Anzeige ihres EEG schnell über in die bekannten ruhigen Alpha-Wellen mit einer Frequenz zwischen 8 und 13 Hertz. Diese Frequenzen zeigen an, daß die Person noch nicht schläft, sondern sich nur in einem entspannten Wachzustand befindet. Sie treten zum Beispiel auch bei Meditationsübungen auf oder wenn wir in einer kleinen Ruhepause am Tag kurz die Augen schließen. Das EOG war weiterhin unruhig, zeigte also Augenbewegungen unter den geschlossenen Lidern an. Auch im Wachzustand sind unsere Augen ja ständig in Bewegung. Die Anspannung der Muskulatur war nach wie vor hoch, so wie im normalen Wachzustand.

Es dauerte allerdings nur wenige Minuten, dann bemerkte einer der Wissenschaftler in Elisabeths EEG eine erneute Veränderung. Die Alpha-Wellen verliefen plötzlich nicht mehr kontinuierlich, sondern gruppierten sich in der Anzeige des Monitors, unterbrochen von kleineren, raschen und unregelmäßigen Wellen. Die Augenbewegungen wurden ruhiger

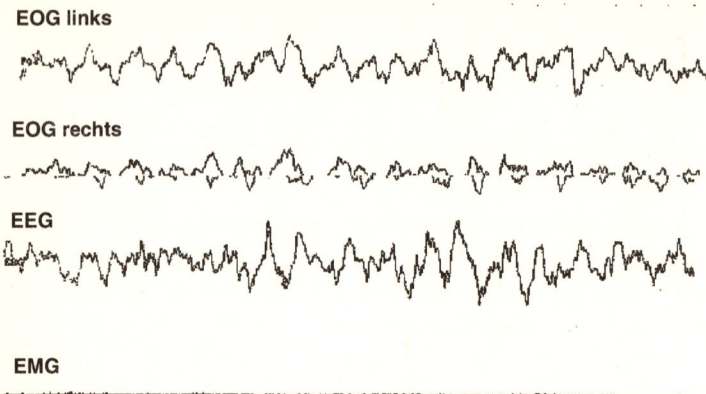

EOG links

EOG rechts

EEG

EMG

Abb. 4: Polysomnogramm eines Menschen im Tiefschlaf mit den typischen hohen und langsamen Delta-Wellen im EEG.

und pendelförmig – für die Forscher ein sicheres Indiz, daß Elisabeth sich nun im Stadium 1, dem Übergangsstadium vom Wachen zum Schlafen, befand.

Wir alle kennen diese Phase sehr gut: Es kreisen noch letzte Gedanken in unserem Kopf, mischen sich aber zunehmend mit kurzen „Einschlafträumen", sogenannten *hypnagogen Bildern*. Wenn sich dabei die Muskulatur bereits entspannt, kommt es häufig zu leichten Zuckungen der Arme und Beine.

Kurz danach schlief Elisabeth wie ein Baby. So jedenfalls hätte ihr Mann zu Hause wohl ihren momentanen Zustand bezeichnet. Die Wissenschaftler, die da genauer differenzieren müssen, sprechen vom Stadium des *„leichten Schlafs"* oder Stadium 2. Die Augenbewegungen waren vollkommen zur Ruhe gekommen, die Muskulatur entspannt.

Das Wellenmuster im EEG zeigte nun höhere Wellen, die von sporadischen rascheren Wellen, sogenannten Schlafspindeln und K-Komplexen, unterbrochen wurden. Über diese Muster ist der Wissenschaft bis heute noch sehr wenig bekannt.

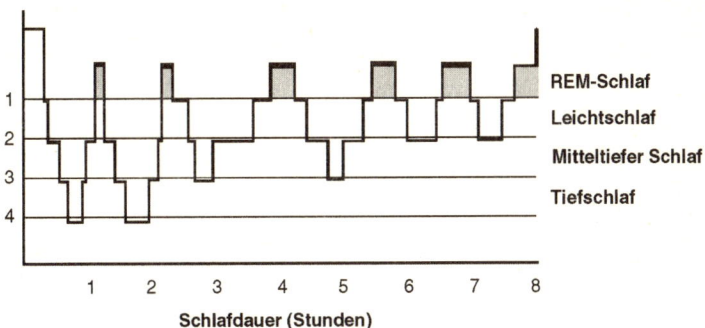

Abb. 5: Normales Schlafprofil eines gesunden Menschen. Die REM-Schlafphasen, in denen normalerweise die inhaltsreichen Träume statt-finden, sind grau markiert. Der erste REM-Traum ist üblicherweise etwa 60-90 Minuten nach dem Einschlafen zu erwarten.

Aus diesem Stadium ist ein Mensch relativ problemlos zu wecken, und er erinnert sich dann meist an nichts. Dieses Leichtschlafstadium nimmt etwa die Hälfte der gesamten Schlafdauer ein.

Zu Beginn der Nacht verweilte Elisabeth, so wie die meisten Menschen, in diesem Stadium nur wenige Minuten, denn es traten schon bald erste Delta-Wellen auf, die noch höher und langsamer sind und in der Frequenz zwischen 1 und 4 Hertz liegen. Zu Anfang mischten sie sich noch mit den Schlafspindeln aus dem 2. Stadium. Diesen Zustand bezeichnen die Wissenschaftler als *mitteltiefen Schlaf* oder Schlafstadium 3.

Sobald der Delta-Wellenanteil über 50 Prozent beträgt, spricht man vom Stadium 4 oder *Tiefschlafstadium*. Dieses Stadium macht etwa 10 bis 20 Prozent der Gesamtschlafzeit aus und dient vorrangig der körperlichen Regeneration.

Das erste Tiefschlafstadium der Nacht erreichte Elisabeth nach einer knappen Stunde, was ebenfalls der Norm entspricht. Nachdem sie ungefähr zwanzig Minuten in diesem

Stadium verweilt hatte, zeigten die Meßgeräte plötzlich dramatische Veränderungen. Das EMG registrierte einen spontanen Anstieg der Muskelspannung, und das EEG oszillierte so regellos auf und ab, daß überhaupt keine Kurvenform mehr erkennbar war.

Der Professor ließ sich dadurch jedoch nicht aus der Ruhe bringen. Seine jahrelange Erfahrung mit Schlafuntersuchungen ließ ihn nur seinen Blick zur Seite schwenken, auf den Fernsehbildschirm, der die Videoaufzeichnung übertrug. Und richtig – seine Vermutung bestätigte sich: Elisabeth hatte sich nur im Schlaf auf die andere Seite gedreht. Das löste natürlich Störungen an den empfindlichen Elektroden aus, die normalerweise elektrische Spannungen in Größenordnungen von Millionstel Volt aufzeichnen müssen. Für den Professor war es allerdings ein Hinweis, daß sich das Tiefschlafstadium nun seinem Ende zuneigte, denn in dieser Phase sind Körperbewegungen während des Schlafs am häufigsten.

Nachdem sich die Anzeige des EEG wieder beruhigt hatte, konnte der Professor erkennen, daß sich Elisabeth nun wieder im Stadium 2 des Leichtschlafs befand.

Dabei handelte es sich aber wiederum nur um eine kurze Übergangsphase, denn eine erneute dramatische Veränderung setzte ein, die aber nun mit einem echten Wechsel in der Schlafqualität einherging. Das Elektromyogramm wurde plötzlich vollkommen flach, was ein völliges Erschlaffen der Muskulatur bedeutete. Gleichzeitig wurde die EEG-Anzeige klein und schnell, ähnlich wie im Einschlafstadium 1. Ein Laie hätte annehmen können, Elisabeth würde nun aufwachen. Doch dies war nicht der Fall. Zumindest nicht im herkömmlichen Sinne. Ihr Bewußtsein erwachte durchaus, aber nicht in unserer, sondern in einer anderen Realität. Elisabeth war in ihrem ersten Traum dieser Nacht gelandet.

Zur selben Zeit registrierte das Elektrookulogramm die

bekannten raschen Augenbewegungen, die dem REM-Schlaf seinen Namen gaben.

Diese REM-Schlafphasen sind im Grunde paradoxe Schlafphasen. Die Schlaftiefe ist vermindert, sie ist sogar geringer als in Stadium 2, und doch lassen sich Menschen aus dieser Phase nur sehr schwer aufwecken. Und wenn es doch gelingt, wirken sie desorientiert und schlaftrunken und wissen oft nicht sofort, wo sie sich befinden. Dies hängt auch damit zusammen, daß unser Bewußtsein im REM-Schlaf die andere Welt, die des Traums, betritt.

Fast die gesamte Muskulatur des Körpers, mit Ausnahme der Augen und der Atemmuskulatur, ist während des REM-Schlafs vollkommen erschlafft und damit praktisch gelähmt. Dies hat durchaus einen Sinn, denn es verhindert, daß wir unsere Träume mit dem Körper in der Außenwelt ausleben und dann z. B. im Bett um uns schlagen. Bei Menschen, bei denen diese Muskelparalyse im REM-Schlaf gestört ist, kann es zu Schlafstörungen wie dem bekannten Schlafwandeln (Somnambulismus) kommen.

An dieser Stelle wollte der Assistent die Frau aufwecken und nach ihrem Trauminhalt fragen, da sie diesen bis zum Morgen aller Erfahrung nach vergessen würde.

Der Professor wies ihn jedoch an, Elisabeth weiterschlafen zu lassen, um zunächst einmal das Schlafprofil der gesamten Nacht aufzuzeichnen. Sie blieb dann in dieser ersten Traumphase nur etwa 15 Minuten. Damit war ein erster kompletter Schlafzyklus abgeschlossen. Nun ging es wieder von vorn los, es erfolgte der nächste Übergang in den Tiefschlaf. Phase für Phase tastete sich ihr Bewußtsein treppenförmig wieder über die Stadien 2 und 3 hinunter in eine neue Phase 4. Noch mehrere solcher Zyklen sollten im Verlauf der Nacht folgen, die sich nur durch ihre Dauer und ihre Schlaftiefe voneinander unterscheiden.

Es war zu erwarten, daß Elisabeth in dieser Nacht insgesamt etwa sechs bis sieben solcher Zyklen (REM-Phasen mit dazwischenliegenden Leicht- und Tiefschlafphasen) haben würde, die man auch als Non-REM-Stadien zusammenfaßt. Die Anzahl hängt vorrangig davon ab, wann man geweckt wird und aufstehen muß. Das tiefste Stadium 4 wird allerdings in der Regel nur während der ersten vier bis fünf Stunden des Schlafs erreicht, d. h. die Tiefschlafphasen werden im Verlauf einer Nacht immer flacher, da das Bedürfnis nach Tiefschlaf gestillt ist. Gleichzeitig verlängern sich die REM-Phasen zunehmend bei ebenfalls abnehmender Schlaftiefe, bis schließlich die letzte und flachste Traumschlafphase auf natürlichem Wege in den Vorgang des Erwachens übergeht.

Insgesamt macht der REM-Schlaf beim Erwachsenen etwa 25 Prozent der Gesamtschlafdauer aus. Bei Kindern ist es allerdings wesentlich mehr.

Wann also träumte Elisabeth in dieser Nacht? Als sie morgens geweckt wurde, erinnerte sie sich mehr oder weniger nebelhaft an die letzten beiden Träume. Das Schlafprofil zeigte aber an, daß sie tatsächlich fünf REM-Phasen durchlaufen hatte. Die ersten drei Träume hatte sie also schlichtweg vergessen.

Dies ist der Grund, weshalb es dem Assistenten so in den Fingern gejuckt hatte, sie während des ersten Traums kurz zu wecken und den Inhalt des Traums erzählen zu lassen. Eine solche Vorgehensweise ist bei umfangreicheren Schlafstudien durchaus üblich. Auf diese Weise fand man heraus, daß jeder Mensch nicht nur fünf bis sieben REM-Träume pro Nacht hat (dies gilt auch für Menschen, die von sich behaupten, sie würden „nie" träumen). Vielmehr träumen wir alle auch in den Non-REM-Phasen, d. h. im Grunde ruht unser Bewußtsein niemals.

Die Träume der Non-REM-Phase unterscheiden sich allerdings qualitativ erheblich von denen des REM-Schlafs. Während wir im REM-Schlaf die bekannten bizarren und geheimnisvollen Tiefen unserer Traumwelt aufsuchen, besteht ein typischer Non-REM-Traum eher aus recht nüchternen Gedankenassoziationen, bei denen häufig Reste der Tagesaktivitäten aufgearbeitet bzw. notwendige Handlungen am nächsten Tag vorbereitet werden. Dies können Gedanken an einen bevorstehenden Besuch beim Steuerberater sein oder an die Notwendigkeit, das Auto zum TÜV zu bringen. Es ist aber auch schon vorgekommen, daß jemand in dieser Schlafphase darüber grübelte, wie tief eigentlich die Nordsee ist.

Die wirklich profunden Träume, die auch psychologisch, also für die persönliche Weiterentwicklung, bedeutsam sind, treten allerdings nur in den REM-Phasen auf.

Weckt man einen Menschen aus dem Non-REM-Schlaf auf, wird er häufig vehement bestreiten, überhaupt geschlafen zu haben, und statt dessen behaupten, wachgelegen und nachgedacht zu haben.

Dies mag mit ein Grund dafür sein, daß Menschen, die meinen, unter Schlaflosigkeit zu leiden, häufig die Dauer der nächtlichen Wachzeiten maßlos überschätzen. Diese Menschen sind keine Simulanten oder Hypochonder, denn wir alle haben das Problem, unseren eigenen Bewußtseinszustand keineswegs jederzeit sicher einordnen zu können. Die objektive Untersuchung im Schlaflabor kann dann sehr hilfreich sein, um das wahre Schlafprofil eines Menschen festzustellen.

Wenn jemand sich über Schlafstörungen beklagt, ist dies ein ernstzunehmendes Problem, selbst wenn sich herausstellen sollte, daß er „objektiv" länger geschlafen hat. Einziges Kriterium dafür, ob eine Schlafstörung wirklich vorliegt, ist daher nicht die objektiv gemessene Schlafdauer, sondern die sogenannte Tagesmüdigkeit, d. h. die Tatsache, ob sich der Mensch nach dem Schlaf der Nacht ausgeruht und frisch fühlt.

Es stellt sich in diesem Moment die uralte Frage, welche dieser vielen unterschiedlichen Schlafphasen die bedeutendste ist. Hierüber gab es im Verlauf der Wissenschaftsgeschichte die unterschiedlichsten Vermutungen, von denen kaum eine wirklich beweisbar war.

So nahm *Sigmund Freud* an, unsere Träume seien Ausdruck einer Zensur. Da seiner Ansicht nach das Unbewußte im Verlauf der Nacht seine oft etwas anrüchigen Phantasien ausleben würde, müßte es diese in Symbole kleiden, damit wir nicht vor Scham aufwachen.

Freud lebte im Zeitalter eines orthodoxen Materialismus und glaubte daher, daß der Schlaf das eigentlich Wichtige sei, um den Körper zu regenerieren. Der Traum war in diesem Modell der „Hüter des Schlafs" wie Freud es nannte.

Später erkannten Psychologen wie *Carl Gustav Jung* und andere die außerordentliche Bedeutung der Träume für unsere geistige Gesundheit und Weiterentwicklung. Im Zuge einer neuen Hinwendung zur Spiritualität in der zweiten Hälfte des zwanzigsten Jahrhunderts sah man daher den Traum als das primär wichtige Phänomen an. Natürlich können wir auch am Tage träumen, doch die tiefschürfendsten und profundesten Träume haben wir in der Nacht. In dieser Denkweise erklärte man in Umkehrung des Freudschen Dogmas den Schlaf zum „Hüter des Traums".

Heute nimmt die Wissenschaft einen pragmatischeren Standpunkt des „Sowohl-als-Auch" ein. Einerseits hat man festgestellt, daß Menschen sowohl längere Zeiten des Schlafentzugs als auch des Traumentzugs relativ unbeschadet überstehen können.

Die Wissenschaft erkennt andererseits heutzutage an, daß sowohl der Schlaf als auch der Traum für unser Leben und unsere Gesundheit von großer Wichtigkeit sind.

Selbst ein selektiver Entzug bestimmter Schlafstadien wie des REM- oder Tiefschlafs (indem man die Person jeweils am Anfang einer solchen Phase aufweckt) kann zwar zu verstärkter Müdigkeit und ähnlichen Beschwerden führen, wird aber in der Regel auch nach längerer Latenz sehr schnell (meist in nur einer Nacht) wieder kompensiert.

Weckt man zum Beispiel einen Menschen zu Beginn jeder REM-Phase auf, ohne ihm den Tiefschlaf zu nehmen, hindert ihn also am Träumen, so reagiert er darauf, indem ganz einfach in der nächsten ungestörten Nacht entsprechend mehr REM-Schlaf auftritt.

Die Aufzeichnung von Elisabeths EEG-Spektrum dieser einen Nacht im Schlaflabor wäre – auf Papier ausgedruckt – übrigens über 300 Meter lang gewesen....

III
Spektrum der Nacht

Schlaf und Traum – eine Doppelstrategie

Warum müssen wir eigentlich schlafen? Für die meisten Menschen ist die Tatsache, jeden Abend zu Bett zu gehen, um zu schlafen, so selbstverständlich, daß sie sich meist gar keine Gedanken darüber machen. Allenfalls wenn Schlafstörungen oder gar Schlaflosigkeit auftreten, beginnt man sich für seinen Schlaf zu interessieren.

Das deutsche Wort „Schlaf" hat etymologisch die gleichen Wurzeln wie „schlapp, schlaff" und zeigt, daß bereits unsere Vorfahren genau beobachtet haben, wie sich unsere Muskulatur über weite Phasen des Schlafs entspannt. Vielleicht ist das der Grund, daß man Schlaf meist mit „Ruhe" gleichsetzt?

Wenn diese Annahme richtig wäre, müßten wir z. B. nach anstrengender körperlicher Arbeit müder sein und mehr schlafen als nach einem Ruhetag. Bislang konnte jedoch keine wissenschaftliche Untersuchung einen solchen Zusammenhang nachweisen.

In Wirklichkeit ist der Schlafzustand noch dazu alles andere als ein einheitlicher Ruhezustand des Körpers, sondern vielmehr ein höchst aktiver Prozeß. Natürlich sinken beim Einschlafen unsere Atem- und Herzfrequenz ab, ebenso die Körpertemperatur, was auf eine Reduktion der Stoffwechselprozesse schließen läßt. Der Körper liegt ruhig auf der Unterlage, und die Muskulatur entspannt sich. Dennoch ist die Ruhe während des Schlafs eher der subjektive Eindruck eines äußeren Beobachters, der einen „friedlich schlafenden" Menschen vor sich sieht. Dabei gibt es Schlafphasen, insbesondere während unserer Träume, in denen im Gegenteil Blutdruck und Herzfrequenz sogar wieder ansteigen. Es kommt zu genitalen Erektionen und sonstigen inneren Erregungszuständen.

Wenn wir zum Beispiel einen Traum durchleben, in dem wir einer anstrengenden Tätigkeit nachgehen, kann es durchaus möglich sein, daß wir uns morgens sogar müde und zerschlagen fühlen, obwohl wir die ganze Nacht geschlafen haben.

Grażyna hat so etwas auch einmal erlebt. Sie träumte eines Nachts, sie sei in Genf auf einem Gipfeltreffen zwischen Ronald Reagan und Michail Gorbatschow. Obwohl sowohl Englisch als auch Russisch für sie natürlich Fremdsprachen sind, mußte sie zwischen den Führern der beiden Weltmächte dolmetschen, und sie gab sich alle Mühe, ihren Job gut zu erledigen.

Der Traum dauerte ungewöhnlich lange, und beim morgendlichen Erwachen (und noch den ganzen Tag über) fühlte sie sich so müde, als ob sie diese Arbeit tatsächlich geleistet hätte.

Dieses Beispiel zeigt überdeutlich, daß sich unser Gehirn während der Nacht keineswegs ausruht. Die uns allen bekannte Tatsache, daß wir während der Nacht träumen, beweist unmittelbar das Gegenteil. Während eines intensiv empfundenen Traums unterscheidet sich das Elektroenzephalogramm (EEG), also die Aufzeichnung der elektrischen Gehirnaktivitäten, nicht wesentlich vom normalen Wachzustand (s. Abb. 2, S. 31 und Abb. 3, S. 32).

Auch die Vermutung, langandauernder Schlafentzug sei lebensbedrohlich, ist falsch. Dafür gibt es lebende Beispiele. Vor nicht allzu langer Zeit ging ein solcher Fall sogar durch die Presse.[3] Ein Mann aus Freiburg klagte darüber, monatelang praktisch nicht geschlafen zu haben, und suchte deswegen die örtliche Universitätsklinik auf. Auch die dortigen Ärzte waren zunächst der Ansicht, es sei unmöglich, so etwas überhaupt zu überleben, doch der subjektive Eindruck des Mannes konnte durch objektive Untersuchungen im Schlaflabor bestätigt werden. Selbst unter der Wirkung stärkster Schlafmittel schlief der Mann höchstens 15 Minuten pro Nacht. Sowohl der Tiefschlaf als auch der Traumschlaf fehlten völlig.

Die Ärzte schätzten, daß der Patient seit mindestens vier bis fünf Monaten unter fast völliger Schlaflosigkeit litt. Er hatte natürlich erhebliche Beschwerden wie Gedächtnisstörungen, starke Kopfschmerzen usw., doch sein Leben war zu keinem Zeitpunkt ernsthaft bedroht.

Ursache der langandauernden Schlaflosigkeit war übrigens eine seltene Infektionskrankheit, unter der der Mann mehr als zehn Jahre zuvor gelitten hatte. Nach dieser Diagnose konnte er relativ schnell geheilt werden.

Das Beispiel zeigt zumindest, daß fehlender Schlaf unserer Gesundheit und unserem Wohlbefinden abträglich ist, auch wenn es nicht um die vielzitierte „Ruhe des Körpers" geht. Kommt es dann vielleicht im Schlaf zu inneren Regenerationsprozessen des Körpers?

Diese Annahme scheint tatsächlich eine gewisse Berechtigung zu haben. Im Gegensatz zu den motorischen Funktionen, vor allem der Muskulatur, die tatsächlich in einen Ruhezustand übergehen, laufen nämlich andere physiologische Prozesse während des Schlafs geradezu auf Hochtouren. Dabei handelt es sich vor allem um vegetative und hormonelle Vorgänge. Auf diese Weise werden tatsächlich die „Batterien" neu aufgeladen. Es laufen Aufbau- und Wachstumsprozesse ab, gesteuert durch entsprechende Hormone, die vom Gehirn und seinen nachgeordneten Zentren (z. B. der Hirnanhangdrüse oder Hypophyse) abgegeben werden. Ebenso stärkt sich das Immunsystem.

Doch jetzt wird es interessant: Auslöser für diese hormonellen und immunstärkenden Prozesse ist nach heutigen Erkenntnissen keineswegs der Schlaf selbst, sondern ein weiteres, übergeordnetes Hormon. Es handelt sich dabei um das Hormon *Melatonin,* das ja seit einigen Jahren in verschiedener Hinsicht geradezu als „Wundermedizin" gepriesen wird.

Melatonin wird an unterschiedlichen Stellen des Körpers gebildet. Die meisten von ihnen sind im weitesten Sinne lichtempfindlich bzw. an diejenigen Zentren unseres Gehirns gekoppelt, die mit den Tagesrhythmen in Zusammenhang stehen. Hierzu gehört etwa die Netzhaut (Retina) des Auges, vor allem aber die Zirbeldrüse (Epiphyse) im Gehirn, die in der vorderen Gehirnregion etwa auf Höhe der Nasenwurzel sitzt und seit uralten Zeiten auch als „drittes Auge" bezeichnet wird. Bei den Reptilien hat sie tatsächlich noch die Funktion eines zusätzlichen lichtempfindlichen Organs auf der Stirn unter der Schädeldecke.

Dies läßt vermuten, daß der Schlaf im Grunde das Erbe unserer eigenen Reptilienvorfahren ist. Im Gegensatz zu den Säugetieren und uns Menschen können Reptilien keine eigene Körperwärme produzieren. Sie verfallen daher während der Nachtstunden aus Energiemangel in einen inaktiven Starrezustand.

Melatonin erfüllt im menschlichen Körper eine ganze Reihe wichtiger Funktionen, die teilweise erst seit kurzem bekannt sind.

Wie der Name (Mela = griechisch für „schwarz") bereits sagt, ist es an der Entstehung von Hautpigmenten als natürlichem Schutz vor Sonnenlicht beteiligt. Wichtiger jedoch sind seine inneren Wirkungen. Es senkt die Körpertemperatur und fördert die Freisetzung von Wachstumshormonen. Ferner ist Melatonin der wirksamste bekannte „Radikalfänger", also eine Substanz, die aggressive Abbauprodukte des Stoffwechsels, sogenannte „freie Radikale", unschädlich machen kann, ähnlich wie dies auch z. B. die Vitamine C und E vermögen.

Die stärkste spürbare Wirkung des Melatonin ist jedoch

die, daß es uns *schläfrig* macht. Wir schlafen also *keineswegs* deshalb, damit unser Körper mehr Melatonin produziert, sondern genau umgekehrt.

Dabei begünstigt Melatonin vor allem die Entstehung des „paradoxen" oder REM-Schlafs, notfalls auf Kosten des Tiefschlafs.

Melatonin wird in der Zirbeldrüse aus dem im Gehirn vorhandenen Neurotransmitter Serotonin gebildet, der seinerseits aus Tryptophan entsteht, einer Aminosäure, die wir mit unserer Nahrung aufnehmen und die besonders reichlich in Milchprodukten wie Quark und anderem Käse enthalten ist. Tryptophan ist schon lange als „biologisches Schlafmittel" bekannt und als solches auch in medikamentöser Form erhältlich. Hier erkennen wir nun den Zusammenhang.

Die beste natürliche „Schlaftablette", die Sie ausprobieren sollten, bevor Sie zu einer chemischen Bombe greifen, können Sie sich zu Hause selbst vor dem Einschlafen zubereiten: entweder zwei warme Kartoffelkroketten oder zwei Eßlöffel Kartoffelpüree (aus frisch gekochten Kartoffeln). Die kohlehydratreiche Kartoffel, vor dem Schlaf gegessen, erhöht ebenfalls den Serotoninspiegel im Blut und regt dadurch die Melatoninproduktion an.

Wenn Sie schlafen gehen wollen, aber ganz einfach nicht schläfrig sind, kann auch eine Tasse Kamillen- oder Melissentee helfen. Beide Kräuter fördern die Müdigkeit. Es ist aber wichtig, diese Getränke schon im Bett zu trinken.

Gegen depressive Schlafstörungen hingegen hilft Johanniskraut ausgezeichnet. Sinnvoll sind auch Baldrian, Hopfen, Melisse oder Passionsblume.

Die Melatoninabgabe der Zirbeldrüse folgt einem Zyklus, der durch die wechselnde Tageshelligkeit gesteuert wird. Bei jungen Menschen ist der Melatoninspiegel nachts bis zu zwölfmal höher als am Tage. Mit zunehmendem Lebensalter nimmt dieser Effekt langsam ab, was das verringerte Schlafbedürfnis älterer Menschen erklären könnte. Da Melatonin während der Nacht Wachstumsprozesse anregt, ist dies auch biologisch durchaus verständlich.

Interessanterweise ist dieser Effekt bei Blinden keineswegs abgeschwächt. Mehr noch: Ausgedehnte Versuche mit freiwilligen Testpersonen, die sich über längere Zeit in abgedunkelten Räumen ohne erkennbaren Wechsel von Tag und Nacht und ohne Uhren, Radios oder Fernsehgeräte aufhalten mußten, haben bewiesen, daß der *circadiane Rhythmus*, also die innere Uhr, die in etwa einem Erdentag folgt („circa-dian" = ungefähr ein Tag), trotzdem weiter funktionierte.

Es wird jedoch noch spannender. Die Untersuchungen zeigten: Auch unter diesen Bedingungen tickt die innere Uhr mit hoher Präzision, allerdings nicht im äußeren 24-Stunden-Rhythmus, sondern mit einer etwas längeren Periode von durchschnittlich etwa 25 Stunden. Das heißt, die Versuchspersonen, die keine Informationen über die Tageszeit von der Außenwelt hatten, gingen täglich je eine Stunde später zu Bett als am Tag zuvor. Nach 24 Tagen (ihrer Zeitrechnung) hatten sie einen vollen Tag „gewonnen", d.h. sie waren der Überzeugung, 24 Tage in dem Raum gewesen zu sein, obwohl draußen „objektiv" bereits 25 Tage vergangen waren.

Da dieser 25-Stunden-Rhythmus bei allen Menschen relativ einheitlich auftritt und selbst bei Tieren zu beobachten ist, dürfte er tatsächlich ein Naturgesetz darstellen, das die Wissenschaft bislang noch nicht erklären kann. Der Schlaf hat uns also noch längst nicht all seine Geheimnisse enthüllt.

Allerdings hat die Wissenschaft bereits entdeckt, wo unsere innere Uhr sich befindet. Sie versteckt sich in einem sehr kleinen, eng umschriebenen Bereich des Vorderhirns, den sogenannten „superchiasmatischen Kernen" (SCN), so genannt, weil sie oberhalb des Chiasma opticum, also

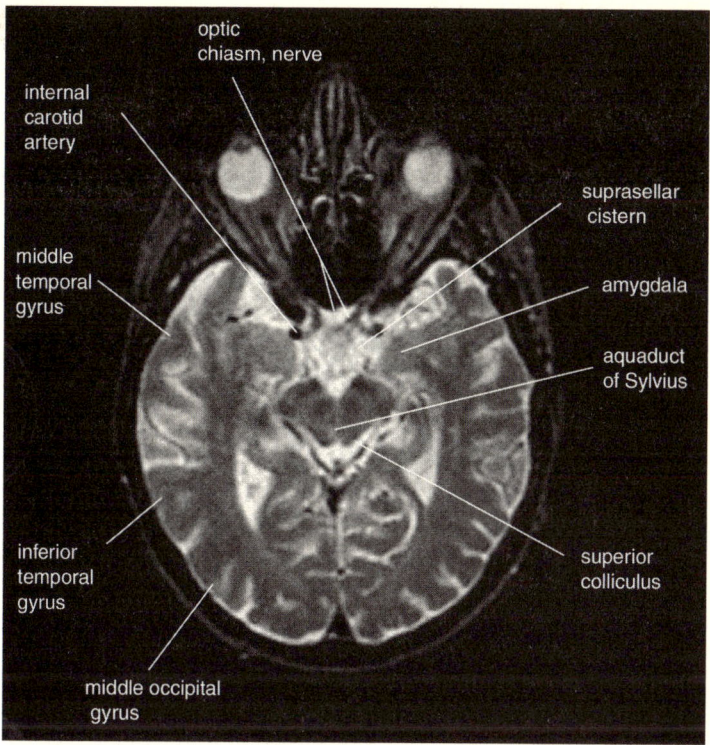

Abb. 6: Oberhalb des Chiasma opticum im Vorderhirn liegt die SCN-Region, in der unsere innere Uhr beheimatet ist.

der Kreuzung der beiden Sehnerven im Gehirn, gelegen ist (Abb. 6).

Offen bleibt allerdings die Frage, wodurch der Zeitpunkt bestimmt wird, der uns schläfrig werden und zu Bett gehen läßt.

Und um die Sache noch rätselhafter zu machen: Es gibt auf diese Frage nicht nur eine Antwort. Unser Schlaf dient gleichzeitig mehreren Zwecken, und jeder dieser Zwecke hat seine eigenen Ursachen und Auslöser.

Der REM-Schlaf oder Traumschlaf einerseits und der Tiefschlaf andererseits treten nämlich nicht nur in jeder Nacht im stetigen Wechsel auf, sondern entstehen in ganz unterschiedlichen Hirnregionen und sind an ganz verschiedene Zyklen gebunden.

Der für uns erholsamere Tiefschlaf, in dem die körperlichen Aufbauprozesse (insbesondere die Freisetzung von Wachstumshormonen) besonders ausgeprägt sind, erweist sich als vollkommen unabhängig von jeglichem circadianen Rhythmus. Er kann genauso gut bei einem Nickerchen am Nachmittag wie in der Nacht auftreten. Hat man dann allerdings am Tage bereits Tiefschlaf „getankt", so wird er in der kommenden Nacht spärlicher ausfallen. Ähnliche Beobachtungen kann man etwa bei Schichtarbeitern oder bei Transatlantik-Reisenden machen, die durch die Zeitverschiebung Probleme mit dem Jet-Lag bekommen. Die Tiefschlafphasen werden von solchen Verschiebungen am wenigsten betroffen.

Das Bedürfnis nach Tiefschlaf wächst statt dessen kontinuierlich an mit der Anzahl der Stunden, die man ununterbrochen wach gewesen ist.

Ganz anders sieht es beim REM-Schlaf aus. Dieser wird fast ausschließlich vom circadianen Rhythmus der inneren Uhr gesteuert.

Wie sich herausstellte, ist der REM-Schlaf ein entwicklungsgeschichtlich älteres Erbe unserer Vorfahren als der Tiefschlaf. Er entsteht im ältesten Teil unseres Gehirns, dem *Hirnstamm,* während der Tiefschlaf von Teilen des jüngeren *Vorderhirns* gesteuert wird.

Die Frage nach dem Sinn des Schlafs haben wir zwar immer noch nicht abschließend beantwortet (das kann auch bis heute niemand), aber wir sind wenigstens etwas tiefer in das Geheimnis eingedrungen.

Geheimnisse hin, Geheimnisse her – die Menschen, die an Schlafstörungen leiden, sind lebende Beweise dafür, daß der Schlaf für unser Wohlbefinden am Tage unentbehrlich ist.

Die Internationale Klassifikation der Schlafstörungen (*International Classification of Sleep Disorders, ICSD*) beschreibt derzeit nicht weniger als 88 unterschiedliche Schlafstörungen, bei denen es sich durchaus nicht nur um „Schlaflosigkeit" handeln muß. Hierzu gehören teilweise vollkommen unterschiedliche Störungsbilder (s. Tabelle 1).

Innere Schlafstörungen	u.a. Schlaflosigkeit (Ein- und Durchschlafstörungen), Narkolepsie (unkontrolliertes Einschlafen am Tage), übermäßige Schläfrigkeit, Restless-legs-syndrom (Unruhe in den Beinen), Schlafapnoe (zeitweiser Atemstillstand im Schlaf)
Äußere Schlafstörungen	unzureichende Schlafhygiene, Schlafmangel, Umweltfaktoren, Allergien, Alkohol- und Medikamentenmißbrauch etc.
Rhythmische Schlafstörungen	Schichtarbeitersyndrom, Jet-Lag (Schlafstörungen durch Wechsel der Zeitzone bei Fernreisen) usw.
Aufwachstörungen	Schlafwandeln, Pavor nocturnus (nächtliche Angst- und Beklemmungsattacken) etc.
Störungen des REM-Schlafs	u.a. Alpträume, Schlafparalyse (Lähmungsgefühl beim Aufwachen)
Sonstige Störungen im Zusammenhang mit dem Schlaf	Nächtliches Zähneknirschen, Schnarchen, Bettnässen, übermäßiger Drang zu schlucken etc.
Schlafstörungen im Zusammenhang mit psychischen und neurologischen Erkrankungen	Psychosen, Depressionen, Angstsyndrom, Alkoholismus, Demenz, Parkinsonismus, Epilepsie usw.
Schlafstörungen im Zusammenhang mit sonstigen Krankheiten	u.a. Schlafkrankheit, Asthma, Magen-Darm-Erkrankungen, nächtliche Muskelkrämpfe, chronisches Müdigkeitssyndrom (CFIDS)

Tabelle 1: Ausgewählte Schlafstörungen aus dem ICSD

Wie wir sehen, bezeichnet der Begriff „Schlafstörung" häufig nur ein Symptom, dem eine Krankheit oder ungünstige Umweltfaktoren zugrundeliegen. In vielen Fällen kann nur der Facharzt die Ursache der vordergründigen Störung ermitteln, eventuell gestützt auf Untersuchungen im Schlaflabor.

Sehr häufig sind psychisch bedingte Einschlafstörungen. Bevor man allerdings zu Schlaftabletten greift, die sehr gefährliche Nebenwirkungen haben (Abhängigkeit, Störungen des Traumschlafs), sollte man es vielleicht mit einem altbewährten Naturheilverfahren versuchen: direkt vor dem Einschlafen ein kaltes Fußbad machen, dann warme Socken anziehen und sofort ins Bett. Diese Methode wirkt in vielen Fällen hervorragend. Sehr hilfreich ist natürlich auch unsere „Stressless-Übung" aus Kapitel I (s. S. 16).

Wenn wir in der Naturheilpraxis Schlafstörungen behandeln, greifen wir auch gern auf Bachblüten zurück, wobei wir allerdings niemals die herkömmlichen Symptomenkataloge benutzen, sondern die geeignete Kombination der Blüten mit Hilfe eines radiästhetischen Verfahrens (eines sogenannten Bezugstests) individuell bestimmen. Dies führt sehr häufig zu einem ausgeprägten Aha-Effekt bei den Patienten, denn wenn wir ihnen hinterher die Bedeutung der ausgetesteten Blüten erklären, kommen dabei Problembereiche zum Vorschein, die meist noch gar nicht zur Sprache gekommen waren.

Die daraus resultierende Bachblütenmischung wird nicht nur eingenommen, sondern wir empfehlen, die Flasche auch neben das Bett auf den Nachttisch zu stellen. Wie andere homöopathische Mittel auch wirken Bachblüten weniger klassisch-pharmazeutisch als durch die Ausstrahlung der in ihnen enthaltenen Informationen.

Besonders viele Menschen (nach neueren Schätzungen allein in der Bundesrepublik etwa 2 Millionen) leiden heutzutage an dem erwähnten chronischen Müdigkeitssyndrom

(CFIDS). Dabei handelt es sich um eine kombinierte Störung aus *Immunschwäche, nächtlicher Schlaflosigkeit* sowie *ausgeprägter Müdigkeit und Antriebslosigkeit am Tage.* Häufig treten dabei auch Magen-Darm-Störungen, unerklärliche Fieberanfälle und grippeähnliche Symptome auf.[4]

Das CFIDS-Syndrom ist aufgrund seiner Vielschichtigkeit schwer zu erkennen (insgesamt mehr als 100 mögliche Symptome, die nicht in jedem Fall alle auftreten müssen) und wird in der Regel diagnostiziert, wenn für die vorliegenden Störungen organische Ursachen (wie z. B. Schlafapnoe oder Infektionskrankheiten) ausgeschlossen werden können. Als Ursache werden nach heutigem Wissen vor allem Umwelt- und Ernährungsfaktoren angesehen, z. B.

➢ *Nahrungsgifte* wie *Fluor,* der Süßstoff *Aspartam* oder das Würzmittel *Glutamat,*
➢ *Umweltgifte* wie z. B. *Phosphorsäure-Ester,* ein Nervengift, das u.a. bei der Verbrennung bleifreier Autokraftstoffe im Katalysator entsteht,
➢ *Elektrosmog,* vor allem durch *Mobilfunk* und *niederfrequente elektromagnetische Wellen* (ELF-Wellen unterhalb von 100 Hertz), die nachweisbar direkt die Gehirnströme verändern können.

Weitere Überraschungen zum Thema „gut schlafen" finden Sie in späteren Kapiteln des Buches.

Die körperlichen Erholungsprozesse im Schlaf, die wir in diesem Kapitel kennengelernt haben, sind in erster Linie charakteristisch für den Tiefschlaf. Der REM-Schlaf dagegen ist der Hüter unserer Träume. Wie man heute weiß, sind Träume für uns ebenfalls lebenswichtig. Das führt uns unmittelbar zur nächsten Frage:

Warum träumen wir eigentlich?

Unsere Träume mögen verwirrend, aufregend, lustig, erotisch, furchteinflößend oder ganz einfach banal sein – Tatsache bleibt, daß jeder Mensch jede Nacht etwa fünf bis sieben Mal träumt, selbst wenn er sich niemals daran erinnert.

Sinn und Bedeutung dieser nächtlichen „Spielfilme", die in unserem Inneren ablaufen, haben die Menschen schon immer beschäftigt.

Letztendlich trug dies auch dazu bei, daß in unserer Realität eine riesige „Traumfabrik" entstand, die wir alle unter dem Namen Hollywood kennen.

Aber gehen wir zunächst zu unseren eigenen inneren Filmproduktionen.

Wie wir bereits gesehen haben, ist der REM-Schlaf, die Vorbedingung unserer inhaltsreicheren Träume, ein uraltes Erbe, das auf jeden Fall bei den Säugetieren, möglicherweise auch bei den Reptilien vorhanden ist. Wer jemals mit einer Katze oder einem Hund zusammengelebt hat, weiß, daß diese Tiere sehr intensiv träumen und daß sie dabei genauso ruckartig mit den Gliedmaßen zucken und die gleichen schnellen Augenbewegungen zeigen wie wir Menschen. Oft geben sie dabei sogar seltsame Fieptöne von sich. Der REM-Schlaf selbst als tagesrhythmisch gesteuerte Ruhephase geht sogar auf ganz primitive Organismen zurück, von denen wir kaum annehmen können, daß sie nach unseren Begriffen „träumen".

In den Kulturen des Altertums hielt man die Träume für Botschaften der Götter. Dieser Glaube entsprang nicht nur den vorwissenschaftlich-„primitiven" Vorstellungen dieser Menschen, sondern der Tatsache, daß sie zu jenen Zeiten noch in einem anderen Bewußtseinszustand als wir heute lebten. Sie hatten nur ein sehr schwach entwickeltes Ich-Bewußtsein und schöpften ihre Erkenntnisse noch vorrangig aus „äußeren" Quellen.

Wenn sie etwas z. B. über einen Baum erfahren wollten, so setzten sie sich vor ihn und „erfuhren" es von dem Baum. Keltische Druiden und Schamanen anderer Völker, so hieß es, vermochten mit Tieren, Pflanzen und Steinen zu sprechen. Heute kann die Wissenschaft diese mystisch klingenden Vorstellungen erklären: Die Menschen des Altertums bezogen ihr Wissen aus einem persönlichkeitsübergreifenden Gruppenbewußtsein mit Hilfe des Phänomens der *Hyperkommunikation.*[5]

Da sich gerade im Traum und ähnlich veränderten Bewußtseinszuständen die Hyperkommunikation auch bei uns heutigen Menschen besonders einfach einschaltet, ist es kein Wunder, daß man Träume früher als solche Botschaften von „Göttern" auffaßte (wenn auch bei weitem nicht jeder Traum solch tiefschürfende Informationen enthält, zumindest in unserer heutigen Zeit). Im alten Griechenland suchte man daher bei Krankheiten oft den Tempel auf, um in einem „Heilschlaf" Informationen über die Heilung zu erhalten. Diese Heilmethode durch Träume geht auf den griechischen Arzt *Asklepios (lat.: Aeskulap)* zurück, dessen Symbol der Schlange, die sich um einen Stab windet, bis heute Zeichen des ärztlichen Berufsstandes ist. Nicht erst im Zeitalter unserer neuzeitlichen Aufklärung wurde diese mythologische Deutung der Träume aufgegeben. Bereits *Aristoteles* bezweifelte in seinen philosophischen Schriften vehement den göttlichen Ursprung der Träume. Dennoch sollten wir zumindest die Tatsache im Hinterkopf behalten, daß der Ort, an dem wir schlafen und träumen, durchaus Einfluß auf die Qualität unserer Träume haben kann, speziell, wenn es sich um einen Ort mit besonderer Energieausstrahlung handelt. Wir werden auf diese geheimnisvolle Thematik später noch ausführlich zurückkommen.

Während des aufkommenden Materialismus im 17. bis 19. Jahrhundert verlegte sich die Wissenschaft bekanntlich ausschließlich auf die Erforschung physischer Phänomene. Träume wurden in dieser Zeit in der Regel als nutzlose Phantasien abgetan. Erst *Sigmund Freud* als Begründer der modernen Psychologie konnte dem Traum wieder seinen

Ehrenplatz in der wissenschaftlichen Forschung zurücker-
obern. Mögen seine Theorien heute auch veraltet und einseitig moralisierend erscheinen, sie schmälern keineswegs
das große Verdienst Freuds, die Psychologie überhaupt zu
einer anerkannten Wissenschaft gemacht zu haben.

Gehen wir an dieser Stelle auf einige modernere Deutun-
gen des Traums ein. Hierbei geht es uns allerdings nicht um
einzelne Traumsymbole, sondern um Hypothesen über den
Ursprung und Zweck der Träume als Ganzes.

In der modernen Schlaf- und Traumforschung gibt es heute
insgesamt drei wichtige Theorien darüber, die sich bei aller
Gegensätzlichkeit keineswegs gegenseitig ausschließen.

Die erste Hypothese besagt, daß Träume der *Konsolidierung von Gedächtnisinhalten* dienen. Nach dieser Auffassung, die von dem amerikanischen Schlafforscher *Jonathan
Winson* stammt, träumen wir also, um zu integrieren. Bereits
durch Beobachtungen von Säugetieren (z. B. Kaninchen,
Katzen und Ratten) konnte Winson feststellen, daß Tiere
im Traum offenbar überlebenswichtige Verhaltensmuster
einüben, die zwar in Form von Instinkten zumeist angebo-
ren sind, jedoch im Verlauf des Lebens an unterschiedliche
Umweltbedingungen angepaßt werden müssen.

Man stellte dies vor allem dadurch fest, daß in den entsprechenden Traumphasen der Tiere die gleichen Gehirnwellenmuster auftraten, die auch bei den entsprechenden
Verhaltensmustern im Wachzustand zu messen waren. Je
nach Tierart konnte sich dies um Fluchtverhalten (beim Kaninchen) oder Jagdverhalten (bei Katzen) handeln, immer
jedoch um genau diejenigen Muster, die für das Überleben
der entsprechenden Art besonders wichtig waren.

Diese Gehirnwellenmuster liegen stets im Bereich der Theta-Wellen (zwischen 4 und 8 Hertz), einem Bereich, in dem
sich interessanterweise auch die elementare Erdresonanzfrequenz (Schumann-Frequenz) befindet. Wie wir bereits in
unserem Buch „Zaubergesang" festgestellt haben, entspricht

die Schumann-Resonanz der elementaren „Bewußtseinsfrequenz" der höheren Säugetiere. Dies deutet einerseits darauf hin, daß die Tiere dies im Verlauf der Anpassung an die irdischen Lebensbedingungen erworben haben. Es bedeutet andererseits aber auch, daß der damit verbundene Bewußtseinszustand nicht so stark individualisiert ist wie bei uns (heutigen) Menschen, sondern eher in einer Gruppen- oder gar Erdbewußtseinsstruktur verankert ist.

Beim heutigen Menschen hingegen treten Theta-Wellen im normalen Wachzustand nicht mehr auf, höchstens im frühen Kindesalter (wo ja auch die meisten Verhaltensprägungen stattfinden) sowie in veränderten Bewußtseinszuständen wie der Hypnose oder dem Traumschlaf. Dies hängt damit

Frequenzband	Frequenzbereich (Hertz)	Bedeutung
Delta	1-3	Tiefschlaf, Koma
Theta	4-7	Traumschlaf, Trance, Tiefenmeditation, Hypnose, normaler Bewußtseinszustand bei Kleinkindern und höheren Säugetieren
Alpha	8-13	entspannter Wachzustand bei geschlossenen Augen, Meditation
Beta	14-30	angespannter Wachzustand, normale Tagesaktivität bei geöffneten Augen
Gamma	30-80	Bindung und Aufmerksamkeit, Integration von Sinnesdaten zu Gestaltimpressionen, Bindung von Raum und Zeit

Tabelle 2: Frequenzbereiche der menschlichen Gehirnwellen

zusammen, daß Menschen im Wachzustand einen höheren Bewußtseinszustand haben als Tiere, der gekennzeichnet ist durch die höherfrequenten Beta-Wellen (14-40 Hertz). Wie man heute vermutet, entspricht das Bewußtsein der höheren Säugetiere in etwa unserem menschlichen Unbewußten. Sie können Erfahrungen sammeln und bewußt verarbeiten. Den meisten Tierarten fehlt hingegen offenbar das reflektierende Bewußtsein, und auch das Bewußtsein des freien Willens ist weniger ausgeprägt, ähnlich wie bei den Menschen des frühen Altertums. Auf dieser Bewußtseinsstufe lebt man wie gesagt eher aus einem Gruppenbewußtsein heraus, so wie es auch bei unserem Unbewußten der Fall ist.

Allerdings sollten wir uns auch darüber im klaren sein, daß es mit unserem vielgerühmten „freien Willen" in Wahrheit nicht so weit her ist, wie wir alle glauben. Damit schneiden wir ein weiteres, äußerst geheimnisvolles Thema an, zu dem man noch viel mehr sagen könnte.[6]

In neuester Zeit wurde übrigens noch ein fünftes Gehirnwellenband entdeckt, dessen Frequenzbereich oberhalb der Beta-Wellen des normalen Wachzustandes liegt – die sogenannten *Gamma-Wellen*. Sie entstehen simultan in unterschiedlichen Hirnbereichen, die an einer Wahrnehmung beteiligt sind (z. B. Sehzentrum, Hörzentrum), und synchronisieren diese Bereiche. Dadurch ermöglichen die Gamma-Wellen eine Bindung unterschiedlicher Sinnesdaten zu einer Gesamtwahrnehmung. Sie sollen auch für die Bindung unserer Wahrnehmung von Raum und Zeit verantwortlich sein.

Genau wie die anderen Gehirnwellenbereiche können auch die Gamma-Wellen durch technische elektromagnetische Strahlung im passenden Frequenzbereich gestört oder verändert werden. Dies äußert sich dann in kognitiven Störungen, Desorientierung etc. und kann auch die Schlafqualität beeinflussen. Im Gamma-Frequenzbereich liegen vor allem Wechselstromfrequenzen (Haushaltsstrom) und militärische Längstwellenradare, die gerade in den letzten Jahren durch umfangreiche Presseveröffentlichungen ins Gespräch gekommen sind. Die Sache zog Kreise bis ins Bundesverteidigungsministerium und beschäftigte auch das Europäische Parlament in Straßburg.[7] Quelle der Theta-Wellen, die für die Lernprozesse im Traum verantwortlich zeichnen, sind besondere eng benachbarte Bereiche im Zwischenhirn, und zwar der *Hippokampus, das Amygdala* (Mandelkern) und das *Corpus mamillare*. Neuere Ergebnisse der Hirnforschung haben gezeigt, daß diese Hirnregionen vor allem Sitz emotionaler Regungen sind. Damit wird auch klar, auf welche Weise der Lernprozeß im Traum stattfindet: *Äußere Wahrnehmungen unserer Sinnesorgane werden mit Emotionsinhalten verknüpft.*

Elementares Lernen beruht bereits bei den Tieren und über weite Strecken auch beim Menschen zumeist auf zwei Prinzipien: dem Lustgewinn und der Schmerzvermeidung. Es ist daher verständlich, daß das Gehirn die Erlebnisse der Vergangenheit dahingehend bewertet, ob sie mit positiven oder negativen Emotionen verbunden waren. Dadurch lernt das Individuum, ob sich die Wiederholung eines Verhaltensmusters lohnt oder ob diese besser vermieden werden sollte.

Interessant ist in diesem Zusammenhang auch, daß die genannten Hirnteile Hippokampus und Amygdala nach neueren Erkenntnissen auch für das Zustandekommen der *Hyperkommunikation,* also der Verbindungsaufnahme mit umfassenden Bewußtseinsnetzwerken, verantwortlich sind.[8] Hierzu gehören Gruppenbewußtseinsschichten wie das Artbewußtsein einer Tierart, das Menschheitsbewußtsein, aber möglicherweise auch noch umfassendere, übergeordnete Schichten. Dies ist nicht nur ein weiteres Indiz dafür, daß Tiere im Traum tatsächlich artspezifisches Instinktverhalten besonders gut einüben und anpassen können, sondern auch dafür, daß in den Träumen der Menschen häufig geheimnisvolle Kommunikationsprozesse stattfinden, die sich keinesfalls nur im Inneren des Träumers abspielen.

Hierzu gehören Phänomene wie die Traumtelepathie, gemeinsame Träume mehrerer Personen (sogenanntes *Dreamscaping,* zu deutsch: „Traumspringen") sowie auch die diversen Formen der Inspirations- und Intuitionsträume, wie sie von vielen Wissenschaftlern und Künstlern überliefert sind, bis hin zu Kontakten mit anderen Bewußtseinsformen.

So ist es sicher kein Wunder, daß sich auch die berühmtesten Filmregisseure häufig durch Träume inspirieren ließen, so z. B. *Ingmar Bergman,* der für den Film „Wilde Erdbeeren" nach eigenen Angaben sogar seine eigenen Träume verwendete. Ausgehend von seinen nächtlichen Abenteuerreisen versuchte auch *Federico Fellini* den schmalen Grat zwischen Traum und Realität in seinen Filmen auszuloten, wobei er die Zuschauer oft bewußt in die Irre führte. *Alfred Hitchcock* hingegen war vor allem von der Arbeit Sigmund Freuds fasziniert, was besonders stark in seinen Psychothrillern „Marnie" (mit Tippi Hedren und Sean Connery) und „Ich kämpfe um dich" (mit Ingrid Bergman und Gregory Peck) zum Ausdruck kommt. Für den letztgenannten Film ließ sich „Hitch" die surrealistischen Kulissen der Träume seines Protagonisten sogar von keinem Geringeren als *Salvador Dali* ausgestalten,

Eine andere Hypothese zum Zweck und zur Entstehung der Träume stammt unter anderem von dem amerikanischen Nobelpreisträger *Francis Crick,* einem der Entdecker der DNA, unserer Erbsubstanz. Obwohl seine Hypothese der Lerntheorie Winsons auf den ersten Blick diametral entgegenzustehen scheint, gehören beide letztendlich zusammen.

Crick ist der Ansicht, daß wir während eines Traums überschüssigen Müll in unserem Gehirn löschen und daß der Traum gerade das „Protokoll" dieses Löschvorganges ist. Leider wurde Crick daraufhin von der Presse zumeist vereinfachend und verfälscht zitiert, wonach wir „träumen, um zu vergessen". An anderer Stelle hieß es sogar, es sei schädlich, sich an Träume zu erinnern, da damit der notwendige Prozeß des Vergessens behindert würde.

Francis Crick hat sich später von diesen überspitzten Formulierungen eindeutig distanziert (nachdem er vor allem von Psychologen aus aller Welt heftig angegriffen worden war). Worum es ihm eigentlich gegangen war, war folgendes:

Wenn das Gehirn Sinneseindrücke und Emotionen zu Erfahrungen (und damit zu Gedächtnisinhalten) ordnet, kommt es dabei auch immer zu einer ganzen Reihe „ins Kraut schießender" Assoziationen. Die Neuronen, also die Nervenzellen im Gehirn, neigen dazu, bei elektrischer Erregung ihren Erregungszustand an benachbarte Neuronen weiterzuleiten. Wenn dabei die Resonanzfrequenzen passen, also eine irgendwie geartete Assoziation vorliegt, werden dadurch möglicherweise neue Gedächtnisinhalte erzeugt, die auch nur der Phantasie zu entspringen brauchen. Wie wir alle wissen, verfährt unser Unterbewußtsein bei seinen Assoziationen nicht immer „logisch" im Sinne unserer rationalen Denkweise, sondern ist in der Lage, manchmal die verrücktesten Verbindungen herzustellen, etwa zwischen einem Musikstück, das wir hören, und dem Zimtgeruch in der Küche der Großmutter zu Weihnachten. Oder uns beschleicht in einer bestimmten Straße unserer Stadt automatisch ein Gefühl des Unwohlseins, nur weil uns dort einmal ein Polizist ein „Knöllchen" verpaßt hat.

Vom rationalen Standpunkt gesehen, kann die Straße ebenso wenig für das Strafmandat, wie ein Konzert von Johann Sebastian Bach etwas mit Zimt und unserer Großmutter zu tun hat. Dem Unbewußten ist solche Logik fremd. Es verknüpft ganz einfach zeitgleich aufgetretene Sinneseindrücke miteinander sowie mit den damals aufgetretenen Emotionen und assoziiert das Ganze noch mit anderen ähnlichen Erlebnissen unserer Vergangenheit, bis von alledem nur noch ein diffuser Emotionsbrei übrig bleibt, mit dem wir kaum noch etwas anzufangen wissen.

Der nächste Weg führt dann meist zum Psychiater, der dieses ganze Erinnerungsgewirr nach Möglichkeit wieder auflösen soll.

Damit es jedoch gar nicht erst dazu kommen muß, kann unser Gehirn in gewissem Maße auch selbst seinen Kram aufräumen.

Wie sich durch Computersimulationen zeigen läßt, tendieren neuronale Netzwerke wie unser Gehirn dazu, Gedächtnisspuren durch Wiederholung zu verstärken und dadurch schrittweise tiefer einzuprägen. Andererseits ist es unter gewissen Bedingungen auch möglich, instabile, selten genutzte Spuren, die auf derartigen Phantasie-Assoziationen beruhen, durch Anlegen einer Gegenspannung zu löschen. Genau dies läuft nach Cricks Ansicht während der Träume in unserem Gehirn ab. Dies würde auch erklären, warum unsere Träume oft so wirklichkeitsfremd, absurd und bizarr sind.

Gleichzeitig stellt Crick damit auch klar, daß er durchaus von der psychologischen Bedeutung der Träume überzeugt ist, denn auf diese Weise kann der Mensch sukzessive auch festgefahrene neurotische Zwangsvorstellungen loswerden, die sich ja dann vor der Löschung ebenfalls über unsere Träume äußern würden.

Im Grunde würde also eine solche nächtliche „Speicherbereinigung" die Hypothese vom Traum als Lernprozeß genauso stützen wie Winsons Theorie, nur in umgekehrter Weise. Indem wir überflüssigen „Schmarrn" loswerden, können sich sinnvolle Erinnerungen und Verhaltensweisen um so besser einprägen.

Der Grund für die Notwendigkeit eines solchen Löschprozesses läge darin, daß unser Gehirn vermutlich nicht genug „Speicherplatz" besitzt (um es einmal in modernem Computerdeutsch auszudrücken), um ohne solche regelmäßigen Bereinigungsläufe auszukommen. Schließlich können wir uns für unseren Kopf nicht einfach bei Karstadt eine neue Festplatte kaufen!

Ohne REM-Träume würde also – folgt man dieser Hypothese – das Gehirn auf Dauer durch unnötigen Ballast überlastet werden, und es könnte dadurch sogar am Tage zu Halluzinationen und ähnlichen Bewußtseinsstörungen kommen. Tatsächlich sind solche Phänomene bei langandauerndem Schlafentzug schon beobachtet worden, ohne daß hierüber allerdings bereits wissenschaftlich tragfähige Studien existieren würden.

Es gibt im Tierreich nur wenige Spezies, bei denen die Gehirngröße im Vergleich zur Körpergröße günstiger ausfällt als beim Menschen. Die Delphine etwa gehören dazu. Interessant ist in diesem Zusammenhang, daß Delphine keinen REM-Schlaf haben. Vielleicht haben sie tatsächlich genügend „Memory", um ohne ihn auszukommen?

Der Schlaf der Wale und Delphine ist überhaupt ein interessantes Gebiet, denn während diese Tiere schlafen, müssen sie gleichzeitig darauf achten, regelmäßig zum Atemholen aus dem Wasser aufzutauchen. Sie haben das Problem im Verlauf der Evolution dadurch gelöst, daß sie abwechselnd immer nur mit einer Gehirnhälfte schlafen.

Die zweite moderne Traumtheorie beschäftigt sich eher mit der physiologischen Entstehung des Traums als mit seiner Bedeutung. Es handelt sich um das sogenannte *Aktivierungs-Synthesis-Modell* von *J. Allan Hobson* und *Robert McCarley.*

Die beiden Forscher nehmen Bezug auf die Tatsache, daß die REM-Träume ihren Ausgangspunkt im *Hirnstamm* haben, also im entwicklungsgeschichtlich ältesten Hirnteil, der sich unmittelbar an das Rückenmark anschließt. Genauer gesagt entstehen die typischen schnellen Wellenmuster im EEG des REM-Schlafs durch ein Feuerwerk elektrischer Impulse aus dem Hirnstamm, mit denen das ganze restliche Gehirn „bombardiert" wird.

Hobson ist nun der Ansicht, daß das Gehirn auf dieses Feuerwerk an sich nutzloser und sinnloser Informationen mit dem Bemühen reagiert, dem ganzen Chaos Struktur aufzuprägen, ähnlich unserem Versuch, im Muster von Wolken oder Tapeten Gesichter und andere Formen zu erkennen, woraus dann unsere Traumvisionen entstehen würden.

Wie Francis Crick wird auch J. Allan Hobson in der Presse oft falsch zitiert. Auch er ist keineswegs der Ansicht, daß Träume deshalb sinnlos seien – ganz im Gegenteil. Ohnehin ist sein Erklärungsansatz eher dazu geeignet, die Entstehung der Träume besser zu verstehen, weniger ihren Inhalt und dessen Bedeutung.

Daß die Impulse aus dem Hirnstamm weite Bereiche des Großhirns aktivieren, kann man mit der Positronenemissionstomographie (PET) zeigen (vgl. Abbildungsteil, Bild 16, 17). Wie man daraus erkennt, sind während des REM-Schlafs vor allem das Sehzentrum, das Gefühlszentrum sowie der Hippokampus aktiv. Das zeigt nicht nur, daß unsere Träume sehr bildhaft und emotional gefärbt sind, sondern stützt auch die Hypothese, daß im Traum Erinnerungen konsolidiert werden und Lernprozesse ablaufen (vgl. S. 59). Die Hyperkommunikation ist begünstigt. Gleichzeitig ist die Aktivität der Großhirnrinde gedämpft, d. h. normalerweise stehen unsere Träume eher unter der Kontrolle des Unterbewußtseins.

Viele Eigenheiten unserer Träume sind jedenfalls bei diesem Modell leicht verständlich. Daß zum Beispiel der Hirnstamm in regelmäßigen Abständen seine Impulse abfeuert, kann die Sprunghaftigkeit und die häufigen Orts- und Zeitwechsel während unserer Träume erklären. Außerdem kommt es während dieser Phasen auch zu wichtigen Veränderungen in der Gehirnchemie, die für uns später noch von großer Wichtigkeit sein werden.

Die Übertragung von Nervenimpulsen im Gehirn wird an den Übergangsstellen zwischen einzelnen Neuronen, den sogenannten Synapsen, gesteuert. Dies geschieht vermittels spezieller chemischer Substanzen, die Neurotransmitter genannt werden. Von ihnen gibt es eine ganze Reihe. Im normalen Tageserleben herrschen diejenigen unter ihnen vor, die zur Gruppe der *Monoamine* gehören. Vor allem sind dies *Noradrenalin* und *Serotonin*. Während des Schlafs, vor allem während des Traums, schalten sich hingegen andere Neurotransmitter ein, die zur *cholinergischen* Gruppe gehören. Die bekannteste dieser Substanzen ist das *Acetylcholin*.

Die Monoamine haben die Eigenschaft, stabile Dauerfunktionen in den neuronalen Vorgängen im Gehirn aufrechtzuerhalten. Sie ermöglichen es uns dadurch im Tagesverlauf, über längere Zeit einem konstanten Gedankengang folgen zu können. Dieser Vorgang wird während des Traums durch den Wechsel des Neurotransmittersystems gehemmt, wodurch es zu einer *Demodulation* kommt, wie man sagt. Unsere Träume sind auch deshalb häufig so sprunghaft und bizarr.

Bei manchen psychischen Erkrankungen wie der Schizophrenie, aber auch bei besonders schweren Formen der Depression, treten solche Phänomene auch im Wachzustand auf. Bei diesen Menschen liegt die Ursache oft darin, daß durch ein bestimmtes Enzym, die *Monoaminoxydase,* zu viel Serotonin abgebaut wird. Zur Behandlung werden daher oft spezielle Medikamente, sogenannte Monoaminoxydase-Hemmer (kurz: MAO-Hemmer) verabreicht, die dieses Manko wieder ausgleichen sollen. Wir erwähnen dies, da diese Mechanismen auch für das Erreichen des Klartraumzustandes von großer Bedeutung und gleichzeitig bei Mißbrauch mit sehr großen Gefahren verbunden sein können. Wir werden an späterer Stelle noch ausführlicher darauf eingehen.

Die dritte moderne Traumentstehungstheorie stammt von *Jim Horne,* dem Leiter der Schlafforschungslaboratorien der Loughborough University in England. Ihm zufolge ist der nächtliche Traum bzw. allgemein der REM-Schlaf ein Relikt aus der Zeit, da wir uns als Fötus im Mutterleib entwickelten.

Es ist bekannt, daß ungeborene Föten sich zu fast 80 Prozent des Tages in einem REM-ähnlichen Zustand befinden. Nach der Geburt nimmt dieser Prozentsatz sukzessive ab. Bereits im Alter von etwa drei Jahren träumen wir nur noch etwa 25 Prozent unserer Schlafenszeit, die allerdings bei Kindern insgesamt wesentlich höher liegt als beim Erwachsenen.

Nach Hornes Ansicht dient der REM-Schlaf und damit der Traum ganz einfach dem Zweck, das Gehirn für das Leben zu trainieren.

Interessant ist natürlich in diesem Zusammenhang die berechtigte Frage, wovon ein Fötus eigentlich träumt. Nach herkömmlicher wissenschaftlicher Ansicht werden im Traum Erfahrungen, also Erlebnisse und Sinneseindrücke aus der Vergangenheit verarbeitet – zumindest sprechen die Traumerzählungen von Menschen eindeutig dafür –, doch sind dies Inhalte, über die ein ungeborener Fötus im Grunde noch gar nicht verfügen dürfte. Oder doch?

Vielleicht ist dies aber auch ein Hinweis darauf, daß Träume noch ganz anderen Zwecken dienen und uns in ganz andere Welten führen können. Wir haben schon das Phänomen der Hyperkommunikation angesprochen, also die Möglichkeit, Verbindung aufzunehmen zum „kosmischen Internet", zu persönlichkeitsübergreifenden Bewußtseinsnetzwerken. Wird das Bewußtsein des Fötus etwa aus solchen Quellen gespeist und auf diese Weise von den Bewußtseinsstrukturen seiner Artgenossen auf sein Leben vorbereitet? Wird dadurch während der neun Monate im Mutterleib ein menschliches Selbst in entscheidender Form vorgeprägt?

Wir sehen, jede der modernen Traumtheorien klingt durchaus vernünftig, und im Grunde widerspricht eine der anderen nicht. Sie zeigen nur, wie vielschichtig und nach wie vor geheimnisvoll die Thematik des Schlafens und Träumens für uns Menschen ist.

Die meisten Schlafforscher sind sich heutzutage jedenfalls weitgehend darüber einig, daß die wesentliche Funktion der Träume in der *Konsolidierung unserer Erfahrungen* besteht, wie uns auch *Dr. Marie-Luise Hansen,* die medizinische Leiterin des Schlaflabors im Klinikum Benjamin Franklin der Freien Universität Berlin, im Gespräch bestätigte. Das heißt, der Traum ist mindestens ebenso überlebenswichtig wie der Schlaf.

Ein besonders interessantes Beispiel aus der Welt unserer Träume hat Hollywoods Traumfabrik gerade in jüngster Zeit hervorgebracht. In dem Film „Tiefe der Sehnsucht" mit Demi Moore in der Hauptrolle wird der Fall einer jungen Frau geschildert, die jede Nacht in einem anderen parallelen Leben „erwacht". So ist sie einmal eine erfolgreiche New Yorker Yuppie-Frau und zum anderen eine alleinerziehende Mutter in Frankreich. Beide Frauen erleben das Leben der jeweils anderen in Form nächtlicher Träume, die kontinuierlich aufeinander aufbauen, wobei nicht unmittelbar klar wird, wer von beiden die „reale" Existenz führt und wer die geträumte.

In beiden parallelen Leben geht die Frau schließlich zum Psychologen, und beide Psychologen behaupten von sich mit Nachdruck, real zu sein. Auch andere Personen, Lebensumstände, Landschaften etc. geben ihr absolut keine Anhaltspunkte, um herauszufinden, was Realität und was Traum ist.

Erst als es zu einer Überlappung beider Realitäten kommt (Personen aus dem Umfeld der Frau verschwinden plötzlich, in einer der beiden Existenzen tauchen Gegenstände auf, die eigentlich in die andere gehören), ist die Psyche der Frau gezwungen, sich für eines der beiden Leben zu entscheiden.

Es lohnt sich wirklich, diesen Film anzusehen.

Interessant ist dieses Beispiel vor allem deshalb, weil derartige Fälle tatsächlich schon bekannt geworden sind.

In diesem Moment überschreiten wir die Grenze unseres vertrauten, festgefügten Weltbildes, wonach es eine stets erkennbare saubere Grenze zwischen „Realität" und „Fiktion" geben muß, und treten ein in ein bizarres Universum alternativer paralleler Realitäten, wie sie uns aus der Quantenphysik bereits seit Jahrzehnten bekannt sind.

Traumbesuche in parallelen Realitäten können auch ganz spontan, d. h. sporadisch, auftreten. Ein Beispiel bildet der folgende Traum von Willi S.:

„Ich ging durch die Straßen von Berlin, ohne Eile und auch ohne ein bestimmtes Ziel. Es war am Spätnachmittag eines schönen Sommertages. Ich überlegte mir gerade, was ich noch unternehmen konnte, und dabei fiel mir ein, daß in der Friedrichstraße in einem Haus ein Aufzug ist, der die Leute in eine parallele Realität bringen kann.

Also ging ich hin und stieg allein in diesen Aufzug.

In dem Aufzug waren ein blauer und ein roter Knopf, und ich wußte, wenn ich den roten drücke, kann ich Berlin in einer Parallelwelt besuchen.

Ich drückte den roten Knopf, und der Lift fuhr nach oben, wobei er schneller und schneller wurde und dabei zu fliegen begann und sogar die Richtung änderte. Er flog jetzt horizontal.

Ich hatte keine Angst und fühlte nur Neugier, wie diese Stadt in der parallelen Realität aussehen würde.

Die Bewegung wurde dann langsamer, und am Ende blieb der Aufzug stehen. Ich stieg aus und kam direkt auf die Straße.

Die Stadt kam mir fremd vor, und ich ging spazieren. Es schien so, daß die Tageszeit ungefähr die gleiche war, und auf den Straßen waren viele Menschen und Autos.

Es fiel mir aber auf, daß die Geräusche der Stadt vollkommen anders klangen als in „meiner Version" von Berlin. Die Autos zum Beispiel machten überhaupt keinen Lärm, sondern bewegten sich fast lautlos, und ich hatte den Eindruck, daß sie ein anderes Antriebssystem hatten. Die ganze Stadt war vergleichsweise still.

Sie hatte auch einen ganz anderen Charakter. Es war ein riesiges Industriegebiet mit unterschiedlichen Anlagen, riesigen Rohrleitungen und Fabrikgebäuden. Wohnhäuser waren kaum zu sehen.

Es gab aber inmitten dieser Industrie viel Grün, Bäume und Grünanlagen. Besonders interessant war die Farbe des Himmels über der Stadt. Sie war sehr zart, fast pastell, weiß-rosa.

Auch die Luft war trotz dieser ganzen Industrieanlagen sehr frisch und angenehm.

Was meine Aufmerksamkeit erweckte, waren sehr viele Gebäude, die wie große Pilze aussahen, auf einem hohen zylinderförmigen hellen Sockel stehend, der „Hut" hellbraun. Es gab unglaublich viele dieser „Pilze".

Ich überlegte gerade, wozu diese Gebäude dienen mochten, da kam mir plötzlich der Gedanke, daß sie mit der Reinerhaltung der Luft zu tun haben könnten.

Die Menschen, die ich auf der Straße traf, sahen aus wie bei uns, waren aber anders gekleidet. Sie trugen hauptsächlich graue oder zartrosa Kleidung. Die Kleider waren sehr schlicht, ohne jegliche Verzierung, mit kleinen Stehkragen.

Ich kam zu der Überzeugung, daß ich zurück in meine Welt gehen muß, und ging zurück zu dem Lift. Ich stieg ein und – erwachte in meinem eigenen Bett."

Ob Willi wirklich in diesem Traum Informationen über eine parallele Realität erhielt oder ob es nur eine interessante Phantasie war, werden wir nie erfahren. Aber wo ist die Grenze zwischen alternativen Realitäten und Phantasie? Gibt es diese Grenze überhaupt?

Die interessanteste Erkenntnis dieses Kapitels dürfte wohl sein, daß Schlaf und Traum untrennbar aneinander gekoppelt sind. Natürlich – wir müssen schlafen, um zu träumen. Aber offenbar müssen wir auch träumen, um zu schlafen. Beide sind miteinander so verschränkt, daß der eine nicht ohne den anderen existieren kann. Es liegt hier ein seltsamer Dualismus vor, wie man ihn aus der geheimnisvollen Welt der Quantenphysik kennt. Das hat einschneidende Konsequenzen auf den Charakter der Realitäten, die wir im Traum betreten (s. hierzu auch Kapitel VIII).

Das nächste Kapitel möchten wir Sie bitten, in Ihrem Schlafzimmer zu lesen.

IV
Indiskret

Schlafzimmerprobleme

Unser Freund Christian, ein bekannter Pianist, verbringt den größten Teil des Jahres auf Reisen. Unterwegs zwischen Tokio, New York und Rio de Janeiro, wo er mit den besten philharmonischen Orchestern spielt, findet er selten genug Zeit, uns anzurufen. Meistens treffen wir uns im Urlaub, um die Ereignisse der letzten Monate zu besprechen und zusammen etwas Hausmusik zu machen.

Wir wissen, daß Christian ein sehr sensibler Mensch ist und daß er leider in vielen Hotels der Welt nur sehr schlecht schlafen kann.

Zuletzt in London wollte man ihm einen besonderen Gefallen tun, und anstatt im Hotel brachte man ihn in einer wunderschönen Villa bei einer wohlhabenden und nicht ganz unwichtigen Familie unter.

Das Ambiente war natürlich schön, die Leute waren sehr freundlich, und man wollte den sensiblen Musiker schon während der Proben nach Möglichkeit verwöhnen. Doch er konnte keine einzige Nacht schlafen. Es war noch schlimmer als im Hotel.

Eines Nachts rief er uns an, weil es ihm schon sehr schlecht ging. Zusammen fanden wir auch gute Gründe dafür. In seinem Zimmer, auf einem Tischchen, befand sich ein großer Pyramidenionisator zur Luftverbesserung, der an das Stromnetz angeschlossen war. Auf dem Fensterbrett lagen verschiedene Edelsteine, schön und groß. Unter seinem Bett lag ein Trapez aus Aluminium, das angeblich „schlechte Erdstrahlen" abschirmen sollte, und auf dem Nachttisch stand

eine Lampe aus Bergkristall, deren Kabel unter seinem Bett
verlief. Das einzige Bild im Zimmer zeigte eine Spirale im
Uhrzeigersinn. Der Spiegelschrank machte den Rest.
Die Fortsetzung können Sie sich vorstellen. Wir räumten
telefonisch schnell alles ab, was man Christian als einem
„exzentrischen" Künstler nicht weiter übel nahm, und in den
nächsten Nächten schlief er wie in Abrahams Schoß.
Seine Gastgeber hatten es bei der Einrichtung des Gäste-
zimmers ein wenig zu gut gemeint.
Und jetzt Hand aufs Herz: Wie sieht es in Ihrem Schlafzimmer aus? Haben Sie schon daran gedacht, daß einer der
möglichen Gründe für Ihre schlaflosen Nächte in Ihrem
eigenen Schlafzimmer liegen könnte?
Ihr Schlafzimmer ist Ihr Rückzugsort und kann gut zum
Ausdruck bringen, wie Sie Ihr Inneres selbst wahrnehmen.
Im Gegensatz zu anderen Räumen im Haus, die Ihre Prä-
sentation nach außen widerspiegeln oder Ihre intellektuellen
und intuitiven Möglichkeiten zeigen, ruht sich im Schlafzimmer Ihr eigenes Ich aus, und es soll sich dabei wohlfühlen.
Hierfür ist eine ganze Reihe von Gesichtspunkten zu
beachten. Wohnen Sie in einer Großstadt, dann sollte das
Schlafzimmerfenster nach Möglichkeit nicht zur Straße hin
liegen. In ländlichen Gegenden sollte man sich ebenfalls das
ruhigste Zimmer zum Schlafen auswählen.
Dies mag noch selbstverständlich erscheinen, doch auch
die Innenausstattung des Raumes verdient unsere Aufmerksamkeit. Farben wirken sehr nachhaltig auf unsere Stimmung, und unsere Stimmung wiederum wirkt sich auf die
Raumenergie aus. Farbtöne wie Rot, Orange, Gelb, Grau
oder Schwarz sind für den Schlafraum ungeeignet.
Die in Deutschland so beliebten weißen Schlafzimmer
erinnern eher an die sterile Atmosphäre eines Krankenhau-
ses. Solche Räume sind ein Mord an der Seele, ein kühles,
unpersönliches Mißverständnis.
Wenn wir uns entlang der Frequenzen des Regenbogens

bewegen, haben wir die Wahl zwischen grün, blau, hellrosa, champagner oder creme. In Abhängigkeit von den Bedürfnissen Ihrer Persönlichkeit können die Farbtöne hell oder auch etwas kräftiger sein.

Die Verwendung von Aura-Soma-Farben als Zusatzkomponenten für die Wandfarben allerdings hat wirklich keinen Sinn und ist eher Unsinn.

Wenn Sie einen Energieüberschuß in sich haben, können Sie überwiegend helle Töne verwenden und viel Licht durch die Fenster Ihres Schlafzimmers fließen lassen. Müssen Sie aber häufig Ihre Energie an andere Menschen abgeben – beruflich oder privat –, sind etwas kräftigere, dunkle, warme Töne besser für Sie geeignet. Sie können in diesem Fall auch am hellen Tag die Vorhänge zuziehen.

So können Sie sich auch am Nachmittag eine Ruhepause gönnen und dem Raum seine Rolle als Schutz- und Zufluchtsort mental einprägen. Hiervon werden Sie dann in der Nacht profitieren.

Sensitive Menschen, die zum Beispiel in der Lage sind, die Aura wahrzunehmen, sollten immer auf ihre Augen achten und auch im Schlafzimmer dafür sorgen, daß es nicht zu hell ist.

An das Fenster gehören immer Vorhänge, egal, ob Sie sie zuziehen wollen oder Jalousien bevorzugen. Die Vorhänge verleihen dem Raum eine Atmosphäre des Schutzes und der Abgrenzung von der Außenwelt, was gerade in der Nacht wichtig ist. Oder wollen Sie Ihre Nachbarn in Ihr Schlafzimmer einladen? Dies gilt vor allem, wenn Sie ein „Fenster zum Hof" haben, wie schon Alfred Hitchcock wußte!

Die „nackten" Fensterfronten, die in den letzten Jahren so sehr im Trend waren, sind längst passé. Endlich haben die Menschen verstanden, daß sie in der Nacht einen Anspruch auf etwas mehr Intimsphäre haben. Auch während der nächsten Vollmondnacht, die unweigerlich kommen wird, werden Sie dies zu schätzen lernen.

Der Fußboden in Ihrer Wohnung symbolisiert die Fundamente Ihres Lebens. Wenn sich dort viele Risse oder Wölbungen zeigen, heißt dies, daß Sie in irgendeinem Lebensbereich auf wackligem Untergrund stehen. Dann sollten also erst einmal die Handwerker ins Haus kommen.

Im Schlafzimmer kommt es vor allem darauf an, Allergien gegen Fußbodenbeläge zu vermeiden, egal, ob man nun einen lackierten Holzfußboden oder Teppichboden hat. Zu viel Extravaganz ist ebenfalls fehl am Platze. Das Tigerfell mit Kopf gehört wohl eher ins Eßzimmer. Da kann man dann wenigstens stilvoll darüber stolpern, wie wir alle wissen. Same procedure as last year...

Bücher gehören genauso wenig ins Schlafzimmer wie Topfpflanzen. Natürlich sind solche Elemente im Raum sehr dekorativ, doch haben Pflanzen leider die Eigenschaft, in der Nacht Sauerstoff ein- und Kohlendioxyd auszuatmen, genau wie Tiere und Menschen. Die Photosynthese, bei der die Pflanzen aus Licht, Wasser und Kohlendioxyd Zucker herstellen und dabei noch wertvollen Sauerstoff ausatmen, funktioniert eben leider nur am hellen Tage. Nachts hingegen ist jede Pflanze ein „Luftverbraucher" mehr.

Bücher rauben ebenfalls Atemluft, da sie immer ein wenig Staub erzeugen. Das Buch, in dem Sie vor dem Einschlafen noch geschmökert haben, kann natürlich auf dem Nachttisch liegenbleiben. Selbstverständlich dürfen Sie auch dieses Buch oder Ihr Traumtagebuch gerne am Bett griffbereit haben, doch das bis zur Decke reichende Bücherregal gehört in einen anderen Raum Ihrer Wohnung.

Auch bei der Installation der Beleuchtung im Schlafzimmer sollten wir Vernunft und Augenmaß wahren. Halogenleuchten jeder Art gehören mit ihren zwischengeschalteten Trafos zu den schlimmsten Verursachern von Elektrosmog und haben daher im Wohnbereich von Menschen generell nichts zu suchen. Im Schlafzimmer wird man vorrangig auf gedämpftes Licht Wert legen. Allerdings sollte die Nachttischlampe auch nicht zu schwach ausgelegt sein, zumindest dann nicht, wenn man ab und zu im Bett lesen möchte. Eine Deckenlampe sollte auf jeden Fall vorhanden sein, damit man den Raum zumindest im Notfall ausreichend beleuchten kann.

Ein nächstes, höchst umstrittenes Thema bilden Spiegel im Schlafzimmer. Einerseits dient ein Schlafzimmer seit jeher nicht nur zum Schlafen, sondern in gewissem Maße auch der Körperpflege. Frauen haben schon in alten Zeiten Frisierkommoden mit Spiegeln im Schlafzimmer gehabt, und verspiegelte Kleiderschränke erfreuen sich in unseren Tagen zunehmender Beliebtheit, um sich beim Umziehen „begutachten" zu können.

Andererseits bestehen in weiten Teilen der Bevölkerung Vorurteile gegen die Verwendung von Spiegeln im Schlafzimmer, die in dieser Strenge nicht immer gerechtfertigt sind. Sie basieren vorrangig auf der chinesischen Feng-Shui-Lehre, also der uralten Kunst des naturgemäßen Hausbaus und der Raumgestaltung. Vieles in dieser Lehre basiert auf uraltem Wissen und kann auch in unserer Kultur und unserem Zeitalter zu einer Verbesserung der Lebensqualität beitragen. Andere Aspekte sind hingegen untrennbar mit religiösen und kulturellen Vorstellungen des alten China verbunden und nicht unbedingt auf unseren Kulturkreis übertragbar.

So glaubte man in China, ein Spiegel neben dem Bett sorge für Unruhe, weil die Seele nachts den Körper verlasse und dann bei der Rückkehr verwirrt sei, wenn sie scheinbar zwei Körper im Schlafzimmer sehe. Diese Vorstellung läßt sich nur schwerlich mit einem modernen, wissenschaftlich geprägten Weltbild vereinbaren.

In der europäischen traditionellen Überlieferung herrscht die Vorstellung, großflächige Spiegel könnten die schädliche Ausstrahlung unterirdischer Wasseradern verstärken. Aus unserer eigenen Erfahrung wissen wir durchaus, daß unterirdische Wasserläufe unter dem Schlafzimmer der Gesundheit und der Schlafqualität abträglich sein können, wenn auch die physikalischen und medizinischen Hintergründe bis heute nicht ausreichend geklärt sind. Inwieweit aber ein Spiegel diese Wirkung beeinflussen kann, bleibt unklar und daher im wesentlichen eine Glaubensfrage.

Was jedoch nicht von der Hand zu weisen ist, ist ein anderer Aspekt. Spiegel bestehen aus Glas und einer darunter liegenden dünnen Metallschicht, die wie eine große Kondensatorplatte wirken kann. Befindet sich also in der Wand hinter dem Spiegel eine ungenügend abgeschirmte elektrische Leitung, so ist es ohne weiteres möglich, daß der Spiegel die von dieser Leitung ausgesandte elektromagnetische Strahlung wie eine große Flachantenne auffängt und dann diffus in den Raum wieder abstrahlt. Auf diese Weise ist es möglich, daß der Spiegel vorhandenen Elektrosmog verstärkt.

Insgesamt sollte man einen pragmatischen Standpunkt einnehmen. Ein Schlafzimmer ganz ohne jeden Spiegel ist in unserer Zeit sicher nicht ohne weiteres machbar. Auf großflächige Wandverspiegelungen hingegen sollte man vielleicht lieber verzichten, zumindest, wenn man sensibel ist.

Koffer und Reisetaschen sollte man im Schlafzimmer nicht aufbewahren, schon allein aus ästhetischen Gründen. Ebenso sollten sich darin keine Gegenstände befinden, die unbewußte negative Erinnerungen hervorrufen können. Das Foto von Ihrem geschiedenen „Ex" oder die geschmackvolle, gemeinsam gekaufte Muschel, die Sie drei Monate vor der Scheidung aus Lanzarote mitgebracht haben, sollten also schnellstens verschwinden.

Nicht immer ist es einem Menschen bewußt, welcher Gegenstand bei ihm Unwohlseinsgefühle auslöst, und auch für einen Außenstehenden ist es nicht immer leicht, ihm beim Auffinden der Ursache behilflich zu sein, da die ausgelösten Gefühle in hohem Maße subjektiv sind.

Ein Beispiel aus unserer eigenen Praxis: Eine Frau litt seit langer Zeit unter Schlafstörungen, die sich so weit gesteigert hatten, daß sie bereits beim Betreten des Schlafzimmers ein Gefühl von Übelkeit überkam. Unsere objektive Untersuchung des Schlafraums ergab keinen meßbaren Befund, weder durch physikalische noch durch radiästhetische Messungen. Wir konnten das Unwohlseinsgefühl der Frau auch selbst nicht nachvollziehen.

In diesem Fall fragen wir zumeist nach den näheren Lebensumständen während der Zeit, als die Beschwerden zum ersten Mal auftraten.

Die Frau erinnerte sich daraufhin, daß sie damals von einer Party nach Hause gekommen war. Sie wußte nicht mehr, was sie dort gegessen oder getrunken hatte, aber es wurde ihr im Schlafzimmer plötzlich schlecht, so daß sie sich an Ort und Stelle übergeben mußte. Auf dem Bett lag in jener Nacht eine wunderschöne Patchwork-Decke, ähnlich den amerikanischen Quilts, die in manchen Gegenden der USA traditionell von allen Frauengenerationen einer Familie gemeinsam zur Hochzeit einer Tochter angefertigt wurden.

Der Lebensgefährte der Frau wußte sich nicht anders zu helfen, als den Notarzt zu verständigen, der sie vorsorglich ins nächste Krankenhaus einweisen ließ, da er eine Lebensmittelvergiftung nicht ausschließen konnte. Dort wurde ihr der Magen ausgepumpt, und sie mußte zwei Tage zur Beobachtung in der Klinik bleiben, wodurch sie ein wichtiges Vorstellungsgespräch versäumte, von dem sie sich einen besseren Job versprochen hatte.

Dieser Vorfall lag schon mehr als sechs Jahre zurück, und die Frau hatte die Sache im Grunde schon fast vergessen. Die Decke ließ sich reinigen, lag aber dann einige Jahre im Schrank, da sich das Paar kurz darauf ein neues Bett angeschafft hatte, zu dem die Decke nicht paßte.

Erst in diesem Jahr hatte sie das gute Stück erstmals wieder hervorgeholt und aus nostalgischen Gefühlen – sie lebte längst mit einem anderen Mann zusammen – auf das inzwischen andere Bett gelegt. Von diesem Tage an setzten die Schlafstörungen und Übelkeitsgefühle ein.

Die Erklärung für den momentanen Zustand der Frau war nun nicht mehr schwierig. Wir alle neigen dazu, unangenehme Erinnerungen ins Unbewußte zu verdrängen. Gleichzeitig tendiert jedoch unser Unterbewußtsein dazu, Assoziationen herzustellen, die nicht immer unserer rationalen Logik folgen. So verknüpft es Gefühle, die im Verlauf eines Erlebnisses aufgetreten sind, nicht nur mit der Erinnerung selbst, sondern auch mit Gegenständen, die zu jener Zeit im Blickfeld waren. Auf dieser Tatsache beruht die „magische" Wirkung von Talismanen und Fetischen, die die Menschheit seit Jahrtausenden in allen Ländern und Kulturen verwendet hat.

In unserer aufgeklärten Zeit glaubt man vielleicht nicht mehr an solche Fetische, doch die Mechanismen der Erinnerungsspeicherung im Unbewußten sind von dieser Entwicklung unbeeinflußt geblieben. Vor allem negative Erfahrungen werden unbewußt in jedem von uns sehr häufig mit bestimmten Orten und Gegenständen assoziiert, und wir meiden dann diese Stellen wie der Teufel das Weihwasser, ohne dafür eine Begründung nennen zu können.

Für die Frau gab es nur zwei Möglichkeiten: Entweder mußte sie sich von der Decke ein für alle Male verabschieden und sie auf dem nächsten Trödelbasar verkaufen, oder es galt, die Decke „wegzutherapieren", was wir dann auf Wunsch der Frau auch taten.

Versuchen Sie also möglichst, in Ihrem Schlafzimmer mit der Vergangenheit gründlich aufzuräumen und dabei alle Gegenstände zu entfernen, die geeignet sind, Sie emotional zu irritieren. Lernen Sie dabei loszulassen, zum Beispiel von der geschmackvollen Vase, einem Geschenk Ihrer Tante, die Sie noch nie leiden konnten. Alles, was man nur aus Pietät aufhebt und im Grunde nicht mag, ist im Schlafzimmer fehl am Platze. Wenn Sie die Vase im wörtlichen Sinne loslassen, ist das Problem in Sekundenschnelle gelöst!

Ein besonders drastisches und fast schon gefährliches Beispiel können wir noch aus unserer Praxisarbeit erzählen. Zu uns kam eine sehr sensitive Frau, eine Lehrerin und Reiki-Meisterin, die an Krebs erkrankt war. Gleichzeitig litt sie an Schlafstörungen und immer wiederkehrenden Alpträumen. Die Symptome waren keineswegs nur auf die Krankheit zurückzuführen, denn auch ihre kleine Tochter wurde immer wieder von schweren Ängsten geplagt, und selbst der Kater der kleinen Familie weigerte sich, das Schlafzimmer auch nur zu betreten, ganz im Gegensatz dazu, wie sich seine Artgenossen sonst zu verhalten pflegen.

Wie so oft begleiteten wir die schulmedizinische Behandlung der Krebserkrankung mit unseren psychotherapeutischen Methoden, um das Immunsystem der Frau sowie ihren Lebensmut aufzubauen. Die Behandlung zeigte auch gute Erfolge, nur auf die Ängste und die Alpträume hatte sie seltsamerweise keinerlei Einfluß.

Im Verlauf ausgedehnter Beratungsgespräche kam eines Tages auch die Beziehung zu ihrem ehemaligen Reiki-Meister zur Sprache. Sie schilderte den Mann als ausnehmend autoritär bis machthungrig. Im Gegensatz zu der üblichen Praxis der Reiki-Tradition hatte sie bei ihm mehrere Einzeleinweihungen bis zum dritten Grad gemacht, die Ausbildung aber dann abgebrochen, da die dritte Einweihung ein ausgesprochen traumatisches Erlebnis für sie war.

Der selbsternannte „Meister" hatte ihr damals, während sie sich in einem veränderten Bewußtseinszustand befand, suggeriert, sie sei nun für immer voll unter seiner Kontrolle und müsse tun, was er wolle, wo immer sie sich befinde. Es ist klar, daß sie sich das als moderne und emanzipierte Frau des 20. Jahrhunderts nicht hatte bieten lassen. Kurz nach dem Ende der Ausbildung traten dann die Schlafstörungen erstmals auf.

Wir wollen nun keineswegs den Eindruck erwecken, die aus Japan stammende Reiki-Lehre, eine körperorientierte energetische Heilmethode, sei etwas „Schlechtes". Im Gegenteil wohnt solchen traditionellen Methoden sehr oft eine größere Macht inne, als wir es in unseren materialistischen Zeiten wahrhaben wollen. Das Problem liegt eher darin, daß es gerade in diesen heutzutage so beliebten esoterischen Lehren kaum Qualitätskontrollen gibt – ganz im Gegensatz zu Methoden, die von der offiziellen Wissenschaft bereits akzeptiert werden. Vielfach kommt man also zu seinem „Meister" nur durch Mundpropaganda, und so besteht immer die Gefahr, auch einem Scharlatan auf den Leim zu gehen.

Nachdem nun der mutmaßliche Grund für die Beschwerden der Frau gefunden war, versuchten wir herauszufinden, wie es möglich war, daß der Einfluß dieses Mannes tatsächlich bis jetzt auf sie wirken und die unbewußten Ängste auslösen konnte. Daher fragten wir sie, ob sie vielleicht noch irgendwelche Gegenstände besitze, die ihr der Mann gegeben hatte. Nach kurzem Nachdenken gab sie zu, daß in ihrem Schlafzimmer einige große Bergkristalle lagen, die er ihr damals geschenkt hatte.

Vermutlich dienten in diesem Fall die Bergkristalle als „Anker" für die traumatische Erinnerung an die Reiki-Einweihung, und so empfahlen wir der Frau, diese testweise aus der Wohnung zu entfernen. Um nichts zu überstürzen, sollte sie die recht wertvollen Steine natürlich nicht einfach wegwerfen, sondern sie in der Garage oder einem anderen geeigneten Ort außerhalb der Wohnung deponieren, zumindest bis zum nächsten Termin in unserer Praxis.

Wir waren alle gespannt auf die Wirkung dieser Maßnahme, doch wir ahnten nicht, wie weitreichend die Konsequenzen sein sollten.

Beim nächsten Termin erklärte uns die Frau, mehrere Nächte hindurch hervorragend geschlafen zu haben. Beiläufig fragten wir, was sie nun eigentlich mit den Steinen gemacht hätte, und sie erzählte uns, sie habe sie in eine alte Aktentasche gepackt und zu ihrer Freundin gebracht.

In der kommenden Nacht überkam ihre Freundin ohne erkennbaren Grund ein heftiges Unwohlsein, so schlimm, daß sie den Notarzt rufen mußte... Waren die Kristalle also etwa verhext?

Glücklicherweise braucht man heute auch zur Erklärung solch bizarrer Phänomene nicht mehr auf Aberglauben zurückzugreifen.

Wie wir aus der Elektronik und Computertechnik wissen, haben Kristalle aufgrund ihrer Molekularstruktur die Fähigkeit zu schwingen und auf diese Weise Informationen aus der Umgebung aufzunehmen und zu speichern. Ein solches schwingungsfähiges System (in der Physik spricht man auch von einem harmonischen Oszillator) stellt aber auch unsere Erbsubstanz, die DNA, dar, jenes riesige gewundene Erbmolekül, das in jeder Zelle unseres Körpers enthalten ist.[9] Auch sie nimmt auf diese Weise Informationen auf, die z. B. an elektromagnetische Wellen gebunden sein können.

Im Gegensatz zu unserem zuvor geschilderten Beispiel, in dem tatsächlich die Bettdecke nur für die betroffene Frau eine mentale Assoziation zu einem unangenehmen Erlebnis herstellte, was für andere Menschen nicht spürbar war, hatten die Bergkristalle offenbar tatsächlich eine Information in sich gespeichert, auf die auch eine unbeteiligte Person reagieren konnte.

Damit kommen wir unmittelbar zum nächsten Punkt. Gerade bei Menschen, die sich zu esoterischem Gedankengut hingezogen fühlen, ist es heutzutage äußerst beliebt, die Wohnung mit riesigen Kristallen zu schmücken. Viele Menschen glauben, damit einen verstärkten Zugang zu einer irgendwie gearteten „kosmischen Energie" zu erhalten.

Das Ganze wäre harmlos, wenn an dieser Vorstellung tatsächlich nichts dran wäre. Es ist zwar noch nicht restlos geklärt, ob es diese „Kristallenergie" wirklich gibt und welcher

Natur sie ist, aber schon das letzte Beispiel zeigt deutlich, daß in Kristallen Kräfte schlummern können, die wir zu wenig kennen, um sie voll beherrschen zu können. Wer weiß schon, wer vor uns „unseren" Kristall besessen hat?

Auch wir selbst sind von der geheimnisvollen Schönheit der Kristalle fasziniert und haben einige von ihnen in unserer Wohnung. Allerdings sollte man gerade hier darauf achten, das rechte Maß zu halten. Zu viele große „Briketts" können auf jeden Fall so starke Energien freisetzen, daß es im günstigsten Fall zu Kopfschmerzen kommt. Zumindest sollte man sie nicht ins Schlafzimmer legen, damit sie nicht zu stark anregend (oder auch einschläfernd) wirken.

Wenn Sie die Wände Ihres Schlafzimmers mit Bildern schmücken möchten, so sollten Sie ganz nach eigenem Geschmack vorgehen. Vermeiden Sie dabei allerdings zu exotische Motive. Düstere Landschaftsmalereien sind ebenso ungeeignet wie der röhrende Hirsch im Silberwald oder die Golden-Gate-Brücke in San Francisco mit Blinklämpchen. Wählen Sie statt dessen ruhige, aber positive, lebensbejahende Motive.

Insgesamt gilt für das Schlafzimmer das gleiche wie für die gesamte Wohnung: Legen Sie Wert darauf, sich mit schönen Dingen zu umgeben. Wenn unser Auge in der Umgebung Schönheit wahrnimmt, so kann dies enorme positive psychische Energien in uns freisetzen. Mehr wollen wir zu diesem Thema nicht sagen, denn was „schön" ist, ist ja zutiefst subjektiv und daher Ihrem eigenen Empfinden überlassen.

Aus vielen Hollywood-Filmen und Biographien weiß man, daß Frauen oft dazu neigen, in voller Montur, d. h. mit angelegtem Schmuck, zu Bett zu gehen. Bei allem Respekt für den Sinn für Schönheit sollten Sie dies jedoch lieber unterlassen. Denken Sie daran, was wir gerade über Kristalle gesagt haben (zu denen ja auch Brillanten und andere Edelsteine gehören, aus denen Schmuckstücke hergestellt werden). Aber auch das Tragen von Metall am Körper, also

z. B. Gold- und Silberschmuck, sollte nicht übertrieben werden. Ihren Ehering können Sie natürlich am Finger behalten, aber ansonsten sollte man auch den Schmuckstücken ihre verdiente Nachtruhe gönnen.

Marilyn Monroe wurde übrigens einmal gefragt, was sie im Bett trage, und sie antwortete: „Chanel Nr. 5..."

Mittlerweile wissen wir also, wie sich Ihr Schlafzimmer anhören (nämlich möglichst still) und wie es aussehen sollte. Es ist nunmehr an der Zeit zu ergründen, wie es sich anfühlt.

Um dies herauszufinden, geht man zunächst einmal langsam mit geöffneten Augen durch das Schlafzimmer und anschließend noch einmal mit geschlossenen Augen. Versuchen Sie dabei herauszufinden, wie sich das Zimmer anfühlt, welche Stellen Sie als angenehm empfinden und wo Sie sich eher blockiert fühlen.

Wir haben absichtlich gesagt, „wo *Sie* sich blockiert fühlen". So langsam nähern wir uns den hochinteressanten Gebieten der Radiästhesie und Geomantie, zweier Quellen uralten Wissens, die nichtsdestoweniger heute oft mißverstanden werden. Wenn ein Rutengänger Ihre Wohnung abgeht, so sucht er nicht etwa nach „schlechten Plätzen", sondern genau genommen nach Orten, an denen *er* sich schlecht fühlt. Da die Impulse oft schwach sind, hilft die Wünschelrute oder das Pendel lediglich dabei, sie wahrzunehmen.

Wir sollten uns darüber klar sein, daß es „objektiv schlechte Plätze" auf unserer Erde nicht gibt. Es gibt auch Lebewesen, die gern auf Wasseradern schlafen. Katzen gehören etwa zu dieser Gruppe, während Hunde wiederum eher Orte bevorzugen, an denen auch wir Menschen uns wohlfühlen. Lösen wir uns also von der allzumenschlichen subjektiven Wertung, alles als schlecht hinzustellen, was lediglich für uns unangenehm oder gar schädlich ist, wie es auch der bekannte Geomant Marko Pogačnik einmal sehr richtig festgestellt hat. Die Erde ist schließlich auch noch für andere da.

Sollten Sie zu den radiästhetisch begabten Menschen gehören, die in der Lage sind, z. B. mit einem Pendel umzugehen, so kann Ihnen unsere am Ende des Kapitels abgedruckte Bioenergie-Pendeltafel weitere Anhaltspunkte über „gute" und „schlechte" Stellen in Ihrem Schlafzimmer liefern. (Mehr über die Geomantie des Schlafplatzes finden Sie in Kapitel IX).

Viele Menschen legen auch großen Wert auf spezielle Reinigungsrituale für ihr Schlafzimmer. Wir wollen einen möglichen Wert solcher Zeremonien nicht grundsätzlich in Abrede stellen, sondern lediglich darauf hinweisen, daß man auch auf diesem Gebiet nur dann aktiv werden sollte, wenn man genau weiß, was man tut, besonders, wenn es sich um altes überliefertes Wissen handelt. Ansonsten verweisen wir auf die entsprechende Literatur zu diesem Thema.

Allerdings möchten wir Ihnen an dieser Stelle einen heißen Tip geben, den Sie in keinem anderen Buch finden werden: Es ist sehr gut, das Schlafzimmer von Zeit zu Zeit mit einer ultravioletten Lampe zu reinigen, speziell während oder nach einer Infektionskrankheit. Das ist keine Magie, sondern dient dazu, Krankheitserreger abzutöten, die sich besonders gern in Tapeten, Matratzen oder Kissen festsetzen. Derartige UV-Lampen kann man in jedem Kaufhaus als Gesichts- oder Oberkörperbräuner kaufen. Die Prozedur sollte etwa eine Stunde dauern. Verlassen Sie während dieser Zeit das Zimmer und lüften Sie anschließend gut durch. Vergessen Sie bitte auf keinen Fall, daß man niemals ohne die dem Gerät beiliegende Spezialschutzbrille direkt in die Lampe schauen darf.

Es ist auch von Vorteil, im Schlafzimmer für ein Gleichgewicht der vier klassischen Elemente Feuer, Erde, Wasser und Luft zu sorgen.

Beginnen wir mit dem Luftelement. Das Schlafzimmer sollte oft und ausreichend gelüftet werden. Außerdem gehört in diesen Bereich die Anwendung von Düften und ätherischen Ölen. Für das Schlafzimmer eignet sich besonders gut Lavendelöl. Dieser Duft dient dem Schutz, reinigt die Atmosphäre von negativen Gedanken und sonstigen destruktiven Energien und ist auch gut gegen Schlaflosigkeit.

Wichtiger als die Raumtemperatur im Schlafzimmer ist die Aufrechterhaltung einer ausreichenden Luftfeuchtigkeit, womit wir zum Element Wasser kommen. Gerade während der Heizperiode ist die Luft in Wohnräumen oft erheblich zu trocken, was speziell während des Schlafs zur Austrocknung der Schleimhäute und damit zu erhöhter Infektionsanfälligkeit führen kann. Gute Dienste leisten hier Wasserverdunster aus Ton, die man an den Heizkörper hängt. Wenn die Verdunstungsleistung nicht ausreicht, muß man auf einen elektrischen Luftbefeuchter zurückgreifen.

Es ist auch komfortabel, auf seinem Nachttisch ein Glas mit Mineralwasser oder einem anderen Getränk stehen zu haben. Falls Sie einmal in der Nacht aus einem schönen Traum in der Wüste durstig erwachen, werden Sie sich selbst dafür danken, sich den Weg zur Küche erspart zu haben.

Wenn wir jetzt zum Element Feuer kommen, so wollen wir Sie keinesfalls auffordern, im Bett zu rauchen. Falls Sie dabei einschlafen, könnte es Ihre letzte Zigarette gewesen sein. Erinnern wir uns aber daran, woher der Brauch des Rauchens eigentlich stammt. Räucherungen mit duftenden oder bewußtseinsverändernden Substanzen sind seit Menschengedenken in allen Kulturen verbreitet. Man inhalierte den Rauch entweder zum Zweck der Bewußtseinserweiterung, oder man ließ ihn sich im Raum verteilen, um die Atmosphäre zu verbessern. Letzteres möchten wir Ihnen von Zeit zu Zeit auch für Ihr Schlafzimmer empfehlen (wobei Sie allerdings hinterher gut lüften sollten). Solche Dufträucherungen können ebenso wie die bereits erwähnten ätherischen Öle zur Reinigung des Raumes und zur Erhöhung der Lebensqualität beitragen. Wenn Sie sich etwas besonders Gutes antun wollen, besorgen Sie sich dazu Räucherkegel aus ayurvedischem Sandelholz.

Kommen wir als letztes zum Erdelement. Dies ist in heutiger Zeit am schwersten in einer Wohnung zu realisieren. Frühere Kulturen führten entsprechende Zeremonien und Opferungen im Freien durch.

Die klassischen Symbole des Erdelements im Zusammenhang mit dem eigenen Heim sind Brot und Salz. Noch heute übergibt man diese Lebensmittel in vielen Gegenden als Geschenk an neu zugezogene Nachbarn. Sie könnten also in den vier Ecken Ihres Schlafzimmers ein wenig Salz verstreuen.

Zeitgemäßer ist es da sicherlich, das alte hermetische Gesetz des „Wie oben, so unten" anzuwenden und sich Entsprechungen des Erdelements auf anderen Ebenen zu suchen. Zum Beispiel ist es ja sehr beliebt, ein oder mehrere Stofftiere oder andere Maskottchen als „Kuscheltiere" am oder im Bett zu haben. Als Entsprechung des Erdelements gelten dabei u. a. folgende Tiere: Hamster, Eule, Hase, Kaninchen, Maus (muß aber keine Diddl-Maus sein).[10]

Zu den unschönsten Begleitumständen des Schlafs gehört es sicherlich, morgens zumeist recht unsanft aus ihm aufgeweckt zu werden. Die Uhrenindustrie stellt eine Vielzahl solcher „Mordinstrumente" bereit, um zu gewährleisten, daß wir rechtzeitig zur Arbeit kommen.

Während der Pennäler Johannes Pfeiffer (der mit den „drei F" aus der „Feuerzangenbowle") noch einen richtigen Tick-Tack-Wecker hatte, dessen er sich nur durch einen kühnen Wurf in den Wasserkrug entledigen konnte, besitzen die meisten Menschen heutzutage elektrische Wecker mit Digitalanzeige. Diese haben den Vorteil, daß man anstelle eines ratternden Geräuschs nunmehr durch sanfte Radiomusik oder zumindest ein etwas dezenteres Piepsignal geweckt wird.

Der Nachteil ist, daß diese elektrischen Wecker meistens starke Magnetfelder ausstrahlen. Sie sollten also mindestens zwei Meter vom Bett entfernt stehen. Fernsehapparate hingegen haben im Schlafzimmer überhaupt nichts zu suchen, eher schon ein kleiner Kassettenrecorder oder ein Diktiergerät, das Sie griffbereit neben dem Bett haben können, um nach dem Aufwachen Stichpunkte zu Ihren Träumen darauf zu sprechen. Dies ist besonders von Vorteil, wenn Sie mitten in der Nacht aufwachen und hinterher weiterschlafen wollen. Das Sprechen auf das Band macht Sie weniger wach, als wenn Sie das Licht einschalten und den Traum aufschreiben würden.

Ein Telefon kann natürlich im Schlafzimmer sein, wenn Sie es möchten, aber bitte kein Handy oder sonstiges schnurloses Gerät, sondern ein althergebrachter Festnetzanschluß. Diesen sollten Sie aber auch nicht nach „bewährter" amerikanischer Sitte direkt neben Ihrem Schlafohr plazieren. Nachts sind unsere Ohren um ein Vielfaches empfindlicher als am Tage, und wenn es dann plötzlich um halb drei Uhr morgens bei Ihnen klingelt, weil irgendein betrunkener Spaßvogel die falsche Nummer gewählt hat, könnten Sie ganz empfindlich aus dem Schlaf aufschrecken.

Schlafen Sie bitte auch nicht unter einer Pyramide, selbst wenn man Ihnen so ein Teil auf einer esoterischen Messe als unabdingbar auf dem Weg zur Erleuchtung aufgeschwatzt hat. Bedenken Sie bitte: Die alten Ägypter haben so etwas auch nicht getan!

Es ist übrigens kaum bekannt, daß Schlafzimmer im engeren Sinne, die also ausschließlich zum Schlafen dienen, noch gar nicht so lange existieren. Im Mittelalter schliefen die Menschen noch häufig gemeinsam in einem Mehrzweckraum, in der kalten Jahreszeit meist um die Feuerstelle herum. Selbst in Adelskreisen schlief die Dienerschaft in der Nähe der Herrschaften.

Ein eigentlicher Schlafraum fand sich erstmals im Schloß von König Ludwig XIV. von Frankreich, der im 17. Jahrhundert allmorgendlich vom Bett aus sogar einen offiziellen

Empfang, das „Lever du Roi", abhielt, der das wichtigste gesellschaftliche Ereignis des Tages darstellte.

Erst der Puritanismus des 19. Jahrhunderts sorgte dafür, daß auch in bürgerlichen Kreisen separate Schlaf- und Ankleidezimmer in Mode kamen, meistens fein säuberlich nach Männlein und Weiblein getrennt.[11]

Das wichtigste Element des Schlafzimmers für jeden von uns ist natürlich das Bett. Der Rahmen des Bettes sollte aus Holz sein, nicht aus Metall. Auch die heutzutage so beliebten Wasserbetten sind nicht zu empfehlen. Vor allem aber sollte das Bett nach Möglichkeit an einem energetisch ausgeglichenen Platz stehen.

Um den besten Stellplatz für das Bett zu finden, können Sie natürlich zunächst nach Ihrem Gefühl vorgehen. Wenn Sie sich aber dann noch nicht sicher sind, dann sind die Impulse, die von dem Ort Ihr Bewußtsein erreichen, zu schwach. In solchen Fällen bedient man sich bereits seit jeher gewisser Verstärkermethoden. Hieraus entstand das Wissensgebiet der *Radiästhesie*.

Wie die Erfahrung zeigt, gibt es unterschiedliche Ursachen dafür, daß ein Mensch sich an einem Ort unwohl fühlt. Es geht bei weitem nicht nur um die vielzitierten „Wasseradern". Auch unterirdische Erzlagerstätten, Erdverwerfungen und andere geophysikalische Gegebenheiten können auf das Empfinden eines Menschen Einfluß nehmen. In früheren Zeiten wußte man darüber intuitiv Bescheid und vermied es von vornherein, an solchen Stellen Wohnhäuser zu bauen. Die chinesische *Feng-Shui*-Lehre und das aus der keltischen Tradition stammende alte europäische Wissen der *Geomantie* sind Beispiele dafür, wie Menschen früherer Zeiten es verstanden, ihre Wohnstätten in Harmonie mit der Umwelt zu errichten.

Seitdem unser modernes technisches Zeitalter viele dieser Umwelteinflüsse schlichtweg ignoriert, hängt die Wahl eines Bauplatzes zumeist nur von kaufmännischen und kommunalpolitischen Entscheidungen ab. Die Qualität des Untergrundes wird nur noch in den seltensten Fällen berücksichtigt. So ist es kein Wunder, daß man in der heutigen Zeit in Wohnungen und Einfamilienhäusern mehr und mehr belastete Zonen findet.

Über die genannten geophysikalischen Einflüsse hinaus gibt es aber noch weitere Faktoren, die für die Qualität eines Wohn- oder Schlafplatzes von Bedeutung sind. Der wichtigste ist das nach seinem Entdecker Dr. Hartmann, einem deutschen Arzt, benannte Hartmann-Globalgitter. Dr. Hartmann hatte in seiner Praxis festgestellt, daß es Häuser gibt, in denen über Generationen hinweg immer wieder Menschen an Krebs erkrankten. Seine Untersuchungen führten zu der Entdeckung eines auf der ganzen Welt vorhandenen Reizzonengitters. Die Gitterlinien sind exakt von Nord nach Süd bzw. von Ost nach West ausgerichtet und haben einen Abstand von 2 bzw. 2,5 Metern.

Die physikalischen Grundlagen des Hartmann-Gitters sind bis heute nicht bekannt, aber die Ausrichtung der Linien läßt natürlich vermuten, daß es im weitesten Sinne mit dem Erdmagnetismus zu tun hat. Daß Menschen aber auf natürliche und technische elektromagnetische Felder reagieren, ist inzwischen wissenschaftlich nachgewiesen.[12]

Ein weiteres Reizzonengitter, das in der Radiästhesie bekannt ist, ist das sogenannte Curry-Gitter. Seine Linien verlaufen zum Hartmann-Gitter um 45 Grad geneigt und haben einen Abstand von etwa 4 bzw. 5 Metern.

Die Engmaschigkeit beider Gitternetze macht schon deutlich, daß sich der Mensch dieser Reizzonen praktisch nicht entziehen kann. Es gibt keinen Wohn- oder Schlafraum, in dem keine Hartmann- und Curry-Gitterlinien verlaufen.

Das ist aber auch nicht schlimm, denn der Mensch hat sich natürlich im Verlauf der Evolution an diese Bedingungen auf der Erde angepaßt.

Worauf man achten muß, sind lediglich die Kreuzungs-

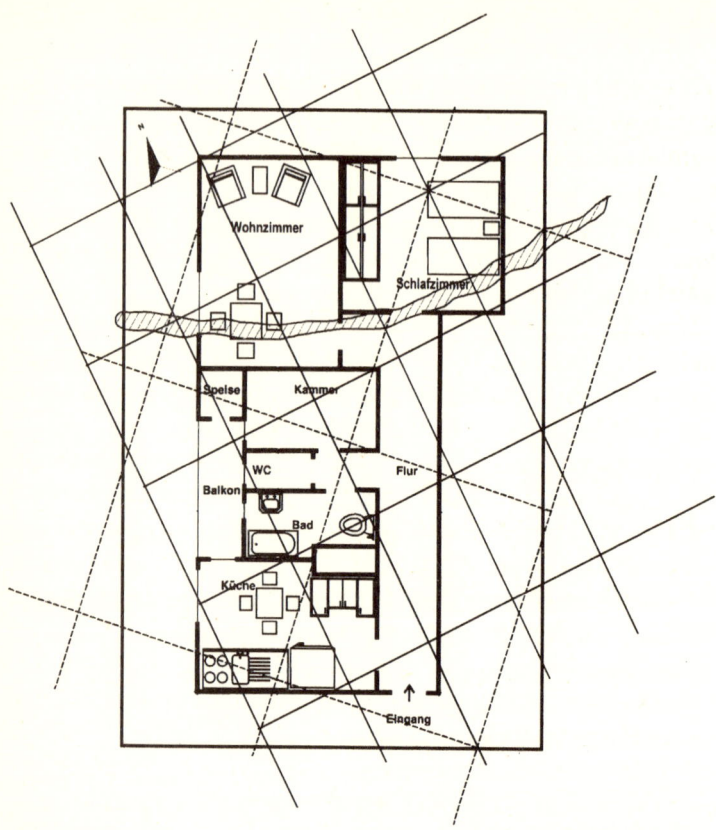

Abb. 7: Typischer Lageplan einer Wohnung mit Hartmann-Global-gitter (durchgezogene Linien) und Curry-Gitter (gestrichelte Linien). Im Schlafzimmer befindet sich am unteren Ende des linken Bettes eine Doppelkreuzung, dazu vom Kopfende des rechten Bettes bis zur Sitzecke im Wohnzimmer eine Wasserader (schraffiert).

punkte, vor allem mögliche Doppelkreuzungen, also Punkte, an denen sich sowohl die Hartmann- als auch die Curry-Gitterlinien schneiden. Solche Punkte stellen tatsächlich ernstzunehmende Reizzonen dar. Daß es sich dabei nicht um „Einbildung" handelt, folgt schon aus der Tatsache, daß auch Pflanzen an solchen Stellen nicht gut gedeihen oder gar Mißbildungen entwickeln. Oft sieht man im Wald Bäume mit knotenartig-krebsigen Verdickungen im Stamm. Meist stehen sie auf einer solchen Doppelkreuzung.

Im Gegensatz zu den ortsgebundenen Pflanzen, die keine Chance haben, der Stelle zu entfliehen, an der einst der Same keimte, aus dem sie hervorgegangen sind, kann der Mensch diese Faktoren berücksichtigen und ihnen auszuweichen versuchen.

Unserer Erfahrung nach gibt es kaum eine Wohnung, in der sich nicht mindestens eine solche Doppelkreuzung findet. An diesen Stellen sollte man weder seinen Schreibtisch noch gar sein Bett stehen haben. Befindet sich der Kreuzungspunkt lediglich irgendwo mitten im Zimmer auf dem Teppich, so daß man nur ab und zu darüber läuft, so ist kein gesundheitlicher Schaden zu befürchten.

Das fachgerechte Ausmuten des Hartmann- und Curry-Gitters verlangt einige Erfahrung und sollte von einem guten Baubiologen oder Radiästheten durchgeführt werden. Wenn Sie allerdings gar nicht die vollständige energetische Topographie Ihrer Wohnung kennenlernen, sondern nur die Qualität des Schlafplatzes abschätzen wollen, dann genügt es im Grunde herauszufinden, ob eine Stelle belastend ist oder nicht, ohne genau zu klassifizieren, ob es nun ein Kreuzungspunkt, eine Erdverwerfung oder eine Wasserader ist. Eine solche grobe Abschätzung kann auch ein interessierter Laie durchführen, sofern er etwas Erfahrung in der Benutzung des Pendels hat.

Beachten Sie dabei bitte lediglich, daß das Pendel selbst keine „Antworten" erteilt. Es „weiß" gar nichts von Ihrer Untersuchung, sondern verstärkt nur winzige Muskelregungen Ihrer Hand, die wiederum Ausdruck unbewußt empfangener Impulse sind. Der Mensch selbst ist also das eigentliche Meßinstrument in der Radiästhesie, und seine Untersuchungen können nur dann erfolgreich sein, wenn er sich dabei innerlich die richtigen Fragen stellt, die dann mit Hilfe des Pendelausschlags „beantwortet" werden.

Um dem Laien dabei zu helfen, haben wir die am Kapitelende abgedruckte Bioenergie-Pendeltafel entwickelt, die bereits die wichtigsten gängigen Fragen in Form von Alternativen enthält. Ihre Benutzung dürfte in vielen Fällen vollkommen ausreichend sein, um das Bett an die bestmögliche Stelle zu rücken.

Unsere Erfahrungen aus zahlreichen bio-elektroenergetischen Untersuchungen zeigen, daß die meisten Schlafplätze von Menschen in irgendeiner Form radiästhetisch oder geomantisch belastet sind. In solchen Fällen kommt es nicht nur darauf an, die Fakten festzustellen, sondern auch für entsprechende Abhilfe zu sorgen. Die einfachste Möglichkeit besteht natürlich darin, das Bett an eine andere Stelle zu rücken oder schlimmstenfalls ein anderes Zimmer zum Schlafzimmer zu deklarieren.

Manchmal ist dies jedoch nicht möglich, weil etwa die Belastungen zu großflächig sind oder die baulichen Gegebenheiten kein Umstellen der Möbel erlauben. Dann gibt es aber zumindest noch die Möglichkeit, durch Abschirmungsmaßnahmen die schädlichen Einwirkungen des Ortes auf den Schlafplatz zu mildern.

Leider sind in diesem Bereich eine ganze Reihe von Produkten auf dem Markt, die lediglich dem Hersteller helfen, sein Bankkonto aufzubessern, ansonsten aber keinerlei Wirkung zeigen. Hierzu gehören eine ganze Reihe spezieller Matten, z. B. aus Kork und anderen Materialien.

Die Erfahrung zeigt, daß jegliches pflanzliche Material ungeeignet ist, um radiästhetische Störeinflüsse ausreichend abzuschirmen. Eine nennenswerte Wirkung kann nur durch tierische Materialien erreicht werden. Im Grunde gibt es also nur zwei Möglichkeiten: Seide oder Leder.

Zur Abschirmung von Störzonen unter dem Bett benutzt man am besten genügend große Lederstücke, die auf die entsprechende Stelle unter dem Bett gelegt werden. Da sie zumeist nicht sichtbar sind, kann man hierzu ohne weiteres auch einen alten Ledermantel oder einen Lammfell-Schonbezug aus dem Auto oder etwas Ähnliches verwenden. Mit derartigen Hilfsmitteln läßt sich die Schlafqualität an belasteten Orten in gewissem Maße verbessern. Allerdings sollten sich Menschen, die an großflächigen Reizzonen wohnen, doch langfristig auch mit der Frage eines Umzugs beschäftigen.

Außer den genannten radiästhetischen Untersuchungen mit Wünschelrute und Pendel gehören zur Beurteilung der Wohn- und Schlafqualität natürlich auch Messungen physikalischer Größen wie Elektrosmog, Radioaktivität oder mögliche Belastungen durch Mikro- oder Radarwellen. Ein wirklich qualifizierter Fachmann wird derartige Untersuchungen immer mit Hilfe physikalischer Meßgeräte durchführen, niemals mit der Wünschelrute! Es kann nicht Sinn der Sache sein, etwas mit Rute und Pendel auszumuten, das sich auf wissenschaftlich exakte Art messen läßt.

Die von uns für solche Untersuchungen benutzte Spezialausrüstung sehen Sie im Abbildungsteil, Bild 22.

Zu den häufigsten Fehlern, die Menschen im Schlafbereich begehen, gehört es zum Beispiel, Elektrokabel oder gar Verteilersteckdosen unter dem Bett liegenzulassen. Die Anschlüsse der Nachttischlampen sollten auf jeden Fall so installiert sein, daß unter dem Bett keine stromführende Leitung verläuft.

Das Bett sollte, sofern möglich, nord-südlich ausgerichtet werden, so daß der Körper in der Nacht parallel zu den Feldlinien des Erdmagnetfeldes liegt.

Die Wahl der richtigen Matratze ist heutzutage fast schon eine Wissenschaft für sich geworden. Die Wirtschaft wird nicht müde, uns immer ausgeklügeltere computergesteuerte oder sonstwie spezialisierte Ausführungen anzubieten. Leider hat unser Körper nicht das dazu passende computererzeugte Design. Verlassen Sie sich also beim Kauf der Matratze vor allem auf Ihr persönliches Gefühl beim Probeliegen, und lassen Sie sich nicht vom Verkäufer etwas aufschwatzen, das Sie gar nicht haben wollen. Auf jeden Fall sollte die Matratze weder zu weich noch zu hart sein. Wir sind keine indischen Yogis, die auf Nagelbrettern schlafen. Wenn man aber in seinem Bett zu tief einsinkt, kann dies sehr schnell zu Rückenschmerzen führen.

Die Bettwäsche ist natürlich Geschmackssache, was Farbe, Muster und Stoff betrifft. Als Material sind Seide oder Baumwolle zu bevorzugen. Wichtig ist vor allem, daß die Wäsche gemäß Ihrem persönlichen Geschmack schön ist.

Wir haben Ihnen in diesem Kapitel eine Vielzahl von Tips und Ratschlägen erteilt, die Sie natürlich nicht alle auf einmal befolgen müssen. Es ist wichtig, die Sache ganz locker anzugehen und sich keineswegs sklavisch an irgendwelche „Vorschriften" zu halten. Letztendlich muß jeder individuell für sich beurteilen, in welcher Art von Schlafraum er sich wohlfühlt.

Wenn Sie also das Bedürfnis haben, auf einem Wasserbett zu schlafen und dabei auf einen riesigen, an der Decke montierten Spiegel zu schauen, dann tun Sie dies ruhig. Neben den vielerlei erotischen Reizen einer solchen Konstruktion haben Sie dann schließlich auch noch den Vorteil, in einer stillen Stunde das „Handelsblatt" seitenverkehrt lesen zu können. Und wer weiß – vielleicht können Sie danach prima schlafen?

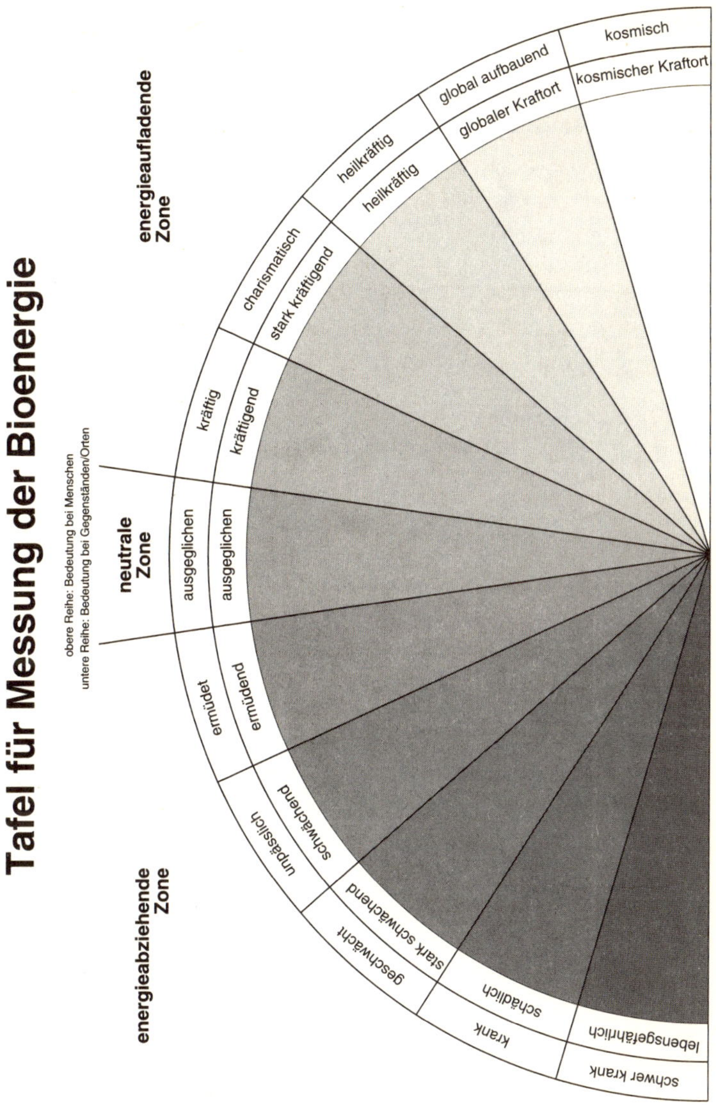

Tafel für Messung der Bioenergie

obere Reihe: Bedeutung bei Menschen
untere Reihe: Bedeutung bei Gegenständen/Orten

energieaufladende Zone

kosmisch
kosmischer Kraftort
global aufbauend
globaler Kraftort
heilkräftig
heilkräftig
charismatisch
stark kräftigend
kräftig
kräftigend

neutrale Zone

ausgeglichen
ausgeglichen

energieabziehende Zone

ermüdet
ermüdend
unpässlich
schwächend
geschwächt
stark schwächend
krank
schädlich
schwer krank
lebensgefährlich

Abb. 8: Bioenergie-Pendeltafel

95

15

15 Der Marquis Hervey de Saint-Denis, ein früher Klarträumer des 19. Jahrhunderts, zeichnete in seinen Traumtagebüchern hypnagoge Einschlafbilder auf, die aus heutiger Sicht an Chaosfiguren (Fraktale) erinnern

16 Positronenemissionstomographie des Gehirns eines Menschen im Tiefschlaf (Non-REM-Schlaf)

17 Positronenemissionstomographie des Gehirns eines träumenden Menschen im REM-Schlaf. Die roten Zonen zeigen Aktivierung an: im Sehzentrum (Okzipitallappen, unterer Rand), Gefühlszentrum (Temporallappen, an den Seiten) und Hippokampus (Mitte).

16

17

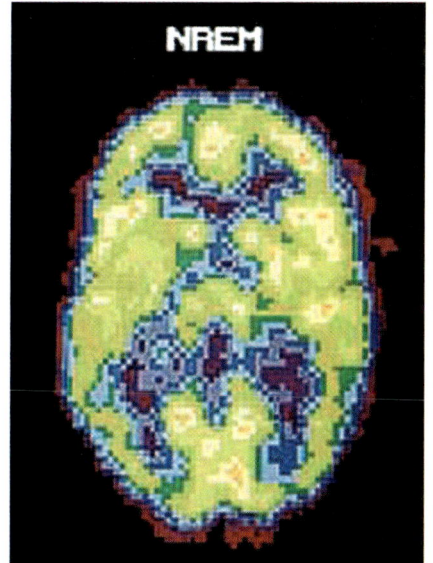

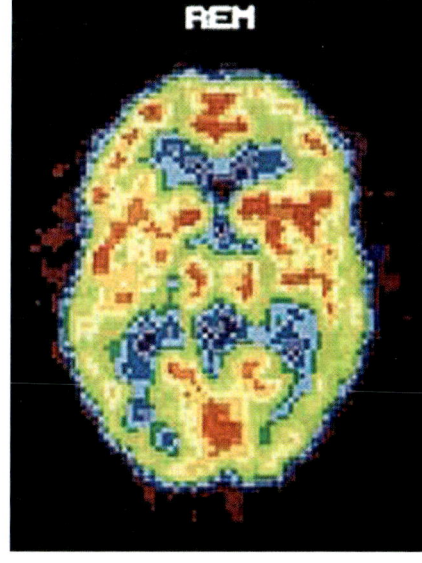

18

18,19: *„Citymouse and Countrymouse": In dem Hollywood-Film „Tiefe der Sehnsucht"*
(„Passion of Mind") spielt Demi Moore eine Frau, die jede Nacht im Traum in einem
parallelen Leben erwacht: So ist sie einmal die New Yorker Literaturagentin Marty
(oben) und im parallelen Leben Marie, eine alleinerziehende Mutter in Südfrankreich
(unten). Jede erinnert sich an die andere als Traumfigur. Über weite Strecken des Films
bleibt es unklar, welche Existenz die wahre und welche die geträumte ist.

19

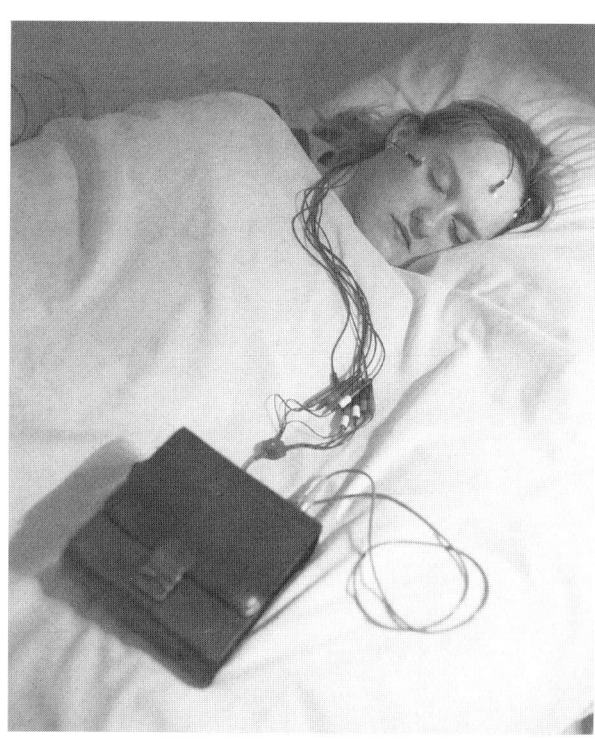

20 Eine schlafende
Patientin im
Schlaflabor von
Prof. Dr. Jim Horne
am Loughborough
Sleep Research
Center in England.
Auf der Stirn und
an den Augen sind
Meßelektroden
angebracht zur
Überwachung
der Gehirnströme
und der Augen-
bewegungen im
Schlaf.

21 Gleichzeitig zeich-
nen Wissenschaftler
im Nebenraum
die Meßdaten als
Polysomnogramm
auf. Die Auswer-
tung ergibt das
Schlafprofil der
Patientin, aus dem
man Aufschlüsse
über die Ursachen
von Schlafstörungen
erhalten kann.

22

22 Für radiästhetische, baubiologische und geomantische Untersuchungen verwenden die Autoren eine umfangreiche Spezialausrüstung: Obere Reihe rechts: Elektromagnetisches Feldmeßgerät, Geigerzähler, Drehwinkelsonde. Mittlere Reihe: Zollstöcke (zur Markierung der Globalgitterlinien), GPS-Navigationsempfänger, Maßband, Stoppuhren, Multimeter, digitale Wetterstation, Meßsonde zur Prüfung der Bodenbeschaffenheit. Untere Reihe: Elektronische Wasserwaage, Metallsuchgerät, Bioantenne mit Yin-Yang-Analyzer, Stahlwünschelrute, Kompaß.

23 Die Tafeln von Chartres werden seit dem Mittelalter von französischen Zigeunern zur Einleitung veränderter Bewußtseinszustände verwendet.

23

V
Die üblichen Verdächtigen

Schlafstörungen durch Wetter, Sonne und Mond

In unserem Bemühen, optimale Bedingungen für einen gesunden Schlaf und inhaltsreiche und profunde Träume zu schaffen, sind wir bislang schrittweise von innen nach außen vorgegangen.

Wir begannen damit, uns die Mechanismen anzusehen, die nach heutigen wissenschaftlichen Erkenntnissen während des Schlafs im Körper ablaufen, und lernten dabei gleich auch einige Störfaktoren kennen.

Als nächstes überlegten wir uns, wie das Schlafzimmer gestaltet sein sollte, um uns günstige Rahmenbedingungen für den Schlaf zu gewährleisten.

Auf diesem Weg müssen wir nun weitergehen, denn wir haben längst noch nicht alle Faktoren betrachtet, die für einen gesunden Schlaf notwendig sind.

Der nächste Schritt führt uns also weiter nach draußen, in unsere Umwelt, und hier ist für unser Wohlbefinden und damit auch für die Qualität unseres Schlafs vor allem das Wetter von Bedeutung.

Sicher – dadurch, daß wir unseren Körper durch Kleidung schützen und außerdem in Häusern wohnen, sind wir heutzutage den unmittelbaren Unbilden der Witterung im Schlaf nicht mehr ausgesetzt, wenn wir nicht gerade beim Camping im Freien übernachten.

Doch das Wetter besteht keineswegs nur aus Wärme und Kälte, Trockenheit und Niederschlag. Unsere Atmosphäre ist auch Träger subtilerer Informationen, die ohne Mühe auch die dicksten Mauern durchdringen können.

Nach allgemeiner Schätzung der Experten sind durchschnittlich etwa 30 Prozent der Bewohner Mitteleuropas *wetterfühlig*. Dieser Prozentsatz verläuft nicht durch alle Altersgruppen konstant, sondern liegt bei Kindern und Jugendlichen wesentlich niedriger und steigt mit zunehmendem Lebensalter stark an. Bei der Gruppe der über 50jährigen kann man ohne weiteres davon ausgehen, daß jeder zweite unter wetterbedingten Beschwerden leidet.

Lange Zeit hat sich die Medizin schwer damit getan, das Phänomen der Wetterfühligkeit überhaupt ernst zu nehmen. Es handelt sich hierbei um Effekte, die einer exakten wissenschaftlichen Meßbarkeit nur schwer zugänglich sind. Als erste haben wohl die niedergelassenen Hausärzte alter Prägung, also die praktischen Ärzte und Internisten, die Bedeutung der Wettereinflüsse bemerkt, zumindest, wenn sie das Verhalten ihrer Patienten (und die Frequentierung ihrer Praxis) genau beobachteten und zu dem jeweils herrschenden Wetter in Beziehung setzten.

Heute besteht an der Tatsache der Wetterfühligkeit eigentlich kein vernünftiger Zweifel mehr, und viele Fernsehsender bieten längst das „Bio-Wetter" zusätzlich zur herkömmlichen Wetterkarte als Service an.

Durch Wettereinflüsse kann es zu den unterschiedlichsten Beschwerdebildern kommen. In der kalten und feuchten Jahreszeit sind es vor allem Erkältungs- und Infektionskrankheiten, die uns zeigen, daß unser Immunsystem bei niedrigen Temperaturen weniger aktiv ist als in der warmen Jahreszeit.

Wohlgemerkt – die landläufige Überzeugung, daß man von der Kälte „krank" würde (also sich „erkältet"), ist so nicht ganz richtig. Auslöser der Erkältungskrankheiten sind immer Viren oder Bakterien, doch kühle und feuchte Witterung verbessert erheblich ihre Chancen, sich in uns breitzumachen.

Das gleiche gilt für alle anderen wetterbedingten Beschwerden. Der Psychiater *Dr. Volker Faust* faßte es in folgendem Satz zusammen: *„Wetterfühligkeit ist keine Krankheit, sondern ein Indikator, der unseren Gesundheitszustand anzeigt.“*[13]

Auch Herzerkrankungen, rheumatische Gelenkentzündungen, Allergien und Asthma können sich wetterbedingt verschlimmern. Hinzu kommen weitere Symptome wie allgemeine Müdigkeit, erhöhte Schmerzempfindlichkeit, Depressionen, Migräne, Kopfschmerzen, Schlafstörungen, Nervosität, Atembeschwerden, Rückenschmerzen, erhöhte Schweißsekretion, Konzentrationsstörungen, Vergeßlichkeit, Erschöpfung, schlechte Laune, Appetitlosigkeit, Sehstörungen sowie Schmerzen in alten Narben und verheilten Knochenbrüchen.

Am sensibelsten auf das Wetter reagiert allerdings das Gehirn (hier vor allem der Hypothalamus und die Hirnanhangdrüse oder Hypophyse, was auch auf den Schlaf Auswirkungen hat) und das Nervensystem (vor allem der parasympathische Anteil).

Dabei läßt sich nicht pauschal sagen, bei welcher Wetterlage welche Symptome auftreten. Jeder Mensch hat im Grunde „sein“ Wetter, das ihm liegt bzw. nicht liegt.

Allgemein gilt jedoch, daß Körper und Seele in der Regel auf gleichbleibende Wetterlagen nicht „sauer“ reagieren, egal, ob es nun sonnig oder regnerisch ist. Dagegen haben wir ein feines Sensorium entwickelt, das uns jede Form von Wetter*änderungen* spüren läßt. In früheren Zeiten, als sich das Leben der Menschen noch weitgehend im Freien abspielte, hatte dies durchaus auch seinen Sinn, denn so konnte man sich bei einem drohenden Wetterumschwung rechtzeitig in Sicherheit bringen.

Was sind nun die einzelnen Wetterfaktoren, auf die unser Körper und unser Nervensystem so empfindlich reagieren können?

Da sind zunächst natürlich einmal die Grundreize wie

Temperatur und Niederschläge, die von allen Menschen unmittelbar gespürt werden. Diese Reize spielen heute, zumindest, was unser Thema – den Schlaf – betrifft, nicht mehr so eine große Rolle, da wir die Nacht ja in der Regel in beheizbaren oder klimatisierten Räumen verbringen. Dann kommen die uns allen aus dem Wetterbericht bekannten Größen wie Luftdruck und Luftfeuchtigkeit hinzu. Diese wirken allerdings auch in unsere behütete Wohnwelt hinein, wie jeder selbst feststellen kann, indem er zum Beispiel ein Barometer und ein Hygrometer im Wohnbereich aufstellt. Starke Luftdruckschwankungen etwa können uns also durchaus den Schlaf rauben. Jeder einzelne von uns muß da aus eigener Erfahrung für sich herausfinden, welche Wetteränderungen ihm Probleme bereiten.

Auch hohe Luftfeuchtigkeit als „Schlafverhinderer" ist uns allen aus heißen Sommernächten vertraut. Umgekehrt kann die Zentralheizungsluft im Winter für zu starke Trockenheit im Schlafzimmer sorgen, wie wir schon erwähnt haben.

Weitere Wettereinflüsse, die unser Körper registriert, sind zumeist elektromagnetischer Natur. Wie wir inzwischen wissen, besitzt nicht nur unser Körper als Ganzes ein eigenes Magnetfeld, sondern auch jedes unserer Organe hat seinen eigenen, organspezifischen Magnetismus.[14] Darüber hinaus ist seit Neuestem bekannt, daß sogar das Erbmolekül, die DNA, in jeder unserer Körperzellen die Funktion einer elektromagnetischen Antenne ausübt.[15]

Diese vielfältigen Kraftfelder und Antennen unseres Körpers stehen selbstverständlich mit natürlichem und technisch erzeugtem Elektromagnetismus in Wechselwirkung. Über die Gefahren des Elektrosmog, speziell im Schlafbereich, haben wir bereits gesprochen. An dieser Stelle geht es uns nun um die natürlichen Kraftfelder, denen wir niemals entfliehen können, auch nicht hinter den Betonmauern unserer Wohnhäuser. Hierzu gehören:

➤ das Erdmagnetfeld,
➤ die elektromagnetischen Frequenzen, die aufgrund der Wettervorgänge in unserer Atmosphäre entstehen (sogenannte Schumann-Erdresonanzfrequenzen).

Das Erdmagnetfeld unterliegt sowohl langfristig als auch im Tagesverlauf teilweise erheblichen Schwankungen, auf die unser Körper natürlich reagieren kann. Diese Schwankungen beruhen auf

➤ den langfristigen Magnetfeldzyklen der Erde (momentan nimmt das innere Dipolfeld der Erde ab, wir steuern sozusagen langfristig auf einen Polwechsel zu)[16],
➤ den mittelfristigen Änderungen wie der Westwärtsdrift (lokale Magnetfeldschwankungen wandern langsam von Ost nach West um unseren Globus, s. Abb. 9),
➤ kurzfristigen Änderungen während des Tages.

Über die kurzfristigen Magnetfeldschwankungen und ihre kosmischen Ursachen wird in diesem Kapitel noch mehr zu sagen sein.

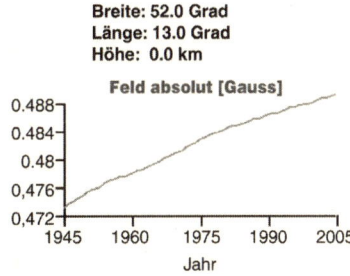

Abb. 9: Mittelfristige Schwankungen des Erdmagnetismus. Trotz der langfristigen Abnahme des globalen Dipolfeldes nimmt im Raum Deutschland der Erdmagnetismus derzeit leicht zu.

(Daten: International Geomagnetic Reference Field / NASA; graphische Auswertung: Programmsystem Hyper2000 Professional © Fosar/Bludorf)

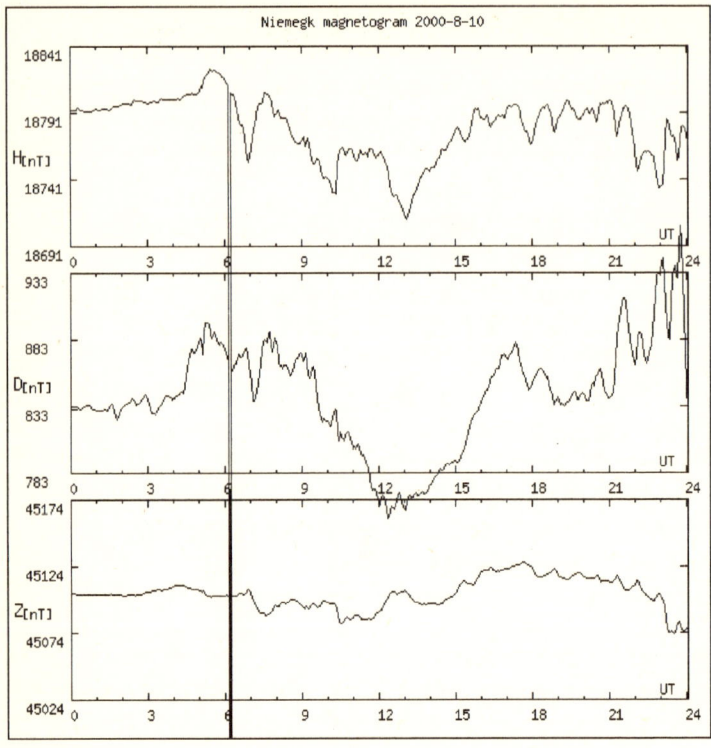

Abb. 10: Kurzfristige Schwankungen des Erdmagnetfeldes, hier z. B. am 10. August 2000, registriert vom Adolf-Schmidt-Observatorium Niemegk (Brandenburg). Betroffen war neben der Feldstärke (obere Graphik) auch die Deklination (Abweichung von der Nordrichtung, mittlere Graphik).

(Quelle: Geoforschungszentrum Potsdam,
Auswertung: Hyper2000 Professional © Fosar/Bludorf).

Bei den Schumann-Frequenzen hingegen handelt es sich um extrem langwellige elektromagnetische Strahlung (sogenannte ELF-Wellen). Sie entsteht auf natürliche Weise immer dann, wenn ein Blitz irgendwo auf der Welt einschlägt und dadurch die hohe elektrische Spannung abbaut, die stets

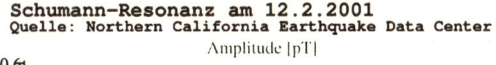

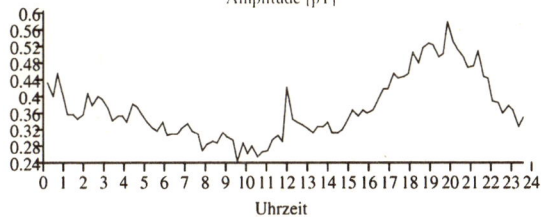

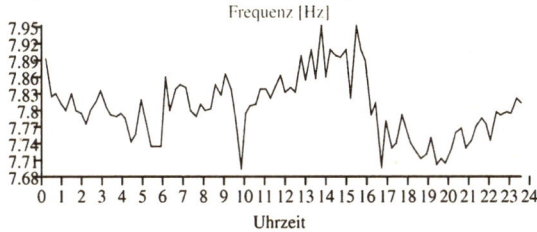

© Hyper2000 Grazyna Fosar / Franz Bludorf 2001

*Abb. 11: Tagesschwankungen der Amplitude (obere Graphik)
und Frequenz (untere Graphik) der ersten Schumann-Resonanz
am 12.2.2001*

(Quelle. Northern California Earthquake Data Center,
Auswertung: Hyper2000 Professional © Fosar/Bludorf).

zwischen Erdboden und höheren Atmosphärenschichten
herrscht.[17]

Diese Schumann-Frequenzen sind aufgrund ihrer extrem
großen Wellenlänge außerordentlich weitreichend und breiten sich so um den ganzen Erdball herum aus. Die unterste
Erdresonanzfrequenz liegt derzeit im Durchschnitt bei knapp
8 Hertz, die nächst höheren etwa bei 14 Hertz, 21 Hertz usw.
Solche Frequenzen werden auch vom menschlichen Gehirn
produziert und sind im EEG meßbar. Sie gehören zum Theta-
und Beta-Spektrum der Gehirnaktivitäten. Schwankungen

der Schumann-Frequenzen können also wiederum Reizbarkeit auslösen, aber auch den Schlaf stören. Schwankungen in der Intensität und Frequenz der Schumann-Wellen wirken auf das parasympathische Nervensystem ein und können auch die Gehirntätigkeit blockieren. Die Zirbeldrüse reagiert auf Schwankungen des elektromagnetischen Feldes (übrigens auch auf Gravitationsschwankungen) mit Veränderungen in der Melatonin- und Serotoninproduktion, was ja, wie gesehen, ebenfalls große Auswirkungen auf unseren Schlaf hat.

Es gibt Menschen, die das Herannahen einer Wetterfront bereits spüren können, ehe das Gewitter ihren Wohnort erreicht hat. Ein uns bekannter Arzt sagte einmal: „Ich habe Patienten, von denen weiß ich: wenn die heute in meine Sprechstunde kommen, dann habe ich morgen eine volle Praxis."

Sind diese Menschen etwa hellseherisch begabt? Es gibt eine wesentlich plausiblere Erklärung: Die Luftdruckschwankungen, die mit einer Wetterfront einhergehen, machen sich zwar erst kurz vor Einsetzen des Unwetters bemerkbar, doch die vom Gewitter erzeugten Schumann-Frequenzen eilen diesem erheblich voraus, da sie sich ja, wie alle elektromagnetischen Wellen, mit Lichtgeschwindigkeit ausbreiten.

Kann sich der Mensch gegen solche Einwirkungen atmosphärisch-elektromagnetischer Strahlung schützen? Dies ist so ohne weiteres nicht möglich. Solange es sich noch um statische Elektrizität handelt (etwa die Blitze selbst), schützt ein Metallgitter, ein sogenannter Faradayscher Käfig. Eine solche Funktion erfüllt auch die Karosserie eines Autos oder die Stahlbetonwand eines Hauses.

Magnetfelder lassen sich auf diese Weise allerdings nicht abschirmen, wie man leicht selbst feststellen kann: Ein Kompaß funktioniert auch im Wohnzimmer.

Nur durch großen technischen Aufwand ist eine Abschirmung gegen Magnetfelder möglich, doch sie ist keineswegs wünschenswert. Untersuchungen haben ergeben, daß Menschen und Tiere in magnetisch abgeschirmten Räumen die gleichen Reizbarkeits- und Unruhesymptome entwickeln, wie es auch bei manchen Wettererscheinungen der Fall ist. Der Grund ist einfach: *Nicht das Magnetfeld ist der Störfaktor, sondern seine Schwankungen.* Das Magnetfeld selbst ist ein Umweltreiz, an den wir uns im Verlauf der Evolution gewöhnt haben. Seine Existenz ist für uns *lebenswichtig*, und so löst eben das völlige Fehlen dieses Reizes wiederum Unwohlsein und Beschwerden aus.

Man weiß inzwischen auch, daß durch das Erdmagnetfeld die Durchlässigkeit der Zellmembranen für Wasser reguliert wird. In magnetisch abgeschirmten Räumen kommt es daher zu einem Flüssigkeitsstau in den Zellen, der Körper wird aufgeschwemmt, es kommt zu Störungen im Hormonhaushalt.

Die Schumann-Frequenzen in der Atmosphäre lassen sich noch weniger gut abschirmen als das statische Erdmagnetfeld. Da sie zur Erde in Resonanz stehen, können sie selbst dickste Erdschichten durchdringen und im Extremfall sogar quer durch den Erdkern bis zur gegenüberliegenden Seite der Erde laufen. Aber das braucht uns im Grunde nicht zu stören, *denn auch die Schumann-Frequenzen dürfen wir gar nicht abschirmen. Auch sie sind für unser Wohlbefinden unerläßlich.*

Vielleicht fragen Sie sich jetzt, woher man das eigentlich weiß. Wenn Schumann-Frequenzen überall vorhanden sind, wie kann man wissen, wie sich ein Mensch ohne sie fühlt?

Die Antwort ist ganz einfach: Der Mensch hat bekanntlich in den letzten Jahrzehnten mehrfach die Erde verlassen. Wenn unsere bemannte Raumfahrt uns auch bislang nicht weiter als bis zum Mond geführt hat, so genügten die erreichten Entfernungen doch vollkommen, um außerhalb des

Wirkungsbereichs der Schumann-Frequenzen zu gelangen, die ja im Gegensatz zum Erdmagnetfeld ein rein atmosphärisches Phänomen sind. Das Erdmagnetfeld selbst streckt sich zu unser aller Schutz noch weit in den Weltraum aus.

Speziell bei den Langzeitaufenthalten von Kosmonauten an Bord der Raumstation Mir, die sich zuweilen mehrere Monate an Bord befanden, kam es teilweise zu ernsthaften psychischen Störungen. Zur Zeit des alten Sowjetregimes wurde öffentlich darüber nur wenig bekannt, doch mittlerweile konnten wir durch Kontakte zu Weltraumwissenschaftlern der ehemaligen DDR erfahren, daß man in Russland fieberhaft an diesem Problem gearbeitet und schließlich auch eine Lösung gefunden hat – durch Erzeugung künstlicher Schumann-Frequenzen an Bord der Mir.

Auch die NASA arbeitete in den letzten Jahren intensiv an derartigen Forschungen. Als Resultat entstanden – wie so oft in der Raumfahrt – Geräte, die auch uns normalen Bürgern zur Verfügung stehen.

Heute sind kleine Schumann-Frequenzgeneratoren im Handel, die für jedermann erschwinglich, nur wenig größer als eine Scheckkarte sind und in jede Jackentasche passen. Diese Geräte bewähren sich nicht nur bei Aufenthalt in Bereichen mit verstärktem Elektrosmog (z. B. Halogenbeleuchtung in Kaufhäusern oder in der Nähe militärischer Längstwellenradare), sondern sind auch zur Schlafförderung nutzbar.

Bei diesen Geräten läßt sich nämlich die Frequenz regulieren. Bei Einstellung auf die elementare Schumann-Frequenz (7,8 Hertz) wirken sie beruhigend und fördern auch das Traumerleben (da sie an der oberen Grenze des Theta-Bereiches liegen). Man kann aber auch 3 Hertz einstellen, eine Frequenz des Delta-Bereichs, also des Tiefschlafs. Dadurch können auf ungefährliche Weise das Einschlafen gefördert und tiefgreifend veränderte Bewußtseinszustände erreicht werden.

Ein weiteres wichtiges elektro-atmosphärisches Phänomen, das sich auf unsere Wetterfühligkeit auswirkt, sind die positiven und negativen Ionen. Als Ionen bezeichnet man Atome oder Moleküle, die nicht elektrisch neutral sind, sondern eine nach außen hin meßbare Ladung tragen. Bei den Ionen der Luft handelt es sich um Sauerstoffmoleküle, die durch bestimmte Ursachen entweder eines ihrer Elektronen eingebüßt (und dadurch zu positiv geladenen Ionen wurden) oder ein freies Elektron aufgenommen haben (und dadurch zu negativ geladenen Ionen wurden).

Verantwortlich hierfür ist zunächst einmal ionisierende Strahlung (z. B. Röntgenstrahlen, die im Spektrum des Sonnenlichtes vorhanden sind). Auch durch Industrieabgase, Tabakrauch oder elektronische Geräte können solche Sauerstoffionen entstehen. In diesen Fällen handelt es sich zumeist um positive Ionen, was allerdings gar nicht so positiv ist.

Positive Ionen binden nämlich durch statische Elektrizität Staub und Schmutzteilchen an sich, die wir dann mit ihnen zusammen einatmen. Sie wirken auch reizend auf das Nervensystem, vor allem, weil sie den Serotoninspiegel im Blut erhöhen. Die Bedeutung dieses Neurotransmitters hatten wir ja bereits kurz besprochen. Ein zu hoher Serotoninspiegel kann auch für Schlaflosigkeit verantwortlich sein.

Negative Ionen hingegen wirken auf uns wohltuend und gesundheitsfördernd. Luft, die mit negativen Ionen angereichert ist, riecht angenehm wie frische Land- oder Waldluft. Dies ist kein Wunder, denn auf natürlichem Wege werden solche negativen Ionen von vielen Pflanzen ausgeatmet, z. B. von Bäumen, Palmen, vor allem aber von Farnpflanzen, wie man sie auch als Zimmerpflanzen gern pflegt. Solche Farne oder Palmen im Blumentopf sind also nicht nur ein Schmuck für das Heim, sondern können auch erheblich die Luftqualität verbessern. Aber bitte nicht im Schlafzimmer aufstellen (Sie wissen ja schon, warum).

Eine weitere Quelle natürlicher negativer Ionen sind Wasserfälle. Auch hier erkennen wir jetzt, weshalb in der Nähe solcher Wasserfälle eine so angenehme Atmosphäre herrscht.

Bei Gewittern entstehen ebenfalls negative Ionen in großer Zahl. Wir alle kennen den Effekt: Wenn nach einem heißen Sommertag ein kräftiger Gewitterregen niedergeht, fühlen wir, daß die Luft dadurch gereinigt wird. Wir können endlich wieder durchatmen.

Positive Ionen hingegen werden erzeugt durch warme, trockene Fallwinde, etwa den *Föhn* in Hochgebirgen wie den Alpen, den *Wiatr halny* der Hohen Tatra oder den *Scirocco* im Mittelmeerraum. Viele Menschen, die in diesen Gegenden wohnen oder ihren Urlaub verbringen, kennen die Beschwerden, die sich bei Auftreten solcher Winde bemerkbar machen: Kreislaufstörungen, Kopfschmerzen, Unruhe, Schlaflosigkeit.

Es gibt auch technische Geräte, die in Wohnräumen die Luft mit negativen Ionen anreichern. Gleichzeitig besitzen sie meist Elektroden, die die vorhandenen positiven Ionen an sich binden. Häufig sind diese Elektroden bereits nach kurzer Zeit vollkommen schwarz von den Rußteilchen, die diese Ionen meist mit sich führen. Sie zeigen uns, was wir normalerweise eingeatmet hätten.

Wie gesagt, können wir uns den Einflüssen des Wetters und des atmosphärischen Elektromagnetismus nicht vollständig entziehen und sollen es im Grunde auch nicht. Dennoch ist es nötig, hierüber Bescheid zu wissen, um nach Möglichkeit Vorsorge treffen zu können. Zumindest für einige Aspekte der Wetterfühligkeit gibt es ja, wie wir gesehen haben, durchaus Wege, um sich das Leben etwas zu erleichtern.

Gehen wir nun noch ein Stück weiter nach draußen und verlassen wir die Erde. Es ist noch gar nicht so lange her, da konnte die Wissenschaft Beweise dafür sammeln, daß auch aus dem Weltraum Einflüsse kommen, die unsere Gesundheit und unseren Schlaf beeinträchtigen können.

Seit langer Zeit ist bereits im Volksglauben verankert, bei Vollmond könne man schlecht schlafen. Natürlich sind derartige Nächte besonders hell, wenn der Mond durch das Fenster scheint, aber das kann nicht allein die Erklärung sein. Es heißt, daß bei Vollmond die Leute häufiger „mondsüchtig" werden (also schlafwandeln) oder auf andere Art und Weise „verrückt spielen".

Es gibt heute eine ganze Reihe von Indizien, die belegen, daß an diesen Dingen tatsächlich etwas dran ist. Gleichzeitig tut sich die Wissenschaft schwer damit, die Zusammenhänge wirklich sauber zu beweisen.

Wir sprachen darüber mit Professor *Werner Herrmann*, dem Leiter des Schlafmedizinischen Zentrums der Freien Universität Berlin. Er gab zu, daß es Theorien über die Wirkung des Mondes auf unseren Schlaf gibt, schilderte aber auch die Schwierigkeiten der Wissenschaftler bei der Beweisführung.

Gerade die Medizin ist ja eine empirische Wissenschaft, die bestimmte Reaktionen des Körpers zwar beobachten, aber nicht immer sofort erklären kann. Daher bedient man sich in diesen Fällen meist der Statistik.

Die Statistik aber ist eine gefährliche Sache. Wenn man unsachgemäß argumentiert, kann man auf diese Weise auch Zusammenhänge zwischen Kuhblähungen und der Abnahme der Ozonschicht „beweisen".[18]

Ein einfaches Beispiel: Nehmen wir an, ein Angehöriger einer fremden Zivilisation würde uns und unsere Kultur von seinem Raumschiff aus beobachten, ohne direkt zu uns Kontakt aufnehmen zu können. Er würde die seltsame Beobachtung machen, daß alle sieben Tage in unserem Verhalten eine merkwürdige Veränderung vorgeht. Viele Erdlinge gehen vormittags in große Gebäude mit hohen Türmen, um dort zu singen und Rituale abzuhalten. Anschließend treffen sie sich zu einem feudalen Mittagsmahl, das wesentlich reichhaltiger als an anderen Tagen ist.

Durch ausgedehnte Statistiken kommt der außerirdische Wissenschaftler zu dem Schluß, die Menschheit müsse einem religiösen Kult anhängen, zu dem der Verzehr von Schweinebraten gehört.

In Wirklichkeit ist dieser Schluß natürlich falsch. Gehen wir von der unbestreitbar richtigen Tatsache aus, daß (zumindest in unserem vereinfachenden Beispiel) die Menschen immer dann, wenn sie zur Kirche gehen, auch Schweinebraten essen. Dies ist jedoch nur eine zeitliche Synchronizität (Statistiker nennen es eine *Korrelation*), die nichts über Ursache und Wirkung (also über *Kausalität*) aussagt. Zwischen dem Kirchgang und dem Verzehr von Schweinebraten besteht kein kausaler Zusammenhang. Beide haben nur eine gemeinsame Ursache (nämlich, daß Sonntag ist), die aber dem außerirdischen Wissenschaftler nicht bekannt ist.

Um diese gefährliche Quelle von Trugschlüssen zu umgehen, versucht die irdische Wissenschaft bei statistischen Untersuchungen immer eine *Kontrollgruppe* heranzuziehen.[19] Testet man zum Beispiel ein neues Medikament, und die Kranken werden davon gesund, dann weiß man zunächst nicht, ob es am Medikament lag, oder ob sie nicht vielleicht sowieso gesund geworden wären. Daher nimmt man eine zweite Kontrollgruppe, die das Medikament nicht erhält. Erst wenn die Anzahl der Genesungen bei der Testgruppe (die das Medikament einnahm) deutlich höher ist als bei der Kontrollgruppe, darf man den wissenschaftlichen Schluß ziehen, daß das Medikament dafür verantwortlich war.

Daß es statistisch signifikante *Korrelationen* zwischen Schlafstörungen und bestimmten Mondphasen gibt, ist unbestritten. Bei Vollmond sind die Menschen reizbarer, die Anzahl der Verbrechen steigt an, ebenso die Selbstmordrate. Sehr viele Menschen klagen dann auch über Schlaflosigkeit. Aber es könnte sich immer noch um eine Falle handeln wie bei den Kirchgängern und dem Schweinebraten. Daher würde man eine Kontrollgruppe brauchen, die gleichzeitig – ja was? In einer Welt ohne Mond schläft?

Sie sehen, es ist voreilig, den Wissenschaftlern Verbohrtheit vorzuwerfen, wenn sie bestimmte Phänomene, für die es bereits überzeugende Indizien gibt, nicht sofort anerkennen. Oft stoßen sie ganz einfach auf unüberwindliche Schwierigkeiten bei der Beweisführung.

Im Falle des Mondes hilft uns also die bloße Statistik, so überzeugend sie auch aussehen mag, nicht weiter. Es bleibt nichts anderes übrig, als nach physikalisch überzeugenden Erklärungsmodellen zu suchen, nach denen der Mond tatsächlich der Verursacher sein könnte.

Und dies ist – zumindest in Ansätzen – tatsächlich möglich.

Unser guter Mond ist im Grunde ein merkwürdiger Gesell. Schon daß wir ihn überhaupt haben, ist eigentlich ungewöhnlich. Außer der Erde hat von den kleinen, festen Planeten nur der Mars überhaupt Satelliten, doch sie sind wesentlich kleiner als unser Mond, der immerhin einen Durchmesser von 3475,6 Kilometern hat, was mehr als einem Viertel des Erddurchmessers entspricht. Damit gehört er zu den größten Monden des Sonnensystems überhaupt. Nur die Jupitermonde Io, Ganymed und Callisto sowie der Saturnmond Titan sind größer. Doch sie umkreisen gasförmige Riesenplaneten und nicht einen so kleinen Himmelskörper, wie es unsere Erde ist.

Dadurch, daß der Mond im Vergleich zur Erde so groß ist, übt er natürlich auch erhebliche Gravitationskräfte auf sie aus, die sich vor allem in den Gezeiten unserer Meere zeigen. Dort, wo der Mond im Zenit steht, ist seine Gravitationswirkung am stärksten, und da das Wasser leichter verformbar ist als das feste Land, zieht er an dieser Stelle die Meeresoberfläche zu einem Flutberg nach oben. Auf der gegenüberliegenden Seite der Erde dagegen wird das feste

Land etwas stärker vom Mond angezogen als das weiter entfernte Wasser. Dies erzeugt einen Sog, der für einen zweiten Flutberg verantwortlich ist. Da die Gesamtwassermenge konstant bleibt, ist an den Stellen dazwischen natürlich weniger Wasser vorhanden, so daß es dort zur Ebbe kommt.

Die Gezeiten sind übrigens nicht überall auf der Welt gleich stark ausgeprägt. Am Äquator beispielsweise kann die Anziehungskraft des Mondes die Meeresoberfläche bestenfalls um ein paar Zentimeter anheben. In unseren nördlicheren Gefilden hingegen beträgt der Tidenhub bis zu 15 Meter.

Die gleichen Kräfte wirken natürlich auch auf das Festland, wenn dieses auch weitaus weniger verformbar ist als das Wasser der Ozeane. Dennoch gibt es selbst auf den Kontinenten so etwas wie Ebbe und Flut. Die nordamerikanische Landmasse zum Beispiel hebt sich bei Flut um bis zu 15 Zentimeter an.

Noch stärker wirken die Gezeitenkräfte auf den dritten Bestandteil unseres Lebensraums, die Atmosphäre. Die gasförmige Hülle unseres Planeten ist natürlich mechanischen Kräften noch stärker ausgesetzt als das wesentlich dichtere Wasser, und so wird unsere Atmosphäre vom Mond ganz gehörig verbeult. Das wiederum führt natürlich zu Luftströmungen. Wo Luft nach oben in Richtung Weltraum gezogen wird, entsteht in Bodennähe ein Unterdruck (Tiefdruckgebiet), so daß aus Regionen mit höherem Luftdruck Luft nachströmt. Es kommt also Wind auf. Wetteränderungen durch Mondeinflüsse können, wie wir sehen, nicht mehr bestritten werden.

Bei Vollmond und Neumond sind die Gezeiten am stärksten, es kommt häufig zu gefährlichen Springfluten. Bei den dazwischen liegenden Halbmondphasen dagegen sind sie nur schwach ausgeprägt.

Nun besteht der menschliche Körper zu 70 Prozent aus

Wasser, und so ist klar, daß sich auch in unserem Inneren Ebbe und Flut abspielen. Das heißt, die Körperflüssigkeiten verlagern sich relativ zu den festen Bestandteilen, was sich natürlich auf allerlei physiologische Vorgänge und damit auch auf unser Befinden auswirkt.

Dabei wirkt der Mond in dreierlei Hinsicht auf uns ein:

➢ Da wäre zuerst die direkte Auswirkung der Gravitation des Mondes, also die eigentliche Gezeitenkraft.

➢ Zum zweiten hat der Mond ebenfalls ein – wenn auch schwaches – Magnetfeld, das rhythmische Schwankungen im Erdmagnetfeld verursacht.

➢ Schließlich beeinflussen die Schwerkraft und der Magnetismus des Mondes auch das Wetter, was sich wiederum auf unser Wohlbefinden auswirkt.

So hat man zum Beispiel festgestellt, daß im Hochsommer bei Vollmond die Nächte besonders oft schwül-heiß sind. Dies stört nicht nur die normalen Schlafmuster, sondern vor allem auch den REM-Schlaf, insofern, als die schnellen Augenbewegungen verringert auftreten.

Die Gravitation und der Magnetismus des Mondes beeinflussen auch die Durchlässigkeit unserer Zellmembranen, wodurch die Gezeitenkräfte noch verstärkt werden.

Unser Körper hat drei Hauptwasserreservoire: das Blut, das extrazelluläre Gewebswasser (Lymphe) sowie das intrazelluläre Wasser. Normalerweise zirkuliert das Wasser frei in diesen drei Räumen. Durch die Gezeitenwirkung kann sich jedoch überschüssiges Wasser in bestimmten Körperregionen stauen, was in diesen Bereichen dann zu Fehlfunktionen und Verhaltensstörungen führt.

Aus der Umlaufgeschwindigkeit des Mondes folgt eine weitere Eigentümlichkeit. Hierzu müssen wir noch einige astronomische Fakten anführen. Bei manchen Einflüssen, die dem Mond zugeschrieben werden, kommt es nämlich nur dann zu einer signifikanten statistischen Korrelation, wenn man eine geringfügige zeitliche Verschiebung in Kauf nimmt, d. h. daß die Ereignisse jeweils ein oder zwei Tage vor oder nach Vollmond eintreten.

Skeptiker argwöhnen bei diesem Hinweis, hier werde mit Gewalt etwas in nicht existierende Zusammenhänge „hineingeheimnist". Dieser Vorwurf ist jedoch falsch. Er drückt nur aus, wie stark wir bei unserer Zeitmessung mit unserem gregorianischen Kalender verhaftet sind. Dieser orientiert sich am Sonnenstand und nicht am Mond. Sonnen- und Mondkalender laufen jedoch nicht synchron!

Dies alles hängt nur damit zusammen, daß wir bei Himmelsbeobachtungen immer einen Fixpunkt benötigen, um überhaupt Positionen messen zu können.

Insofern gibt es mehrere verschiedene „Mondmonate". Der *siderische Monat* gibt die wahre Umlaufzeit des Mondes um die Erde an. Bei ihm wird die Position des Mondes relativ zu den Fixsternen gemessen. Der siderische Monat ist 27,321 Tage lang.

Mißt man dagegen die Position des Mondes relativ zur Sonne, so kommt man auf den *synodischen Monat*. Er ist mit 29,530 Tagen etwas länger, da sich die Erde während eines Mondumlaufs relativ zur Sonne ja selbst etwas weiterbewegt hat. Obwohl dieser Umlauf nicht der wahren Umlaufzeit entspricht, ist er astronomisch von Bedeutung, denn der synodische Monat bestimmt die Mondphasen. Diese sind schließlich durch die relativen Positionen von Sonne, Erde und Mond zueinander bestimmt. Steht der Mond auf der entgegengesetzten Seite der Erde (relativ zur Sonne), so betrachten wir seine sonnenbeschienene Seite vollständig – es ist Vollmond. Steht er hingegen zwischen Sonne und Erde, zeigt er uns seine dunkle Seite, also die Neumondphase. In den Zwischenzeiten bilden Sonne, Erde und Mond ein Dreieck, und wir sehen seine beleuchtete Seite teilweise, als mehr oder weniger schmale Sichel.

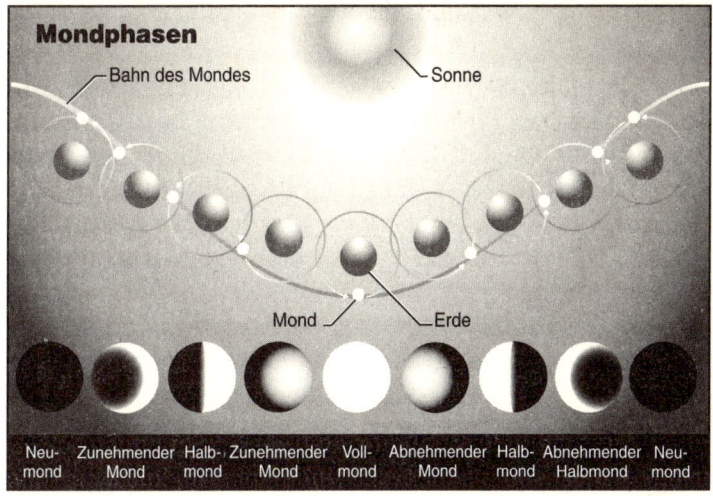

Abb. 12: Die Mondphasen entstehen aus den relativen Positionen von Sonne, Erde und Mond zueinander.

So viel zu dem oft geäußerten Kinderscherz, die Mondbewohner müßten bei Halbmond ein ganz schönes Gedränge veranstalten!

Durch die Asynchronizität zwischen Mondzeit und Sonnenzeit kommt es bei mondgesteuerten Rhythmen zu allerlei Verschiebungen, die aber nur scheinbar sind, weil wir den Sonnenkalender, also den für diese Phänomene ungeeigneten Kalender, benutzen.

Ein Sonnentag ist die Spanne zwischen zwei Zeitpunkten, in denen die Sonne im Zenit steht, und sie beträgt 24 Stunden. Das wissen wir alle.

Auf die gleiche Weise kann man einen Mondtag als die Zeitspanne bezeichnen, bis der Mond wieder im Zenit steht. Dieser Mondtag ist dann allerdings 24 Stunden und 50 Minuten lang, also fast eine Stunde länger als der Sonnentag.

Interessanterweise entspricht dies ziemlich genau dem circadianen Rhythmus unserer inneren Uhr. Erinnern wir uns: In abgedunkelten Räumen folgen Menschen einem Tagesrhythmus, der nicht 24 Stunden, sondern fast 25 Stunden lang ist.

Ein Zusammenhang mit dem Mond dürfte kaum zu leugnen sein.

Die Übereinstimmungen mancher körperlicher Zyklen des Menschen mit denen des Mondes (z. B. Menstruationszyklus der Frau, circadianer Rhythmus von ca. 25 Stunden) zeigt deutlich, daß der Mond unser Leben stärker prägt, als wir lange Zeit angenommen haben. Die Auswirkungen sind sogar so stark, daß unsere innere Uhr, unser angeborener Tagesrhythmus, sich am Mond und nicht an der Sonne orientiert. Viele Rätsel im Zusammenhang mit dem Mond und seinen Auswirkungen auf unser Leben sind noch ungeklärt, nicht zuletzt deshalb, weil die Wissenschaft lange gebraucht hat, um diese Phänomene überhaupt ernst zu nehmen.

Der umstrittenste Punkt ist natürlich nach wie vor die Auswirkung des Mondes auf unser Bewußtsein und unser Gefühlsleben. Hier gibt es immerhin umfangreiches statistisches Material[20], doch man muß aufpassen, nicht wieder einen unzulässigen Zusammenhang zwischen „Kirche" und „Schweinebraten" herzustellen.

Hauptinformationsquelle für derlei Untersuchungen bilden natürlich die Akten der Krankenhäuser, der psychiatrischen Kliniken sowie der Polizei. Danach ist es signifikant belegbar, daß bei Vollmond und Neumond, wenn also auch in uns Menschen die „Säfte" spürbar stärker nach oben steigen, die Anzahl der Morde zunimmt. Interessanterweise verschieben sich diese Effekte ein wenig nach hinten (maximal ein bis zwei Tage), sobald man sich weiter nach Norden bewegt, in die Regionen also, in denen wie gesehen die Gezeitenkräfte am stärksten sind. Ist dies wieder ein Hinweis auf unseren inneren Zeitrhythmus, der sich am Mondkalender und nicht an der Sonne orientiert?

Ebenso steigen bei Voll- und Neumond die Selbstmorde, Selbstmordversuche, Anfälle von Aggression und überhaupt die Einlieferungen in psychiatrische Kliniken stark an. Allerdings ist nicht jeder Mensch von diesen subtilen Einwirkungen betroffen. Es muß eine innere Bereitschaft (Disposition) vorhanden sein.

Noch bizarrer werden die Zusammenhänge, wenn wir die menschlichen Schlafmuster betrachten. Die kanadischen Forscher *Sheldon Geller* und *Herbert Shannon* sprechen von einem „transsylvanischen Effekt", in Anlehnung an die Gruselgeschichten um den Grafen Dracula[21]: Im Sommer sorgt der Vollmond sehr häufig für heiße und schwüle Nächte. Nach Ansicht der Forscher beeinträchtigen diese Faktoren unsere Schlafmuster, vor allem den REM-Schlaf, indem die schnellen Augenbewegungen behindert werden. Dies wirkt auf unsere Stimmungslage ein und führt angeblich sogar zu einer größeren Häufigkeit psychotischer Zustände. Dadurch ließen sich angeblich einige der bekannten Volkssagen über Vampire und Werwölfe erklären. Auch das seltsame Phänomen des Somnambulismus (Schlafwandeln) ist in diesem Zusammenhang zu sehen.

Allgemein läßt sich beobachten, daß die Einwirkungen des Mondes auf unser Wohlbefinden um so stärker sind, wenn mehrere Faktoren zusammentreffen, zum Beispiel während einer Sonnen- oder Mondfinsternis.

Diese astronomischen Phänomene treten ja immer dann auf, wenn Erde, Sonne und Mond ungefähr in einer Linie stehen. Steht dabei der Mond im Erdschatten, so kommt es zu einer Mondfinsternis, während bei einer Sonnenfinsternis der Mond für unsere Augen die Sonnenscheibe verdeckt. Es gehört zu den seltsamen Zufällen bei der Bildung unseres Sonnensystems, daß der Mond hierfür (in Anbetracht seiner Entfernung zur Erde) gerade groß genug ist. Die vergleichsweise mickrigen Marsmonde Phobos und Deimos zum Beispiel wären nicht in der Lage, die Sonne für einen Marsbewohner vollkommen abzudecken.

Aufgrund der erwähnten geometrischen Voraussetzungen kann eine Sonnenfinsternis grundsätzlich nur bei Neumond auftreten, eine Mondfinsternis nur bei Vollmond.

Auch jahreszeitliche Veränderungen in der relativen Position von Sonne, Mond und Erde zueinander können Auswirkungen auf irdische Umweltfaktoren haben, so zum Beispiel die Extrempunkte der Erdbahn um die Sonne, etwa zu unserem Sommeranfang, wenn die Sonne über dem nördlichen Wendekreis im Zenit steht, oder zum Winteranfang kurz vor Weihnachten, wenn es also zum kürzestmöglichen Tag des Jahres kommt. Vor allem aber in der Zeit der Frühjahrs- und Herbst-Tag-und-Nacht-Gleiche am 21. März bzw. am 23. September kommt es vermehrt zu atmosphärischen Störungen, die ihre Ursachen im Weltraum, vor allem auf der Sonne, haben. Sehr häufig treten dann magnetische Anomalien auf, die weltweite Funk- und Satellitenkommunikation kann empfindlich gestört werden, und es kann sogar in unseren Breiten zur Ausbildung von Polarlichtern (Aurora borealis) kommen.

Offenbar wußten bereits unsere Vorfahren um diese Zusammenhänge, denn schon vor über 2000 Jahren gehörten gerade diese Tage bei den Kelten zu den höchsten Feiertagen im Jahr. Die christliche Religion übernahm diese heidnischen Sonnenwendfeste erst viel später, indem sie ihre eigenen Feiertage (z. B. Weihnachten oder Ostern) einfach auf diese Tage legte (oder zumindest in die Nähe davon) und dadurch die Christianisierung heidnischer Völker erleichterte. Bei den Kelten standen diese Feste allesamt in irgendeiner Form im Zeichen des Lichtes, also der Sonne, im Gegensatz zu den dazwischen liegenden „Schwellenfesten", bei denen eher Kontakt zur Welt der Geister aufgenommen wurde. Zu diesen gehörten z. B. das Beltane-Fest (Walpurgisnacht) oder Samhain (Allerheiligen / Halloween).

Wenn man genauer hinsieht, so sind die alten heidnischen Lichtfeste kein so primitiver Sonnenkult in Form eines Anbetens von „Göttern", sondern vielmehr Ausdruck des uralten Wissens, daß auch die *Sonne* Einfluß auf das menschliche Bewußtsein und den Körper haben kann, und das verstärkt zu diesen besonderen Zeiten des Jahres.

Es dauerte bis zum vergangenen Jahrhundert mit all seinen wissenschaftlichen und technischen Erkenntnissen, bis wir dieses uralte Wissen wiederentdeckten und zu schätzen lernten.

Unser Zentralgestirn, die Sonne, ist natürlich, wie wir alle wissen, unser Lebensspender, Lieferant von Helligkeit und Wärme, und den meisten von uns ist ein Sonnentag lieber als Regen.

Es ist wissenschaftlich erwiesen, daß Sonnenlicht erhebliche Auswirkungen auf unser Gemüt hat. Im Winter steigt die Depressionsrate in nördlichen Breiten, vor allem in den Ländern nahe des Polarkreises, wie etwa in Skandinavien, so stark an, daß man künstlich reproduziertes Sonnenlicht als Therapie einsetzt.

Generell ist ja schon im Volksmund das Vorurteil vom „lebhaften und temperamentvollen Südländer" im Vergleich zu den eher reservierten „Nordlichtern" verankert.

Wer, so wie wir, aus dienstlichen Gründen einige Dezembertage in Stockholm verbringen mußte, der erkennt: das sind nicht nur Klischees. Nicht nur, daß einen der „Tagesablauf" tatsächlich müde und antriebslos macht (wenn das bißchen Licht, was da kommt, überhaupt den Namen Tag verdient). Frühestens gegen 11 Uhr vormittags erhebt sich eine fahle Sonnenscheibe ein Stückchen über den Horizont, kaum heller als unser Vollmond, um spätestens gegen 14 Uhr wieder unter ihm zu verschwinden.

Gleichzeitig ist bei der Bevölkerung ein seltsamer Mentalitätswandel zu beobachten. Niemand hat so recht Lust zum Arbeiten, man versucht, irgendwie den Tag über die

Runden zu kriegen, und wenn man sich nachmittags im Restaurant mit Geschäftsfreunden verabredet, sagen wir, bis etwa 20 Uhr, so hat man anschließend das Gefühl, es müßte mindestens schon Mitternacht sein, verbunden mit der zugehörigen Bettschwere.

Die Skandinavier geben im Gespräch auch offen zu, daß in den tiefsten Wintermonaten in ihren Ländern nicht allzu viel läuft.

Wie steht dies im Zusammenhang mit dem Thema des Buches? Die Vorstellung, daß die Sonne Einfluß auf unsere Schlafqualität haben könnte, klingt auf den ersten Blick paradox. Schließlich schlafen wir in der Nacht, und da pflegt die Sonne doch nicht zu scheinen!

Bisher haben wir jedoch nur die vordergründigen Einwirkungen der Sonne auf Körper, Seele und Geist betrachtet, so wie wir sie alle kennen. Genau wie der Mond übt sie darüber hinaus aber noch viel subtilere Einflüsse auf uns aus.

Die Sonne ist nämlich keineswegs nur Licht- und Wärmespender. Diese Energien stammen aus der elektromagnetischen Sonnenstrahlung, die im Bereich des sichtbaren, infraroten (Wärmestrahlung) und ultravioletten Lichts liegt.

Doch die Sonne ist kein gemütlich bullernder Ofen. Von nahem betrachtet, ist sie eher ein Hexenkessel, ein viele Millionen Grad heißer glühender Gasball, in dessen Inneren gewaltige Kernfusionsreaktionen explosionsartig ablaufen, bei denen Wasserstoff in Helium verwandelt wird. Bei dieser Kernverschmelzung entsteht ein Energieüberschuß in Form elektromagnetischer Strahlung. Diese macht sich auf den mühevollen Weg durch den Sonnenball hindurch, erreicht dann die Oberfläche und strahlt ins Weltall hinaus, um dann – nach einer etwa achtminütigen Reise – auch unsere Erde zu erreichen, damit wir uns einen schönen und sonnigen Tag machen können.

Doch dieser Energieerzeugungsprozeß der Sonne verläuft nicht ruhig und gleichmäßig, sondern vielmehr recht turbulent, was nicht zuletzt auf die gewaltigen Temperaturunterschiede zurückzuführen ist. Während im Sonneninneren Temperaturen von über 15 Millionen Grad herrschen, hat sich der glühende Gasball an der Oberfläche (der sogenannten Photosphäre) schon auf knapp 6000 Grad abgekühlt. Diese Unterschiede führen zu immensen turbulenten Gasströmungen, die sich an der Oberfläche in riesigen dunklen Flecken oder gigantischen Ausbrüchen (Protuberanzen) äußern. In diesen riesigen Fackeln kommt wiederum mehrere Millionen Grad heiße Sonnenmaterie aus dem Inneren an die Oberfläche und wird von dort aus ins Weltall geschleudert.

Diese Strahlung, deren Ursprung in den Sonneneruptionen liegt – man spricht auch vom *Sonnenwind* –, hat nichts mit dem normalen Sonnenlicht zu tun. Es handelt sich um *Materiestrahlung*, heiße, schnelle Teilchen, die sich natürlich im Weltraum rasch abkühlen, aber dennoch, wenn sie uns treffen, erhebliche Auswirkungen auf der Erde erzeugen können.

Würde uns dieser Sonnenwind ungeschützt treffen, wäre kein Leben auf der Erde möglich. Es ist eine harte radioaktive Strahlung (Alpha-Strahlung), die allerdings von unserem Erdmagnetfeld abgeschirmt und in zwei ringförmigen Zonen rund um die Erde, den sogenannten Van-Allen-Gürteln, eingefangen wird. Nur an den beiden Polen, wo die Feldlinien des Erdmagnetfeldes ins Erdinnere eintreten, kann der Sonnenwind vermehrt die Erdoberfläche erreichen und dort als Polarlicht sichtbar werden.

Wie man durch jahrzehntelange Sonnenbeobachtungen weiß, ist diese Form der Sonnenaktivität nicht konstant, sondern durchläuft Rhythmen von ungefähr elf Jahren, in denen es jeweils zu einem Maximum an Sonnenflecken und damit auch zu einem Maximum an Sonnenstürmen auf der Erde kommt.

Oft liest man dann in der Zeitung, daß wieder einmal ein riesiger Materieball von der Sonne (oft größer als die Erde) zu uns unterwegs ist und die Erde treffen wird. Das hört sich meist gefährlicher an, als es ist. Trifft uns dieser Ball nämlich am Ende, so gibt es nicht etwa einen Riesenknall, sondern er geht fast unbemerkt durch unsere Erde hindurch, so wie ein Geist, der durch eine Wand gehen kann. Die Materie von der Sonne ist ausschließlich Gas, also ebenso subtil und feinstofflich wie etwa die Lufthülle unserer Atmosphäre. Im Gegensatz zu dieser jedoch ist der Sonnenwind auch elektrisch geladen. Er enthält jede Menge radioaktiver Alphateilchen (das sind die Atomkerne des Elements Helium), die positive elektrische Ladungen tragen. Durch eine so gewaltige Elektrizität können Kommunikationssatelliten in ihrer Funktion gestört oder sogar zerstört werden. Für bemannte Raumstationen wie einst die Mir oder heute die ISS besteht an solchen Tagen höchste Alarmstufe. Radaranlagen, Flugzeugelektronik und Handys reagieren ebenfalls mit Sende- und Empfangsstörungen, und es kann bei unseren Fernsehprogrammen zu erheblichen Sendeausfällen kommen – manchmal sind alle Sender eines Gebietes mehrere Stunden lang betroffen.

Am 2. Dezember 1995 schickte die NASA in Zusammenarbeit mit der europäischen Weltraumbehörde ESA das Weltraumobservatorium SOHO („Solar and Heliospheric Observatory") auf die Reise zur Sonne. Seit die Sonde in einer sonnennahen Umlaufbahn geparkt ist, liefert sie ständig aktualisierte Daten über die Sonnenaktivitäten zur Erde. Diese Daten dienen nicht nur der Erforschung unseres Zentralgestirns, sondern auch für einen neuartigen *Weltraum-Wetterbericht* (s. auch Abbildungsteil, Bild 24 und 25).[22]

Dieser Wetterbericht liefert, ständig aktualisiert, alle notwendigen Daten über bevorstehende *geomagnetische Stürme, Sonnenstürme* und *Störungen des Funkverkehrs*. Interessanterweise ist dies *der exakteste Wetterbericht der Welt!*

Wir alle kennen ja den Ärger, wenn der „Wetterfrosch" in den Nachrichten uns für den nächsten Tag schönes Badewetter in Aussicht gestellt hat, und am kommenden Morgen ist dann alles regenverhangen. Unser Wetter, das auf chaotisch ablaufenden atmosphärischen Vorgängen beruht, ist zu kompliziert, um es für unsere heutige Wissenschaft exakt vorhersehbar zu machen. Die Berechnungsmodelle der Meteorologen sind bereits extrem genau (und meistens stimmen ihre Vorhersagen ja auch mehr, als wir zugeben wollen), sie bemühen dafür Millionen Mark teure Supercomputer, und dennoch können sie niemals alle Eventualitäten vorhersehen.

Sind denn die Vorgänge auf der Sonne einfacher und damit besser berechenbar?

Keineswegs. Daß der NASA-Weltraum-Wetterbericht so exakt ist, hat einen anderen Grund, nämlich den, daß er im Grunde gar keine Vorhersage ist, sondern ein Beobachtungsbericht sozusagen aus erster Hand.

Wie gesagt, befindet sich die SOHO-Sonde in einer sonnennahen Umlaufbahn und registriert dort die von der Sonne abgestrahlte Teilchenstrahlung, den Sonnenwind. Dieser macht sich dann auf die Reise zur Erde, und für die Strecke von etwa 150 Millionen Kilometern benötigt er etwa zwei Tage.

Demgegenüber schickt die Sonde ihre Meßdaten per Funkwellen zur Erde. Diese bewegen sich aber – anders als der Sonnenwind, der ja aus Materie besteht – mit Lichtgeschwindigkeit und erreichen uns daher, genau wie das Sonnenlicht, bereits nach etwa acht Minuten.

Die Funksignale unserer Wetterstation im All überholen also die eigentlichen Weltraum-Wettervorgänge auf dem Weg zur Erde, so daß unsere Wissenschaftler bereits genau über bevorstehende Ereignisse informiert sind, noch bevor diese bei uns eintreffen. Die Genauigkeit besteht also darin, daß sie gar keine Vorhersage zu machen brauchen, sondern uns einfach über schon registrierte Tatsachen berichten.

Und passieren kann infolge dieses Weltraumwetters allerlei. Die NASA teilt die möglichen Störeinflüsse in drei Kategorien und diese wiederum in je fünf abgestufte Schweregrade ein (ähnlich wie die Richterskala bei Erdbeben, s. Tabelle 3 - Tabelle 5).

Besonders um die Jahrtausendwende herum waren starke bis extrem starke Sonnenwinde und geomagnetische Stürme keine Seltenheit, und wenn man die Auswirkungen in den drei Tabellen liest, die wir aus gutem Grund so ausführlich

	Geomagnetische Stürme
G1	„Minor" (klein): leichte Stromschwankungen, kleinere Auswirkungen auf Satelliten, Beeinflussung von Zugvögeln und anderen wandernden Tieren. Aurora borealis in den USA bis nach *Maine* und *Michigan* sichtbar.
G2	„Moderate" (mäßig): Möglichkeit von Alarmen in Kraftwerken, Schäden an Transformatoren, Korrekturen an der Ausrichtung von Satelliten können nötig sein, Empfangsstörungen bei Hochfrequenz-Radiowellen. Aurora sichtbar bis *New York* und *Idaho*.
G3	„Strong" (stark): Spannungskorrekturen in Kraftwerken notwendig, elektrische Aufladung der Oberfläche von Satelliten, Störungen bei Satellitennavigation und beim Empfang von Niedrigfrequenz-Radiowellen. Aurora sichtbar bis *Illinois* und *Oregon*
G4	„Severe" (schwerwiegend): Großflächige Probleme bei der Spannungskontrolle in Kraftwerken, Steuerungsprobleme bei Satelliten, Ausfälle bei Satellitennavigation und Niedrigfrequenz-Radioempfang. Aurora sichtbar bis *Alabama* und *Kalifornien*.
G5	„Extreme" (extrem): Großflächige Stromausfälle, verstärkte Probleme bei der Satellitensteuerung, mehrtägige Unterbrechungen von Satelliten- und Funknavigation. Die induzierten Ströme können eine Stärke von mehreren hundert Ampère erreichen. Aurora sichtbar bis *Florida* und *Texas*.

Tabelle 3

aufgeführt haben, so erkennt man, wie ernst wir diese Wettereinwirkungen aus dem All nehmen müssen. Nicht nur teures technisches Gerät ist in Gefahr, sondern auch viele Menschenleben, wenn zum Beispiel der Funkkontakt zu Flugzeugen und Schiffen für längere Zeit ausfällt.

Gleichzeitig fragt man sich natürlich, ob solche starken physikalischen Effekte nicht auch Auswirkungen auf Körper, Seele und Geist des Menschen haben müßten.

Natürlich haben sie es. So, warum sagen dann die Klassi-

	Sonnenstürme
S1	**„Minor"** (klein): Kleinere Einwirkungen auf Hochfrequenz-Radiowellen in der Polarregion möglich. Keine biologischen Auswirkungen oder Satellitenstörungen.
S2	**„Moderate"** (mäßig): Navigation in der Polarregion möglicherweise gestört. Geringe Satellitenstörungen. Keine biologischen Auswirkungen.
S3	**„Strong"** (stark): Kommunikation mit Hochfrequenz-Radiowellen und Navigation in der Polarregion mit Sicherheit gestört. Störungen bei der Datenübertragung von Satelliten. Schutzmaßnahmen für Astronauten außerhalb der Raumstation empfohlen. Gering erhöhte radioaktive Belastung für Flugpassagiere bei großen Flughöhen.
S4	**„Severe"** (schwerwiegend): Hochfrequenz-Ausfälle sowie mehrtägige Navigationsstörungen in der Polarregion. Computerstörungen in Satelliten. Schutzmaßnahmen für Astronauten außerhalb der Raumstation dringend erforderlich, mäßig erhöhte radioaktive Belastung von Flugpassagieren in großer Höhe.
S5	**„Extreme"** (extrem): Vollständiger Ausfall von Kommunikationssystemen in der Polarregion, Navigation extrem erschwert, Kontrollverlust und dauerhafte Schäden an Satelliten, starke Gesundheitsgefahren für Astronauten außerhalb der Raumstation, stark erhöhte radioaktive Belastung von Flugpassagieren in großer Höhe.

Tabelle 4

fizierungen der NASA so wenig darüber aus? Sicher nicht, weil hier jemand etwas vertuschen will (wie auch immer wieder gern behauptet wird), sondern es ist wieder das alte Problem: Die Wissenschaft hat Schwierigkeiten, Ursache und Wirkung wissenschaftlich exakt nachzuweisen. Wo ist die Kontrollgruppe (die sich natürlich weit außerhalb des Sonnensystems befinden müßte)?

Dennoch gibt es schon seit Jahrzehnten Erkenntnisse über Einflüsse der Sonne auf die Gesundheit. Speziell russische

	Radio- und Funkverkehrsstörungen
R1	**„Minor"** (klein): Niedrigfrequenz-Navigationssignale kurzfristig unterbrochen. Leichte Abschwächung der Hochfrequenz-Kommunikation. Kurzfristiger Verlust des Funkkontakts möglich.
R2	**„Moderate"** (mäßig): Niedrigfrequenz-Navigation für zehn Minuten und mehr unterbrochen. Zeitlich begrenzte Totalausfälle der Hochfrequenz-Kommunikation auf der sonnenbeschienenen Seite der Erde.
R3	**„Strong"** (stark): Niedrigfrequenz-Navigation für etwa eine Stunde gestört, ebenso die Hochfrequenz-Kommunikation auf der sonnenbeschienenen Seite der Erde.
R4	**„Severe"** (schwerwiegend): Ein- bis zweistündige Ausfälle der Niedrigfrequenz-Navigation sowie Ausfälle des Hochfrequenz-Funkkontakts auf der sonnenbeschienenen Seite der Erde.
R5	**„Extreme"** (extrem): Mehrstündige Ausfälle der Niedrigfrequenz-Navigation, Positionsbestimmung bei Schiffen auf der sonnenbeschienenen Seite der Erde für mehrere Stunden unmöglich, hohe Fehlerrate bei Satelliten-Navigation, bis auf die Nachtseite der Erde ausstrahlend. Hochfrequenz-Funkkontakt zu Schiffen und Flugzeugen für mehrere Stunden unterbrochen, vollständiger Ausfall auf der sonnenbeschienenen Seite der Erde.

Tabelle 5

Forscher in der früheren Sowjetunion haben sich da durch systematische Untersuchungen hervorgetan.

Begründer der russischen *Heliobiologie*, wie man dieses Forschungsgebiet auch nennt, war *Alexander Leonidowitsch Tschishewski,* dessen Vorstellungen über einen möglichen Zusammenhang zwischen Sonnenaktivitäten und dem Leben auf der Erde bis in seine Studentenzeit während des Ersten Weltkriegs zurückreichten. Er widmete dieser Forschungsarbeit später sein ganzes Leben.[23]

Zu den wichtigsten Ergebnissen der Forschungen Tschishewskis gehören sicher die ausgedehnten systematischen Untersuchungen, die einen Zusammenhang zwischen dem Auftreten bestimmter Seuchen (Grippeepidemien, Typhus, Cholera) und dem elfjährigen Zyklus der Sonnenaktivitäten nachwiesen. Tschishewski schloß daraus, daß verstärkte Sonnenstürme die Virulenz (Aggressivität) von Krankheitserregern fördern können.

Aber auch meßbare Veränderungen im Blutbild konnten bei verstärkter Sonnenaktivität einwandfrei nachgewiesen werden. Dies ist im Grunde nicht einmal überraschend, denn die roten Blutkörperchen sind ja als Träger des Blutfarbstoffs Hämoglobin stark eisenhaltig und reagieren damit besonders intensiv auf Elektromagnetismus jeder Art.

Die wichtigsten Veränderungen im Blutbild bei erhöhter Sonnenfleckenaktivität sind: Leukopenie (Verringerung der weißen Blutkörperchen), Anämie (Verringerung der roten Blutkörperchen) sowie eine schlechtere Blutgerinnung mit daraus resultierender Thrombosegefahr. Dadurch erhöht sich auch das Risiko von Herzinfarkten und Schlaganfällen.

Eine landesweit durchgeführte Studie in Rußland hat ergeben, daß es eine zeitliche Korrelation zwischen Störungen im Telefonnetz und einer erhöhten Anzahl von Herzerkrankungen gibt. Beides dürfte unschwer auf Sonnenstürme zurückzuführen sein.

Doch auch Auswirkungen der Sonnenaktivität auf den menschlichen Geist werden unter Wissenschaftlern seit langer Zeit zumindest unter vorgehaltener Hand diskutiert, wie uns *Dr. Armin Grafe* vom Adolf-Schmidt-Observatorium Niemegk (Brandenburg) einmal bestätigte. Besonders auffällig ist dabei die Tatsache, daß die meisten großen Revolutionen der Neuzeit, etwa die Französische Revolution von 1789, die Revolution in Deutschland von 1848, die Oktoberrevolution von 1917, aber auch der friedliche Wandel in der DDR von 1989 mit dem Fall der Mauer allesamt in Jahren mit ausgeprägtem Sonnenfleckenmaximum stattfanden.

Erzeugen also die Sonnenflecken und die damit verbundene Verstärkung des Sonnenwindes in uns Unruhegefühle, die sich im Extremfall in Umsturz und Neuanfang äußern können? Dann müßte dies auch im Kleinen, also bei einzelnen Menschen ähnlich beobachtbar sein und sich damit auch auf die nächtliche Ruhephase, den Schlaf, auswirken.

Tatsächlich scheint auch dies der Fall zu sein, wenn auch die Wissenschaft Schwierigkeiten hat, dies exakt zu beweisen.

Seit Jahrzehnten bereits protokolliert die inzwischen pensionierte Lehrerin *Johanna König* aus Bischofswerda bei Dresden akribisch alle Veränderungen der Sonnenaktivität und setzt diese in Beziehung zu ihrer eigenen körperlichen und geistigen Befindlichkeit sowie der von Menschen aus ihrem persönlichen Umfeld. In den langen Zeiten vor der Existenz des Internet (die wir uns in unserer schnellebigen Welt schon kaum noch vorstellen können) war dies eine mühevolle und zeitraubende Angelegenheit. Dazu bedurfte es guter persönlicher Kontakte zu astronomischen Observatorien und anderen Forschungsinstituten, die Frau Königs Privatuntersuchungen meist mit wohlwollendem Interesse gegenüberstanden. Heute ist die streitbare Dame natürlich auch „voll computerisiert" und holt sich ihre Daten täglich direkt vom Space Weather Server der NASA.

Da Frau König seit jeher häufig an Schlafstörungen, Kopf-schmerzen und anderen Zivilisationsbeschwerden litt, hatte sie sich schon früh für solche möglichen Zusammenhänge interessiert, zumal sie ja in der DDR leicht Zugang zu ent-sprechender Wissenschaftsliteratur aus Rußland hatte. Inzwischen ist die Datensammlung von Johanna König so umfangreich geworden, daß für sie dieser Zusammenhang zu einer Tatsache geworden ist. Zu viele Menschen hatten ihr immer wieder genau an den Tagen über Schlafstörungen berichtet, an denen auch neue Sonnenflecken entstanden waren, wobei sie sich selbst in diese Liste regelmäßig mit einreiht. Mittlerweile glaubt sie sogar, diese natürlichen Rhythmen so gut erforscht zu haben, daß sie Tage mit erhöhtem Risiko für Flugzeugabstürze oder Erdbeben vor-hersagen kann.

Im Grunde gilt für die Auswirkungen der Sonne auf unser Wohlbefinden und unsere Schlafrhythmen das gleiche wie für den Mond und das Wetter: Wir können uns diesen Um-weltreizen nicht vollkommen entziehen. Deshalb brauchen wir aber nicht zu resignieren. Der Mensch ist nicht für ein Leben in einem sterilen und abgeschirmten Schutzraum geschaffen. Unser Körper ist daran gewöhnt, sich mit un-terschiedlichen Umweltreizen auseinanderzusetzen, und innerhalb gewisser Grenzen ist ein solcher Wechsel sogar gesund.

Wenn wir jedoch wieder einmal nicht schlafen können, dann denken wir daran, daß möglicherweise unsere Sonne daran „schuld" sein könnte, und wer von Ihnen einen Inter-net-Zugang hat, kann dies, wenn er will, sogar überprüfen, so wie es Frau König tut. Wenn man die dortige NASA-Weltraum-Wetterkarte mit Tabelle 3 bis Tabelle 5 vergleicht, kann man oft besser verstehen, warum man vielleicht nicht gut schlafen konnte. Ändern kann man dies natürlich nicht, sondern muß sich wohl oder übel mit den natürlichen Ge-gebenheiten abfinden.

Anschließend sollte man aber, besonders an einem hellen und sonnigen Tag, einmal kurz aus dem Fenster schauen und dankbar dafür sein, daß die Sonne es ist, die uns das Leben überhaupt ermöglicht. Und wenn sie einmal für Unwohlsein bei uns sorgt, so ist es im Grunde unsere Sache, mit ihr klarzukommen, und nicht umgekehrt.

Nicht alles ist automatisch schlecht, nur weil es dem Menschen vielleicht abträglich ist. Schließlich hat uns Nikolaus Kopernikus schon vor über 500 Jahren gelehrt, daß der Mensch nicht Mittelpunkt des Universums ist.

Und mit dieser Erkenntnis können wir nun endlich von unserer langen Reise, die uns vom Schlafzimmer bis hinaus in die Weiten des Weltalls geführt hat, dorthin zurückkehren, wo unser Schlaf eigentlich stattfindet: in unserem eigenen Inneren.

Wir wissen jetzt, in welchem Umfeld wir schlafen und welche Faktoren unseren Schlaf möglicherweise beeinflussen. Einiges daran können wir ändern, mit dem Rest müssen wir uns notgedrungen abfinden.

Beschäftigen wir uns also jetzt mit der Innenwelt des Schlafs, denn dort geht beileibe auch nicht immer alles so glatt vonstatten, wie wir es gerne hätten. Aber das wäre ja auch langweilig...

VI
Der Harry-Potter-Effekt

Die Magie des Klartraums

„Der Marlene-Dietrich-Platz war voller Menschen, obwohl es schon etwas dämmerig wurde. Ich war schon eine ganze Zeit unterwegs gewesen, denn ich war frustriert. Peter und ich hatten uns entsetzlich gestritten. Meine Füße waren schon müde, aber um mir eine Freude zu machen, ging ich noch hinüber zu den Arkaden am Potsdamer Platz und wollte mir etwas ganz Tolles zum Anziehen kaufen.

Gleich hinter dem Eingang sah ich links eine top-elegante Boutique, die mir bislang dort nie aufgefallen war. Na warte, dachte ich, ich werde jetzt ordentlich zuschlagen. Drinnen sah ich jede Menge Designerkleidung hängen, und die Preise waren entsprechend.

Eigentlich weiß ich ganz genau, daß das eine ganz blöde Reaktion ist, sich einen ‚Frustpulli‘ zu kaufen, aber in diesem Moment war es mir egal.

Ich probierte mehrere Teile an, hatte mich schon nach kurzer Zeit für ein paar Sachen entschlossen und ging in Richtung Kasse. Es war mir von vornherein klar, daß ich nicht genügend Bargeld für die notwendige Summe bei mir hatte, und so zog ich gleich meine Scheckkarte heraus.

Die Kasse stand auf einem altmodischen Barocktischchen, und die Verkäuferin saß dahinter auf einem gemusterten Sessel. Sie bat auch mich, vor dem Tisch auf einem bequemen Stuhl Platz zu nehmen. Eigentlich passen diese Möbel gar nicht zu dem sonst so modernen Ambiente der Boutique, dachte ich bei mir, und während ich der Kassiererin meine Scheckkarte hinüberreichte, wurde ich endgültig stutzig, denn

ich konnte kaum glauben, was ich sah: Die kleine Plastik-
karte in meiner Hand verwandelte sich vor meinen Augen
in eine kleine Weltkarte mit den Kontinenten und Ozeanen.
Verschwunden waren der Name der Bank, meine Kontonum-
mer und das Hologramm. Hier war etwas absolut falsch!

In diesem Moment wurde es mir schlagartig bewußt: Das
geschieht nicht wirklich – ich träume nur!

Aber ich wollte ganz auf Nummer sicher gehen: Na gut,
wenn ich schon träume, dann wünsche ich mir, daß anstelle
der Kassiererin Hillary Clinton höchstpersönlich hinter der
Kasse sitzen möge.

Und in der Tat – es klappte! Sie trug nicht nur ihr diskretes
Lächeln, sondern auch das allbekannte Kostüm und das
unvermeidliche Perlencollier um den Hals.

Sie hatte inzwischen bereits alle meine gekauften Sachen
in elegante Tragetaschen verpackt und wollte nach meiner
Kreditkarte greifen. Stopp, dachte ich, warum soll ich das
eigentlich alles bezahlen, wenn es sowieso nur ein Traum
ist?

Also stand ich auf, nahm meine Taschen und ging einfach
hinaus.

Gleich als ich vor dem Laden stand, kam mir zu Bewußt-
sein, daß es eigentlich schade ist, einen solchen bewußten
Traum mit derlei Kinkerlitzchen wie Einkäufen in einer
Boutique zu verschwenden. Statt dessen könnte ich doch
die ganze Umgebung verschwinden lassen und lieber ein
Skilauftraining absolvieren, da ich immer noch nicht sicher
auf den Brettern stehe, und wir wollten doch im Winter in
die Schweiz fahren.

Doch mein Gewissen wurde jetzt bockig: Das kannst du
doch nicht machen, sagte ich zu mir, einfach weggehen, ohne
zu bezahlen. Also machte ich auf dem Absatz kehrt und ging
zurück zur Kasse.

Aber jetzt gingen die Schwierigkeiten erst los: Die Kas-
siererin ‚Hillary Clinton‘ wollte meine seltsame Kreditkarte

nicht akzeptieren, die immer noch die fünf Kontinente zeigte. Sie verlangte, ihr entweder eine andere Karte zu geben oder bar zu bezahlen. Ich holte also mein Portemonnaie aus der Tasche und checkte meinen Bargeldbestand. Es waren viele kleinere Scheine darin und eine Unmenge Münzen, und ich machte mich an die Sisyphusarbeit nachzuzählen, ob es reichen würde.

Vergessen waren alle meine Pläne vom Skilaufen, vergessen auch, daß ich ja nur träumte. Es gab jetzt für mich nur noch meine Geldbörse und die Verkäuferin, die mich die ganze Zeit wie ein Wachhund mißtrauisch beobachtete.

Kurze Zeit später wachte ich in meinem Bett auf und war immer noch sauer. Nicht auf Peter natürlich, sondern auf mich selbst, weil ich mir den tollen Traum so vermasselt hatte."

Patricia erzählte diesen Traum unserer ganzen Gruppe und löste bei allen ein wieherndes Gelächter aus. Zu jener Zeit leiteten wir ein Intensivtraining für Klarträume, das sich über mehrere Monate hinzog. Alle Teilnehmer waren Anfänger auf dem Gebiet, und so gab es bei unseren wöchentlichen Treffen immer viel zu lachen, wenn jeder von seinen Versuchen berichtete.

> *Ein Klartraum ist ein Traum, in dem der Mensch weiß, daß er träumt, und sich zusätzlich der Tatsache bewußt ist, daß er in die Traumhandlung steuernd eingreifen kann.*

Auf diese Weise kann der Träumende nicht nur die Inhalte des Traums verändern. Ein Klartraum ist vor allem ein außerordentlich profundes Mittel zur Selbsterkenntnis, aber auch zum Erlernen der unterschiedlichsten Fähigkeiten.

Im Vergleich dazu bezeichnet man einen Traum, in dem der Träumer nur weiß, daß er träumt, ohne daraus die Konsequenz des aktiven Handelns zu ziehen, als *luziden Traum*. Luzide Träume können sich im Laufe der Übungen sehr häufig oder sogar regelmäßig einstellen. Klarträume hingegen sollte man nur gezielt einsetzen, wenn man es wirklich will.

Ein Klartraum unterscheidet sich auch von einem gewöhnlichen Traum in grundlegender Weise. Es handelt sich um einen eigenen Bewußtseinszustand, in dem für das menschliche Bewußtsein praktisch keine Beschränkungen mehr bestehen. Man kann Reisen durch Raum und Zeit unternehmen, die – wie unsere Beispiele zeigen werden – keineswegs nur auf Phantasie beruhen. Auf diese Weise lassen sich durchaus auch im wissenschaftlichen Sinne vollkommen neues Wissen und Informationen erwerben.

Der Klarträumer hat die Macht, während seines Traums praktisch alle Naturgesetze außer Kraft zu setzen. Wenn er will, ist er in der Lage, wie ein Zauberlehrling zu fliegen oder auch auf einem Besen zu reiten, auf Wunsch Gegenstände zu verwandeln oder mit einer Handbewegung ganze Realitäten fortzuwischen und neue zu erschaffen.

Es ist auch möglich, bestimmte Fähigkeiten und Bewegungsabläufe einzuüben, was besonders von Leistungssportlern gern genutzt wird. Die Bewegungsübungen im Klartraum sind frei von Verletzungsgefahren und prägen sich dennoch genauso tief ins Unterbewußtsein ein wie ein reales Training am Tage in unserer „Wach-Welt".

Sehr häufig nutzen Menschen Klarträume auch zur Lösung zwischenmenschlicher Probleme, die im Traum oft auf einer psychologisch viel tieferen Ebene behandelt werden können, als es bei realen Begegnungen mit den betroffenen Personen möglich wäre.

Wofür auch immer man diese Techniken nutzt – was die Klarträume so besonders wertvoll macht, ist die Tatsache, daß sie einem erfahrenen Klarträumer ein Mittel an die Hand geben, um die eigene Zukunft besser und erfolgreicher zu gestalten. Wohlgemerkt – *nicht* die Zukunft zu *erkennen*, sondern sie zu *gestalten*. Es geht hier nicht um die so oft zitierten präkognitiven Träume, sondern darum, alternative Wege zur Lösung eines Problems oder zur Erreichung eines Ziels zu erproben und die Resultate zu vergleichen. Im realen Leben müssen wir uns oft vorab für eine Möglichkeit entscheiden, ohne vorher alle praktisch durchgespielt zu haben. Hier bietet der Klartraum ein unschätzbares Übungsfeld. Die erfolgversprechendste Alternative kann der Klarträumer dann in seinem Unterbewußtsein so verankern, daß er diesen Weg im realen Leben nachzuvollziehen versucht.

Kann man so etwas lernen? Ja.

Ist es einfach? Nein, aber es lohnt sich unbedingt, es zu probieren. Also dann: auf nach Hogwarts!

Zunächst stellt sich die Frage, warum wir das überhaupt lernen müssen. Warum hat der Mensch nicht von sich aus ständig Klarträume, sondern hält seine Träume für die Realität?

Beim Klartraum handelt es sich um einen speziellen Bewußtseinszustand. Um ihn genauer zu charakterisieren, müssen wir zunächst die normalen Bewußtseinszustände des Wachens und Träumens eingehender betrachten.

Wie ist es eigentlich möglich, daß wir zwischen Wach- und Traumzustand unterscheiden können? Wenn Sie jemanden fragen, ob er eigentlich weiß, ob er gerade wach ist oder träumt, dann wird er mit fast hundertprozentiger Sicherheit aussagen, er sei wach – selbst wenn er kurze Zeit später in seinem Bett erwachen sollte. Wir sehen schon – unser Gefühl der Sicherheit, jederzeit unseren momentanen Bewußtseinszustand richtig einordnen zu können, steht in krassem Gegensatz zu unserer realen Fähigkeit, dies auch zu tun.

Bleibt die Frage: Was unterscheidet unser Wacherleben vom Traumerleben? Wie wir alle wissen, können unsere Träume bisweilen so realistisch sein, daß sie sich im Grunde wirklich nicht von realen Erlebnissen unterscheiden.

Der Hauptunterschied besteht darin, daß es sich um zwei verschiedene Bewußtseinszustände handelt. Diese unterscheiden sich nicht nur dadurch, daß wir im Traum eine veränderte, meist bizarre Umwelt erleben und daß unsere Kritikfähigkeit gegenüber dem Wachzustand herabgesetzt ist:

> Im Wachzustand sind wir an ein festes *Zeitempfinden* gebunden, das im Traum nicht verfügbar ist. Im Traum sind wir von den Fesseln der Zeit relativ frei, zumindest aber läuft die Zeit in diesem Bewußtseinszustand anders. Dringt das Tagesbewußtsein hier ein, so kommt es zunächst zu Gefühlen der Desorientiertheit oder gar zu Angst. Man glaubt, sich rasend schnell zu bewegen, oder empfindet möglicherweise eine veränderte Puls- und Atemfrequenz. Die gleichen Phänomene werden zuweilen auch von Träumern beim Eintreten des Klartraumzustandes berichtet.

> Das Wachbewußtsein ist ferner gekennzeichnet durch ein festes Körpergefühl. Wir verfügen in unserem Gehirn über einen zuverlässigen Lageplan, wo sich unsere einzelnen Körperteile zur Zeit befinden, und wir sind in der Lage, auch bei geschlossenen Augen jederzeit, ohne zu überlegen, unsere Nasenspitze, unseren großen Zeh etc. wiederzufinden. Jeder von uns hat wohl schon einmal bei einer ärztlichen Untersuchung diese Fähigkeit unter Beweis stellen müssen.

> Im Traum löst sich dieses innere Körpergefühl natürlich auf, denn sonst wären wir ja nicht in der Lage, uns mit einem virtuellen Traumkörper in der Traumlandschaft frei zu bewegen, während unser physischer Körper im Bett liegt und schläft. Klarträumer berichten auch regelmäßig darüber, daß sich beim Einschlafen ein Gefühl der körperlichen Auflösung einstellt, so als würde tatsächlich ein feinstofflicher Astralkörper den materiellen Körper verlassen. Wenn unser Tagesbewußtsein in das Traumbe-

wußtsein eindringen soll, muß es auch in der Lage sein, mit diesem Phänomen fertigzuwerden.

➤ Schließlich wäre es absolut nicht ratsam, Wach- und Traumbewußtsein fest aneinander zu ankern. Denn das Traumbewußtsein reicht tief in unbewußte Schichten hinein, die für die Steuerung lebenswichtiger Körperfunktionen verantwortlich sind, z. B. für den Herzschlag. In Teilen der Nacht läuft nämlich während des Schlafs ein Programm ab, das all diese unbewußten Steuerzentralen durchcheckt, damit der Körper für den nächsten Tag wieder auf Vordermann gebracht wird. In diesen Steuerzentralen tief in unserem Unbewußten hat das Tagesbewußtsein nun absolut nichts verloren, denn es wäre fatal, müßten all diese Körperfunktionen von nun an unter bewußter Kontrolle ablaufen.

Für einen Klartraum ist es vor allem notwendig, eine *Zeitsynchronisierung* zu erreichen, da das Wachbewußtsein (Ego-Bewußtsein) und das Traumbewußtsein (Unterbewußtsein) wie gesagt in unterschiedlichen Zeiten leben. Es geht hier also im Grunde um das bewußte Wahrnehmen der vierten Dimension. Nach neueren wissenschaftlichen Erkenntnissen entspricht die Zeit ja nicht mehr unserer herkömmlichen Vorstellung einer linearen, unveränderlichen Größe.[24] Eine der wichtigsten Fähigkeiten, die der angehende Klarträumer zu erlernen hat, ist daher die, in seinem Wachbewußtsein mit der größeren Flexibilität von Zeit und Raum während des Traums klarzukommen. Gerade diese höhere Freiheit im Gegensatz zum normalen Wacherleben, durch die der Traumzustand charakterisiert ist, ist für unser normales Wachbewußtsein problematisch. Ein Klarträumer, der die Technik des Klartraums beherrscht, ist also ein Mensch, der die Barriere der Zeit (im herkömmlichen Sinne) überwunden hat.

Ein Beispiel: Roland erreichte eines Nachts den Klartraumzustand und faßte den spontanen Entschluß, seine Tante Käthe aufzusuchen, um ein Problem mit ihr zu klären. Wie oft während unseres normalen Tagesablaufs gehen uns solche Gedanken durch den Kopf, ohne daß wir daraus irgendwelche Konsequenzen ziehen.

Im Klartraum funktioniert das ganz anders. In dem Moment, als der Gedanke in Rolands Kopf Gestalt angenommen hatte, realisierte er sich auch sofort. Das heißt, die Umgebung begann zu verschwimmen, und Roland verspürte rasende Geschwindigkeit, so als ob er in einer Rakete sitzen würde. Eigentlich fand die Bewegung in einem Medium nach Art eines grünen Nebels statt. Natürlich löste das bei ihm Angst aus, und anstatt im Klartraum seine Tante Käthe zu besuchen, wachte er ganz einfach auf.

Ein Mensch, der das Klarträumen erlernt, ist also vergleichbar mit jemandem, der bislang nur Fahrrad gefahren ist und den man nun unverhofft an das Steuer eines Porsche setzt. Er muß lernen, die Macht, die er plötzlich über Raum und Zeit besitzt, vernünftig und maßvoll zu lenken, was zunächst einmal bedeutet, seine eigenen Gedanken unter Kontrolle zu halten.

Den Traumzustand als solchen zu erkennen und anschließend gezielt in die Traumhandlung steuernd einzugreifen – das und nichts anderes verstehen wir unter dem „Harry-Potter-Effekt".

Im normalen Traum, der nur vom Unterbewußtsein erlebt wird, fehlt die Bewußtheit, in den Traum überhaupt steuernd eingreifen zu können. Die Traumhandlung entwickelt sich spontan, gemäß der andersartigen Struktur des Unterbewußtseins, die es mit sich bringt, nicht linear, sondern assoziativ zu denken. So entstehen unsere häufig bizarren Träume, in denen sich unterschiedliche Orte und Zeiten miteinander mischen.

Im Wachbewußtsein hingegen sind unsere Möglichkeiten des Eingreifens in die Struktur von Raum und Zeit beschränkt, zum einen durch Naturgesetze, denen wir uns unterwerfen, zum anderen durch gesellschaftliche, moralische und persönliche Begrenzungen.

Die Kunst des Klarträumens besteht vor allem darin, diese Gefühle der Begrenzung als nicht mehr zwingend anzusehen (und damit eben möglicherweise doch das Geschäft zu verlassen, ohne zu bezahlen – schließlich ist es ja nur ein Traum) sowie angesichts der dadurch entstehenden unbegrenzten Freiheiten nicht den Überblick und die Orientierung zu verlieren.

Es gehört aber auch eine Portion Mut dazu, derartige Abenteuerreisen des Bewußtseins zu unternehmen.

Grażyna entschied sich eines Nachts noch vor dem Schlafengehen dazu, beim Erreichen des Klartraumzustandes den Mars aufzusuchen und dort die Cydonia-Region zu erforschen. Aus diesem Gebiet unseres Nachbarplaneten hatten ja die amerikanischen Raumsonden Fotos von merkwürdigen pyramidenähnlichen Strukturen zur Erde gefunkt, die möglicherweise auf eine früher dort lebende intelligente Zivilisation hinweisen könnten.

Der Ausflug war ein voller Erfolg. Sie wachte morgens mit vielen neuen Informationen zufrieden auf. Inwieweit diese Informationen stimmen, kann natürlich erst eine zukünftige Mission zum Mars klären.

Ihre Bewußtseinsreise hatte jedoch Folgen für den Wachzustand am folgenden Tag. Als wir beim Mittagessen saßen, führten wir ein intensives Gespräch. Es dauerte ein paar Minuten, bis Franz bemerkte, daß Grażyna ihm plötzlich nicht mehr zuhörte. Dann bat sie ihn ganz unvermittelt darum, alles noch einmal zu wiederholen.

Sie erklärte ihm, ihr sei plötzlich eingefallen, daß sie in der „Nacht auf dem Mars" noch etwas vergessen hatte, und sie erreichte prompt wieder den gleichen Bewußtseinszustand wie zuvor im Klartraum. Dadurch gelang es ihr, im

Bewußtsein nochmals zu einer bestimmten Stelle der Mars-oberfläche zu gehen, um etwas nachzusehen. Während der ganzen Zeit hatte sie vollkommen normal weiter gegessen, ohne etwas zu verkleckern. Kein Mensch, der sie beobachtet hätte, wäre auf die Idee gekommen, daß ihr Bewußtseinsfokus in diesem Moment geteilt war. Dies zeigt die immensen multidimensionalen Fähigkeiten des menschlichen Bewußt-seins, die es ihm sogar erlauben, mit seinen verschiedenen Schichten zur gleichen Zeit an ganz unterschiedlichen Orten zu verweilen und dort jeweils koordinierte Handlungen zu vollführen.

Es ist an dieser Stelle wichtig anzumerken, daß sich Klarträume nicht unbedingt nur im Kopf abspielen müssen, sondern daß tatsächlich korrekte Informationen über real existierende und möglicherweise unerreichbar ferne Orte für den Klarträumer zugänglich sein können.

Dies beweist ein Traum, den Franz vor vielen Jahren ein-mal hatte. Als er die Klarheit im Traum erreichte, beschloß er, die äußeren Planeten unseres Sonnensystems zu erkunden. Während seines „near fly-by" am Planeten Neptun erschien ihm dessen Oberfläche eigenartig. Der ganze Planet sah blau-grünlich getönt und wie eine Art Sumpflandschaft aus. Zu jener Zeit hatten auch unbemannte Sonden die äußeren Planeten noch nicht erreicht, und man wußte nur, wie sie bei Teleskopbeobachtungen aussahen. So betrachtete Franz seine Traumerlebnisse damals auch mit einer gesunden Por-tion skeptischer Distanz.

Wenige Jahre später, als die Voyager-Sonde der NASA tatsächlich diese fernen Bereiche unseres Sonnensystems erreichte, erfuhren wir zu unserer Überraschung, daß Neptun tatsächlich ein blau-grünlicher Planet ist und daß sein fester Kern von Eis bedeckt ist, das durchaus eine leicht sumpfige Struktur aufweist.

Später entdeckten wir übrigens, daß derartige Vorstellun-gen über den Planeten Neptun bereits von den alten Sumerern überliefert wurden. Diese Tatsache ist besonders interessant, da dieser Planet den späteren europäischen Hochkulturen der Antike, etwa den alten Griechen, überhaupt nicht bekannt war und er erst im 19. Jahrhundert wiederentdeckt wurde.

Wir wollen jetzt nicht behaupten, in jedem Klartraum finde eine reale Projektion des Bewußtseins an andere Orte oder gar in andere Dimensionen statt. Es könnte sich auch um eine Form der Hyperkommunikation[25] handeln, z. B. mit einem Informationsfeld (morphogenetischen Feld), in dem die Struktur des Planeten Neptun gespeichert ist.

Entscheidend für solche interessanten Erlebnisse ist natürlich, daß man überhaupt erst einmal Klarträume hat. Manchen Menschen wird ab und zu spontan während des Traums bewußt, daß sie träumen. Sehr oft wissen diese Menschen dann gar nichts mit ihrer neu gewonnenen Freiheit anzufangen, zumindest, wenn sie sich nicht zuvor mit der Materie beschäftigt haben. Oft benutzen sie diese Fähigkeiten dann nur, um gezielt aufwachen zu können.

Bei den meisten Menschen jedoch kommen Klarträume nicht von selbst. Wir sagten schon, daß man es erlernen kann, und wie jetzt unmittelbar klar ist, geht es dabei vorrangig um die Frage: *Wie erreiche ich es, während des Träumens zu erkennen, daß ich träume?*

Wenn man es genau nimmt, beginnen die meisten Klarträume als ganz gewöhnliche Träume (zu den Ausnahmen kommen wir später). Irgendwann jedoch kommt ein Moment, wo dem Träumer aus irgendwelchen Gründen bewußt wird, daß er träumt. In diesem Augenblick hat er die Chance, einen Klartraum zu starten.

Wir können es nun dem Zufall überlassen, ob und wann wir einmal während des Träumens den Traumzustand erkennen, und dann vielleicht lebenslang vergeblich auf unseren ersten Klartraum warten, oder wir arbeiten gezielt daran zu lernen, wie man diesen Moment, diesen entscheidenden „Knackpunkt", bewußt herbeiführt.

Das sprichwörtliche „Kneifen" funktioniert nämlich nicht, wie Stephen LaBerge herausgefunden hat: Ein Träumer, der sich im Traum in seinen Traumkörper kneift, kann dabei durchaus einen ganz realistischen Schmerz empfinden. Woran hatte Patricia in unserem einleitenden Beispiel erkannt, daß sie sich in einem Traum befand? Daran, daß die Kreditkarte in ihrer Hand sich plötzlich in eine Landkarte verwandelte und ihr klar wurde, daß so etwas nicht möglich ist. Bei genauerer Analyse ihres Traums sehen wir, daß es bereits zuvor Indizien gegeben hatte, die ihr das Erkennen des Traumzustandes hätten ermöglichen können – die elegante Boutique, die sie an dieser Stelle nie zuvor gesehen hatte, die barocken Polstermöbel an der Kasse in einem sonst sehr modern eingerichteten Laden. Auch das waren im Grunde Widersprüchlichkeiten in der von ihr erlebten Realität, doch sie waren noch nicht „unglaublich" genug, um bei Patricia den Erkenntnisprozeß reifen zu lassen, daß sie sich hier nicht in der normalen Tagesrealität befand. Sie wunderte sich zwar darüber, nahm es aber dann doch hin.

Fazit: Die Chance, einen Traum als solchen zu erkennen, bietet sich uns immer dann, wenn wir auf Ungereimtheiten treffen, auf Dinge, die nicht so sind, wie sie unserer Meinung nach sein sollten.

Die Möglichkeiten, in unseren Träumen derartige Ungereimtheiten zu finden, sind vielfältig. Das liegt an der anderen Art, wie das Unterbewußtsein denkt. Es vollzieht keine logisch-linearen Schlüsse wie unser wacher Verstand, bei dem immer alles nach einer streng zeitlichen Ordnung hübsch nacheinander geschieht, sondern arbeitet assoziativ und emotional.

Wenn wir zum Beispiel während des Tages ein Bild sehen, das in ähnlicher Form auch in der Wohnung der längst verstorbenen Großmutter gehangen hatte, so wird dies sicher in uns spontan Erinnerungen an die Großmutter und damit verbundene Emotionen auslösen. Im Traum dagegen, wo sich jeder Gedanke augenblicklich realisiert, würde dies vermutlich dazu führen, daß die Großmutter in diesem Moment in unserem Traum erscheinen würde.

Solche Ungereimtheiten in unseren Träumen bezeichnen wir als *Traumsymbole*. Es geht uns wie gesagt nicht um Traumdeutung, das heißt, es interessiert uns im Moment nicht, was diese Symbole bedeuten und weshalb sie in unserem Traum erscheinen. Diese Fragen werden wir bald schon viel eleganter beantworten können, als es die klassische Traumdeutung zu tun in der Lage war.

Wichtig ist jetzt nur, daß diese Traumsymbole in unseren Träumen existieren. Diese Tatsache ist für uns die einzige Chance, sicher zwischen Traum- und Wachzustand zu unterscheiden. Wenn wir im Traum erst einmal ein Traumsymbol bewußt erkannt haben, ist dies für das Erreichen eines Klartraums schon die halbe Miete.

Um die ganze Sache etwas systematischer anzugehen, kann man die möglichen Traumsymbole in vier unterschiedliche Kategorien einordnen (s. Tabelle 6).

Wenn Sie unserer Empfehlung folgend regelmäßig ein Traumtagebuch führen und sich an einige Träume erinnern, so werden Sie schnell erkennen, daß auch Ihre Träume voll mit solchen Symbolen sind.

Nehmen Sie sich jetzt ruhig einen Augenblick Zeit und gehen Ihre protokollierten Träume daraufhin noch einmal durch. Wo sind in den Träumen Traumsymbole aufgetreten? Zu welcher Kategorie gehören sie? Gibt es eine Kategorie, die bei Ihnen besonders häufig auftritt?

Welche Sorte von Traumsymbolen vorherrscht, ist bei jedem Menschen anders, wenn auch jeder von uns irgendwann einmal ein Symbol aus jeder Kategorie im Traum gesehen haben dürfte. Dennoch scheint es bestimmte individuelle Vorlieben zu geben. Der eine mag mehr dazu neigen, im

Kategorie	Bedeutung
Kontext	Dinge, Personen oder der Träumer selbst erscheinen am falschen Ort oder zur falschen Zeit. (Beispiele: Die verstorbene Großmutter erscheint in unserer heutigen Umgebung, in einem modernen Laden stehen alte Möbel, man geht mit Königin Elizabeth, Prinz Charles und Prinzessin Diana ins Kino – alles schon vorgekommen!)
Aktion	Der Träumer, andere Personen oder Dinge vollführen unmögliche oder unwahrscheinliche Handlungen. (Beispiele: Man kann fliegen, Gegenstände bewegen sich von selbst, Ihre Geschirrspülmaschine kommt ins Wohnzimmer und sagt Bescheid, daß das Geschirr fertig abgewaschen ist)
Form	Der Träumer, Dinge oder Personen sehen anders aus als sonst oder verwandeln sich. (Beispiel: Die Kreditkarte verwandelt sich in eine Landkarte, man besitzt plötzlich ein anderes Auto als sonst)
Innere Wahrnehmung	Der Träumer hat ungewöhnliche Gefühle, ein unerklärliches Wissen, Ahnungen etc. (Beispiel: Mehrere Menschen haben vorausgeträumt, daß die Titanic sinken würde, und daraufhin ihre Tickets zurückgegeben.)

Tabelle 6: Kategorien der Traumsymbole

Traum „unmögliche Dinge" (Kategorie „Aktion") zu sehen. Die Träume dieser Menschen sind oft außerordentlich bizarr und phantasievoll, es können dabei tiefe Emotionen auftreten (z. B. bei Flugträumen).

Andere Menschen träumen besonders häufig von bereits verstorbenen Angehörigen (Kategorie „Kontext") oder begegnen Prominenten, die sie im normalen Leben nicht persönlich zu Gesicht bekommen würden. Es müssen ja nicht gleich Königin Elizabeth, Ronald Reagan oder Michail Gorbatschow sein.

Wenn Sie eine Anzahl Ihrer eigenen Träume nach diesen Gesichtspunkten durchforsten, werden Sie schnell feststellen, welche Symbolkategorie bei Ihnen besonders häufig auftritt. Das zu wissen ist sehr wertvoll, denn es ist ja erfolgversprechender, sich auf solche Symbole zu konzentrieren, die bei Ihnen relativ häufig auftreten.

Am leichtesten haben Sie es zweifellos, wenn Sie sich wiederholende Träume gleichen Inhalts haben, wie es bei vielen Menschen der Fall ist. Wenn auch Sie so einen typischen Traum haben, der sich mit schöner Regelmäßigkeit alle paar Wochen oder Monate wiederholt, dann brauchen Sie sich nur immer wieder während des Tages oder kurz vor dem Einschlafen innerlich vorzusagen: *„Wenn ich diesen Traum das nächste Mal habe, werde ich mich sofort daran erinnern, daß ich träume."*

Damit haben Sie sich eine sehr wirkungsvolle Autosuggestion erteilt. Genau genommen ist es sogar etwas, das der Fachmann als *posthypnotische Suggestion* bezeichnet. Indem Sie sich an den wiederkehrenden Traum erinnern, entfernen Sie sich ein wenig aus der Tagesrealität und gehen in einen leicht veränderten Bewußtseinszustand, in dem Ihnen möglicherweise die Traumbilder ganz plastisch vor dem inneren Auge wieder entstehen. In diesem Moment erteilen Sie sich die oben aufgeführte Suggestion, und zwar genau wortwörtlich so, wie sie da steht! (Wir haben uns schon bei der Formulierung jedes Wortes etwas gedacht.)

Auf diese Weise verknüpft das Unbewußte die Traumbilder mit der verbalen Suggestion, und zwar um so stärker, je häufiger Sie diese einfache Übung wiederholen. Sobald Sie dann tatsächlich einmal wieder diesen Traum haben, sind die Chancen sehr gut, daß das Unbewußte diese Bilder wieder mit Ihrer Suggestion assoziiert und sie Ihnen ins Gedächtnis zurückruft. Ihr Klartraum kann beginnen.

Für uns andere, die wir nicht solche „Wiederholer" sind, funktioniert die elementare Übung, den Klartraumzustand zu erreichen, im Prinzip nicht viel anders. Es geht darum, Traumsymbole zu erkennen. Die Schwierigkeit im Vergleich zum Wiederholungstraum liegt nur darin, daß wir jetzt nicht wissen, welche Traumsymbole wir erkennen sollen.

Daher müssen wir uns darauf trainieren, diese Traumsymbole zu erkennen, welche auch immer es sind und wo auch immer wir ihnen begegnen mögen. Das ist nicht ganz leicht, denn wie wir alle aus Erfahrung wissen, sind unsere Träume voll mit solchen Symbolen, doch unser Unterbewußtsein geht in der Regel völlig kritiklos darüber hinweg.

Der Frankfurter Psychologe Paul Tholey, selbst spontaner Klarträumer und Begründer der deutschen Klartraumforschung, entwickelte eine sehr einfache Technik, die er das *„Stellen der kritischen Frage"* nannte.

Tholey war erstmals auf dieses interessante Thema gestoßen, als er als junger Student eines Nachts träumte, von einem Tiger verfolgt zu werden. In blanker Panik rannte er davon, bis ihm plötzlich klar wurde, daß es in Deutschland keine Tiger gibt und er daher träumen müsse. Mutig, wie er nun einmal war, blieb er stehen und stellte sich dem Tiger. Es war tatsächlich ein Traum, zum Glück sowohl für ihn selbst als auch für uns alle, denn sonst hätte die Nachwelt nichts von all den interessanten Dingen erfahren können, die Paul Tholey von nun an in seinem Leben erforschen sollte.

Interessant war schon, was er aus diesem Klartraum machte. Anstatt auf den Tiger zu schießen oder ihn mit einem Knüppel zu erschlagen, wie es so manch einer von uns vielleicht tun würde, ging Tholey logisch, um nicht zu sagen psycho-logisch vor: Er hatte den Klartraumzustand erreicht, weil ihm klargeworden war, daß ihn hier in Deutschland unmöglich ein Tiger verfolgen konnte. Also war das, was da vor ihm stand, auch kein Tiger! Konsequenterweise stellte er an die Tigergestalt die Frage: „Wer bist du, und was willst du von mir?"

In dieser Sekunde verwandelte sich der Tiger in Paul Tholeys verstorbenen Vater. Der Klartraum bot eine ausgezeichnete Möglichkeit, damit sich Vater und Sohn aussprechen konnten, was ja im realen Leben nicht mehr möglich war.

Paul Tholey zog aus diesem Traum die Konsequenz, das Klarträumen zunächst für sich selbst systematisch zu erlernen. Seiner Ansicht nach war dazu nur nötig, das Bewußtsein darauf zu trainieren, jede ungewöhnliche Situation im Tageserleben kritisch zu hinterfragen, in der Hoffnung, daß dies eines Tages zur Gewohnheit und dann auch im Traum vom Unterbewußtsein angewendet wird.

Die kritische Frage lautet zunächst ganz banal:

„Wach' ich oder träum' ich?"

Gewöhnen Sie sich also daran, sich diese Frage regelmäßig mehrmals täglich zu stellen, und zwar in unterschiedlichen Situationen – zu Hause, beim Spaziergang oder Einkauf, am Arbeitsplatz usw. All diese Umgebungen können Ihnen schließlich auch im Traum begegnen.

Stellen Sie sich vor allem dann die kritische Frage, wenn Ihnen im Leben etwas Unvorhergesehenes, Ungewöhnliches etc. begegnet.

Mit dem bloßen Stellen der Frage ist es allerdings nicht getan, denn nun müssen Sie sich selbst die Frage beantworten, ob Sie wach sind oder träumen.

Schauen Sie sich also um, ob alles um Sie herum so ist, wie es sein soll. Stehen alle Möbel am richtigen Platz und sehen aus wie immer? Sind alle Personen zur richtigen Zeit am richtigen Ort, oder ist da vielleicht ein verstorbener Verwandter darunter oder der Kaiser von Japan oder Boris Becker? Geschehen um Sie herum Dinge, die eigentlich nicht möglich sein sollten?

Im Grunde sollten Sie in der Lage sein, diese Prüfung unauffällig für andere Anwesende in jeder Situation in wenigen Sekunden durchzuführen. In der Regel wird die Prüfung negativ ausfallen, d. h. Sie werden zu dem Schluß kommen, daß Sie wach sind. Ärgern Sie sich nicht, wenn Sie kurz danach in Ihrem Bett aufwachen. Es ist noch kein Meister vom Himmel gefallen, und wenn Sie bemerken, daß Sie sich tatsächlich einmal im Traum die kritische Frage gestellt haben, dann sind Sie schon fast am Ziel, selbst wenn Sie auf irgendeine Täuschung hereingefallen sind.

Verlassen Sie sich ruhig auf sich selbst. Sie haben sich schon so oft im Leben geirrt...

Seien Sie aber bitte auch vorsichtig, wenn Sie zu dem umgekehrten Schluß kommen sollten, daß Sie nämlich träumen. Viele Träumer sind fasziniert von der Möglichkeit, sich im Klartraum über sämtliche Naturgesetze hinwegzusetzen. Doch sollte man auch dann nicht alle Vorsichtsmaßnahmen außer acht lassen.

Hierzu eine Anekdote, die zwar sehr lustig klingt, aber nichtsdestoweniger wahr ist und vor allem als Warnung dienen soll.

Vor einigen Jahren hatte Paul Tholey eine Einladung erhalten, in einem Seminarzentrum in Süddeutschland ein Seminar abzuhalten. Dann kam der Tag, und die Teilnehmer saßen gespannt im Saal, um die Ankunft des Meisters der Klarträume zu erwarten. Nur – wer nicht kam, war Paul Tholey.

Jeder, der Paul nur ein bißchen kannte, wußte, daß dies für ihn nicht ungewöhnlich war. Er kam eigentlich immer zu spät, nicht etwa aus Leichtsinn, sondern weil sein ganzes äußeres Leben gekennzeichnet war von Hindernissen, kleineren und größeren Katastrophen – ganz im Gegensatz zu seinen fast schamanischen Fähigkeiten, die er im Laufe von Jahrzehnten im Klartraum erworben hatte und die ihm im Kreise seiner Freunde den Spitznamen „Häuptling Weiße Wolke" eingetragen hatten.

Wenn man also einmal länger als gewohnt auf Paul Tholey warten mußte, dann war bestimmt wieder einmal unterwegs sein Auto liegengeblieben, oder er steckte in irgendeinem Stau, und wenn er dann doch ankam, konnte man sicher sein, daß er sein ganzes Geld zu Hause vergessen hatte.

Als er dann aber immer noch nicht erschien, wurde der Veranstalter doch besorgt und rief bei Paul zu Hause an. Er erfuhr, daß das Seminar leider ausfallen mußte, weil Paul mit einer Gehirnerschütterung im Krankenhaus lag.

Was war geschehen? Nun, er hatte sich wieder einmal die kritische Frage gestellt und erkannt, er müsse zweifellos träumen. Daraufhin entschloß er sich zu einem Flugtraum, stieg auf eine etwa zwei Meter hohe Leiter und versuchte davonzuschweben – um kurz danach im Krankenhaus wieder zu sich zu kommen.

Gut, daß er nur von einer Leiter und nicht vom Dach seines Hauses gesprungen war!

Wir empfehlen daher immer, in diesem kritischen Moment, in dem man den Klartraumzustand erreicht zu haben glaubt, diesen Zustand durch weitere unmögliche, aber ungefährliche Aktionen zu untermauern, ehe man sich auf eventuell riskante Unternehmungen einläßt. In unserem einleitenden Beispiel etwa hatte Patricia sich als erstes gewünscht, die Verkäuferin im Laden möge sich in Hillary Clinton verwandeln. Als das funktionierte, konnte sie sich noch sicherer sein, tatsächlich zu träumen. Sie können dabei Ihrer Phantasie freien Lauf lassen. Je bizarrer die Versuche sind, die Sie unternehmen, desto besser. Vom Dach springen können Sie immer noch.

Es gibt heutzutage eine ganze Reihe von Forschern, die sich mit der Technik des Klarträumens beschäftigen, und jeder hat natürlich diese Technik im Laufe der Jahre auf seine Weise verfeinert und erweitert, doch das ursprüngliche Prinzip, die kritische Frage von Paul Tholey, ist als zentraler Bestandteil unverzichtbar geblieben.

Auf der Basis unserer eigenen Forschungen haben wir ein kleines Hilfsmittel entwickelt, das dieses Stellen der kritischen Frage standardisiert und vereinfacht. Anstatt in irgendeiner Lebenssituation die Gegenstände der Umgebung zu überprüfen (bei denen man sich nicht immer sicher sein kann, wie sie „im Normalzustand" aussehen müßten), überprüft man nur immer den gleichen Gegenstand – die *Dreamcard*.

Unsere Dreamcard ist ein kleines Kärtchen nach Art einer Scheckkarte, auf der die kritische Frage von Paul Tholey aufgedruckt ist. Wenn Sie mit Hilfe der Dreamcard Klarträume üben wollen, so prüfen Sie im Verlauf des Tages nicht irgendwelche Elemente Ihrer Umgebung, sondern betrachten zunächst einmal nur Ihre Dreamcard, die absichtlich so klein und handlich gehalten ist, daß Sie sie immer in Ihrer Brieftasche dabeihaben können.

Wie die Erfahrung zeigt, erweist sich in Träumen auch gedruckte Schrift als sehr flexibel und neigt zum Beispiel dazu, sich aufzulösen oder in anderen Text zu verwandeln. Prüfen Sie also, ob auf Ihrer Dreamcard tatsächlich der Satz „Wach' ich oder träum' ich?" steht. Wenn nicht, dann träumen Sie vermutlich.

Wenn der Text aber stimmt, dann drehen Sie die Karte um und prüfen Sie sie weiter von allen Seiten. Ist die Rückseite leer (wie es sein sollte), oder steht dort möglicherweise ein anderer Text oder ein Bild? Wenn nein, dann drehen Sie die Karte nochmals um und prüfen, ob die richtige kritische Frage immer noch da steht. Gerade beim Umdrehen einer bedruckten Karte neigt ein Text im Traum besonders stark zur Auflösung. Denken Sie an Patricias Traum mit der verwandelten Kreditkarte.

Der Vorteil der Dreamcard besteht darin, daß der Anfang der Prüfung immer gleich ist, egal wo Sie sich befinden. Sie prüfen als erstes immer den gleichen Gegenstand. Das ist von großem Vorteil, denn das Unterbewußtsein prägt sich stereotype Wiederholungen am besten ein und kann sie schneller zur Gewohnheit werden lassen.

Denken Sie aber daran, daß Sie auch bei positivem Resultat weitere Prüfungen durchführen sollten, um sich Ihres Bewußtseinszustandes wirklich sicher zu werden.

Einige Beispiele aus unseren Klartraum-Intensiv-Trainingskursen sollen nicht nur beleuchten, welche Fallstricke auch bei dieser Technik auf uns warten, sondern auch, wie viel Spaß die Arbeit mit der Dreamcard machen kann.

Die 65jährige Rentnerin Ursula träumte eines Nachts davon, in der Eisenbahn zu fahren. In ihrem Abteil saß ihr gegenüber auf dem Sitz ein großer Schäferhund. Da ihr dies merkwürdig vorkam, entschloß sie sich, ihre Dreamcard aus der Tasche zu holen, um zu prüfen, ob sie nicht vielleicht träumte. Der Versuch scheiterte, da der Hund nach ihrer Dreamcard schnappte und sie ihr entriß...

Sehr akribisch ging auch die 40jährige Sekretärin Andrea vor. Sie träumte, in ihrem Bett zu erwachen. Ein solches „falsches Erwachen" ist bei Klartraumübungen übrigens sehr häufig, und wir werden darauf noch zu sprechen kommen. Als sie aufstand, bemerkte sie, daß der Blick aus ihrem Fenster nicht der gewohnten Aussicht entsprach. Sie vermutete, dies könnte ein Traum sein. Sofort erinnerte sie sich: „Grażyna und Franz haben gesagt, ich muß jetzt meine Dreamcard prüfen. Verdammt, wo habe ich die jetzt hingelegt?"

Sie können sich vorstellen, wie der Traum weiterging. Andrea stellte die ganze Wohnung auf den Kopf auf der Suche nach ihrer Dreamcard, wodurch natürlich am Ende ihr ganzer Klartraum zum Teufel ging. Wohl jeder von uns hatte schon solche lähmenden Träume, wo man etwas sucht und nicht finden kann.

Diese beiden lustigen Beispiele zeigen uns zwei typische Muster der Klartraumverhinderung. Das eine ist eine irgendwie geartete Autoritätsperson oder -gestalt, die das weitere Eintreten in den Klartraum verhindert. In Ursulas Traum war dies, fast schulmäßig-archetypisch, ein Schäferhund, denn in der Psychologie werden solche autoritären Traumsymbole auch als „Topdog" („Oberhund") bezeichnet, im Gegensatz zum unterwürfigen und jammernden „Underdog", der das entgegengesetzte Symbol darstellt. Beide müssen nicht unbedingt die Gestalt von Hunden oder sonstigen bedrohlichen Tieren haben (wie zum Beispiel der Tiger in Paul Tholeys Traum). Es kann sich auch um Respektspersonen wie Polizisten, Richter, aber auch um den eigenen Vater handeln. In Patricias Traum war die Verkäuferin der Topdog, die ihr sehr autoritär zu verstehen gab, daß sie die Kreditkarte nicht akzeptierte.

Das zweite Verhinderungsmotiv ist das Verfallen in eine Ersatzhandlung, die den Menschen vom Hundertsten ins Tausendste führt, auf jeden Fall jedoch weg vom Bewußtseinsfokus des Klartraums. In Patricias Fall war es der vergebliche Versuch, den Rechnungsbetrag durch Münzen und kleine Geldscheine irgendwie zusammenzukratzen. Ganz ähnlich erging es auch Paul Tholey einmal, als er sich nach Erreichen des Klartraumzustandes von einem autoritären Kellner-Topdog zum Bezahlen der Rechnung nötigen ließ. In diesem Fall konnte ihm der Kellner einen Geldschein nicht wechseln und hielt ihn dadurch von seinen eigentlichen Traumzielen ab. Eine Seminarteilnehmerin, Beate, versuchte im Traum vergeblich, durch Flügelschläge mit den Armen zu fliegen, anstatt sich einfach einen Flugtraum zu wünschen. Andrea schließlich scheiterte an dem vergeblichen Versuch, ihre Dreamcard in ihrer Traum-Wohnung zu finden.

Warum existieren solche Verhinderungsmotive, und wer ist für sie verantwortlich? Auch auf diese Fragen werden wir noch eingehen müssen. Jeder angehende Klarträumer muß diese Fallstricke kennen, damit er sich beim nächsten Traum nicht ins Bockshorn jagen läßt.

Fangen Sie also am besten gleich heute an, Ihre Realität regelmäßig darauf zu überprüfen, ob alles logisch und stimmig ist und so aussieht, wie es sein soll. Und wenn Sie dann feststellen, daß Sie auf dem Bahnhof stehen, Bahnsteig neundreiviertel, und Sie nicht zufällig Harry Potter heißen, dann können Sie einigermaßen sicher sein, daß Sie träumen!

VII
Dream Control
Klarträume – Tricks und Kicks

Mit der Technik der „kritischen Frage" nach Paul Tholey, vereinfacht durch unsere Dreamcard, haben Sie im Prinzip ein vollständiges und funktionsfähiges System zur Hand, um das Klarträumen zu erlernen.

Doch wir leben nicht umsonst im Zeitalter von Wissenschaft und Technik, und so gibt es natürlich eine ganze Reihe weiterer Hilfsmittel, um Ihren Klartraum-Trainingsprozeß zu unterstützen.

Gleich zu Beginn ein guter Rat: Wenn Sie hier tiefer einsteigen und solche zusätzlichen Techniken ausprobieren wollen, so tun Sie das bitte nicht zu Zeiten, in denen Sie beruflichem Streß ausgesetzt sind bzw. wenn besondere Höchstleistungen von Ihnen erwartet werden. Die in diesem Kapitel zitierten Praktiken werden Ihnen nämlich auch einiges abverlangen. Beginnen Sie damit also am besten, wenn Sie ein paar Tage Urlaub haben.

Es gibt im Grunde vier Wege, um das Erlernen des Klarträumens zu beschleunigen:

1. die Methode der Finanzminister
2. die harte Tour
3. die sanfte Tour
4. Ihre eigene Methode

Beginnen wir mit dem ersten Weg, der, wie wir ausdrücklich betonen wollen, nicht auf einen bestimmten Finanzminister bezogen ist. Auch Sie müssen natürlich nicht

Finanzminister sein, um ihn zu praktizieren. Aber es sollte Ihrem Naturell entsprechen, systematisch vorzugehen, gerne Formulare auszufüllen und Statistiken zu erstellen. Sollten Sie zu dieser Gruppe Menschen gehören, ist diese Methode für Sie genau das Richtige.

Wir werden diesen Weg aus zweierlei Gründen hier nur kurz abhandeln. Zum einen deshalb, weil wir persönlich nicht zu der „Gruppe der Finanzminister" gehören und uns deshalb die Methode nicht so zusagt. Das ist keinesfalls eine Wertung und bedeutet nicht, daß sie nicht für jemand anders sehr empfehlenswert sein könnte.

Der zweite Grund ist der, daß wir uns nicht mit fremden Federn schmücken wollen. Die Methode, die wir hier so scherzhaft als den „Weg des Finanzministers" bezeichnen, wurde nämlich unter dem Namen „MILD-Technik" (Mnemonic Induction of Lucid Dreams) von dem bekannten Klartraumforscher *Stephen LaBerge* an seinem Lucidity Institute an der Stanford Universität in Kalifornien entwickelt und in seinen Büchern auch ausführlich dokumentiert, so daß jeder, dem die Methode zusagt, die Gelegenheit hat, sie zu erlernen.[26]

Bei der Methode von LaBerge trainiert man systematisch sein Gedächtnis, wobei man täglich seine Träume, aufgetretene Traumsymbole usw. in bestimmte Tabellen einträgt. Der Vorteil dieser Methode liegt zweifellos darin, daß man ständig einen Überblick besitzt, wie weit man in seiner Arbeit gekommen ist.

Natürlich arbeitet LaBerge auch nicht nur mit seinen Tabellen, sondern empfiehlt noch eine ganze Reihe weiterer Übungen, die durchaus sinnvoll und wirkungsvoll sind. Auf jeden Fall lohnt es sich für den ernsthaft interessierten Klarträumer, seine Publikationen zu lesen.

Gehen wir jedoch an dieser Stelle weiter zum zweiten möglichen Weg. Wenn Sie wirklich ernsthaft und mit aller Macht Klarträume erreichen wollen und Sie das altbekannte Sprichwort „Was uns nicht tötet, kann uns nur hart machen" nicht abschreckt, dann sind Sie hier richtig. Die hier beschriebenen, zumeist technischen Hilfsmittel können Ihnen helfen, in relativ kurzer Zeit Klarträume zu erreichen. Machen Sie sich aber darauf gefaßt, daß es auf diesem Weg Tage und Nächte geben wird, an denen Ihr Durchhaltevermögen auf ernsthafte Proben gestellt wird.

Für die einfachste dieser Methoden brauchen Sie nicht einmal Geld zu investieren. Dafür ist sie aber auch bei weitem die härteste. Sie besteht ganz einfach darin, sich mit Hilfe eines Weckers mehrfach in der Nacht aufzuwecken, und zwar in jeder Nacht!

Auf welche Zeiten Sie den Wecker stellen sollten, hängt von der Uhrzeit ab, zu der Sie schlafengehen. Etwa 90 Minuten nach dem Einschlafen dürften Sie im ersten REM-Traumstadium sein und danach etwa alle 90 Minuten wieder (s. Abb. 5, S. 35). Stellen Sie den Wecker möglichst so, daß er Sie während solcher REM-Phasen weckt.

Wie gesagt, man muß schon einiges an Disziplin und Härte mitbringen, um diese Methode über mehrere Nächte durchzuhalten. Es sieht vielleicht harmloser aus als es ist. In der ersten Nacht werden Sie noch jedes Mal beim Erwachen denken: „Ach ja, das ist mein Klartraumtraining" und dann wieder einschlafen. Aber seien Sie sicher – wenn Sie erst einmal zwei, drei Nächte auf diese Weise hinter sich gebracht haben, dann werden sich in Ihnen Wut und Aggression anstauen, die sich im Zweifelsfall gegen den armen, unschuldigen Wecker richten werden (schließlich waren Sie es ja, die ihn gestellt haben!). Am besten plazieren Sie ihn also nicht gleich griffbereit neben Ihrem Bett, sonst könnte er leicht in Ihrem Spiegelschrank enden.

Was soll diese Methode bringen? Wenn Sie es schaffen, den Tiefpunkt zu überwinden und weiterzumachen, so werden Sie bemerken, daß Sie eines Nachts von dem Wecksignal plötzlich gar nicht mehr aufwachen. Das Unbewußte hat sich an den Impuls gewöhnt und weiß nun, daß er gar nicht dazu dient, Sie zu wecken. Das einzige, was Sie nicht abschalten können, sind Ihre Ohren. Sie sind Tag und Nacht auf Empfang, doch das Unbewußte kann solche äußeren Sinneseindrücke ganz einfach in die momentane Traumhandlung einbauen.

Und das ist der Punkt, wo Sie zuschlagen können. Sie können sich nämlich darauf einrichten, von nun an Träume zu haben, in denen Sie plötzlich einen Wecker klingeln hören, obwohl die Traumhandlung sich vielleicht bei Tage auf einer Einkaufsstraße abspielt. Nach all den Torturen der vorangegangenen Nächte werden Sie sich vermutlich sagen: „Ach, das ist das blöde Ding, das mich in meinem Schlafzimmer immer nervt." Daß Sie es jetzt auf der Straße hören, beweist, daß Sie träumen. Geschafft!

Wir sind ehrlich genug, um an dieser Stelle zuzugeben, daß wir es auf diese Weise nicht geschafft haben. Es war uns doch ein paar Mark wert, uns die Angelegenheit etwas sanfter zu gestalten, und vermutlich werden die meisten von Ihnen genauso denken.

Dieses Geld investiert man in einen ganz normalen Radiowecker mit eingebautem Kassettenrecorder, wie man ihn in jedem Kaufhaus erstehen kann. Er sollte unbedingt so programmierbar sein, daß sich zur eingestellten Weckzeit nicht das Radio, sondern statt dessen der Kassettenrecorder einschaltet.

In diesen Recorder legen Sie dann eine Kassette, die Sie mit Ihrer eigenen Stimme besprechen, und zwar mit folgenden Sätzen:

„Du träumst. Das ist ein Traum. Erkenne, daß du träumst."

Diese Formulierungen sollten ganz monoton und mantraartig wiederholt werden. Am besten besorgen Sie sich dazu im Fachhandel eine Endloskassette (z. B. mit 60 Sekunden Spielzeit), dann brauchen Sie die Sätze nur einmal aufzusprechen. Es kann auch vorteilhaft sein, sich innerhalb dieser Sätze mit seinem Vornamen anzusprechen.

Der Rest geht so wie bei der Weckermethode. Hier braucht man sich allerdings in der Regel nicht mehrere Nächte lang wecken zu lassen, bis es funktioniert. Stellen Sie die Lautstärke so leise ein, wie es nur irgend möglich ist. Die Stimme darf, wenn Sie wach sind und neben Ihrem Radio stehen, gerade noch hörbar sein.

Während des Schlafs, wenn es im Schlafzimmer ruhig ist, wird unser Ohr nämlich um ein Vielfaches empfindlicher als am lauten Tag. Sie kennen das ja daher, daß man jedes Knacken im Gebälk plötzlich wahrnimmt. Jede Lautstärkeeinstellung, die über der beschriebenen Minimallautstärke liegt, würden Sie nachts im Schlaf als unerträglich lautes Gebrüll empfinden. Dadurch bestünde kein Vorteil mehr gegenüber der Weckermethode.

Gelingt es Ihnen aber, den Recorder so leise einzustellen, daß Sie nicht von der Stimme wach werden, so wird Ihnen diesmal während Ihrer nächtlichen Träume nicht ein Wecksignal auffallen, sondern eine Stimme, die genau das zu Ihnen sagt, was in diesem Moment wichtig für Sie ist: *„Du träumst. Das ist ein Traum. Erkenne, daß du träumst."*

Wer würde da nicht hellhörig werden, seine Umgebung prüfen und dann tatsächlich den Klartraumzustand erreichen?

Unser Freund Heiko hat jedenfalls mit dieser Methode die tollsten Abenteuer erlebt. Eines Nachts träumte er, durch eine Einkaufsstraße zu schlendern. Er blieb vor dem Schaufenster eines Fernsehgeschäfts stehen. Mehrere Fernsehgeräte waren eingeschaltet und zeigten einen Nachrichtensprecher.

Seltsamerweise verlas der Sprecher aber keine Nachrichten, sondern wiederholte immer wieder die Sätze: „Du träumst. Erkenne, daß du träumst."

Heiko wunderte sich zwar darüber, ging aber dann weiter. Doch sein Unterbewußtsein ließ nicht locker. In dem Bestreben, ihn weiterschlafen zu lassen und nicht aufzuwecken, unternahm es andere Versuche, um die Geräuschinformation des Kassettenrecorders in den Traum einzubauen. Als nächstes bog er in eine andere Straße ab, wo eine Wahlveranstaltung nach amerikanischem Muster ablief. Mädchen in Cheerleader-Uniformen gingen voran, um die Zuschauer anzufeuern. Dahinter dann Menschen mit großen Wahltransparenten, auf denen aber keine Wahlparolen standen, sondern überall nur die Sätze: „Du träumst. Erkenne, daß du träumst."

Luftballons stiegen auf, auf denen geschrieben war: „Das ist ein Traum", und an den Hauswänden klebten riesige Plakate mit gleichem Inhalt.

Am Ende schaffte Heiko dann tatsächlich endlich seinen ersten Klartraum. Wie wir sehen, mußte sein Unterbewußtsein schon fast mit dem Holzhammer vorgehen, damit er es endlich merkte. Er und wir konnten später über die ganze Geschichte herzhaft lachen. Das Beispiel zeigt sehr schön, wie das Unbewußte dabei helfen kann, Klarträume zu erreichen. Je mehr wir diese Methode kennenlernen, desto mehr können wir aus ihr schöpfen.

Wer es ganz edel mag, der kann auch ein paar hundert Euro investieren und sich eine Schlafbrille vom Lucidity Institute schicken lassen.[27] Äußerlich sieht dieses Teil nicht anders aus als eine gewöhnliche Schlafbrille, wie man sie zur Verdunkelung zum Beispiel bei Flugreisen benutzt. Aber diese besondere Schlafbrille hat ein Innenleben auf dem neuesten Stand der Technik.

Auf Höhe der Augen sind auf der Innenseite je ein Sensor und eine kleine rote Glühbirne angebracht sowie in der Mitte ein kleiner Computerchip, bei dem man mit Hilfe eines Drehknopfs sogar unterschiedliche Programme einstellen kann. Das Hauptprinzip besteht darin, daß die Sensoren ständig die Bewegungen der Augen unter den geschlossenen Augenlidern registrieren. Sobald das typische schnelle

Bewegungsmuster des REM-Schlafs einsetzt, läßt der Computerchip automatisch die Lämpchen blinken. Auf Wunsch kann auch noch ein leises akustisches Signal ertönen. Die technische Raffinesse dieses Gerätes besteht darin, daß Sie sich keine Gedanken darüber machen müssen, zu welchen Zeiten Sie im Traumschlaf sind, da die Sensoren dies selbst feststellen. Außerdem funktioniert das Gerät, sofern Sie das akustische Signal abschalten, vollkommen lautlos, so daß ein eventuell neben Ihnen schlafender Partner nicht gestört wird. Die Brille wird mit Batterien betrieben, ist also völlig kabellos und so weich und anschmiegsam, daß man bequem mit ihr schlafen kann.

In diesem Fall empfängt der Träumer im Schlaf ein rotes Blinklichtsignal, das ihn daran erinnern soll, daß er sich im Traum befindet. Auch hier macht erst Übung den Meister. Wir haben diese Brille selbst ausgiebig getestet, und in der ersten Nacht empfing Franz das Blinklichtsignal als ein fahrendes Feuerwehrauto, das auf dem Weg zu einem Einsatz war. Damals reichte es noch nicht zum Klartraum.

Beim nächsten Mal träumte er, bei Tag in der Wohnung zu sein und irgendeiner Beschäftigung nachzugehen, als das rote Blinklichtsignal begann. Er stellte daraufhin fest, daß er tatsächlich die Brille trug, obwohl es Tag war. Er meinte, dies sei so nicht in Ordnung und war damit eigentlich nur noch einen Schritt von einem Klartraum entfernt. Statt dessen holte er jedoch einen Schraubenzieher, um die Brille zu reparieren. Den Rest des Traums verbrachte er mit dieser Reparaturarbeit, und wenn er nicht irgendwann aufgewacht wäre, würde er heute noch daran sitzen.

Nach ein paar Nächten hatten er und sein Unterbewußtsein sich aber so an diese Blinklichter gewöhnt, daß sie ihm zu einigen Klarträumen verhalfen.

Die Schlafbrille ermöglicht noch eine ganze Reihe weiterer Funktionen und Tricks, die speziell auf das Erreichen des Klartraumzustandes abgestimmt sind und auf die wir hier gar nicht im einzelnen eingehen wollen. Wenn Sie sich dafür interessieren, können Sie beim Lucidity Institute alles Notwendige erfahren. Zusammen mit der – zugegebenermaßen nicht ganz billigen – Brille erhalten Sie außerdem ausführliches schriftliches Material (auf Englisch), inklusive eines kompletten Klartraum-Lehrgangs von Stephen LaBerge (nach der in Punkt 1 beschriebenen MILD-Technik).

Kommen wir nun zu Punkt 3, also der „sanften Tour". Hier sind Sie richtig, wenn Sie es im Leben eher ruhig angehen lassen, wenn Sie bereit sind anzuerkennen, daß bestimmte Entwicklungen im Leben ihre Zeit brauchen, daß man im Grunde nichts mit Gewalt erzwingen kann. Doch ganz gleich, welcher Hilfsmittel Sie sich bedienen – Sie werden bald erkennen, daß Sie Klarträume ohnehin erst dann erreichen werden, wenn Sie auch innerlich dazu bereit sind.

Selbstverständlich schließen die hier vorgestellten Wege einander nicht aus. Auch wenn Sie nachts zum Beispiel mit der Tonbandkassette arbeiten, können Sie ohne weiteres die an dieser Stelle vorgeschlagenen Übungen mitmachen.

Es geht uns jetzt um eher geistige Techniken – das Klarträumen selbst ist ja auch ein geistiger Vorgang. Das Problem ist, wie wir wissen, nur, daß es sich dabei um einen veränderten Bewußtseinszustand handelt, der weder dem normalen Wachsein noch dem normalen Traum ähnelt. Im herkömmlichen REM-Traumschlaf treten die typischen schnellen Augenbewegungen auf, die es im Wachzustand nicht gibt. Die Muskulatur ist vollkommen erschlafft. Das kritische Bewußtsein ist weitgehend heruntergefahren. Anstelle der normalerweise tagsüber dominierenden linken Großhirnhälfte, die uns logisch-lineares Denken erlaubt, ist im Schlaf vor allem die bildhaft-ganzheitlich arbeitende rechte Hemisphäre aktiv.

Im Wachzustand sind unsere Augen zwar auch nicht in

Ruhe, bewegen sich aber weitaus weniger als im REM-Schlaf. In der Regel fixieren wir immer einen Punkt, den wir betrachten, und wandern dann nach einiger Zeit zum nächsten weiter. Unser wacher Verstand mag zwar durchaus nicht immer kritikfähig sein, unterscheidet sich aber dennoch sehr klar von den assoziativ-emotionalen und dabei recht passiven Denkvorgängen des Unterbewußtseins.

Wer jemals einen Klartraum erlebt hat, der weiß, daß das ein Gefühl ist, das weder dem einen noch dem anderen beschriebenen Zustand ähnelt. Man ist weder vollkommen wach, noch schläft man gänzlich. Es ist eher ein seltsamer Zustand des Sowohl-als-Auch, den man selbst erlebt haben muß, um ihn beschreiben zu können.

Der Klartraum enthält sowohl Elemente des Traums als auch des Wachseins. Die Szenerie ist traumartig-flexibel, die Naturgesetze scheinen außer Kraft zu sein. Wie man durch Messungen feststellen konnte, treten hierbei ebenfalls die schnellen Augenbewegungen des REM-Schlafs auf, die Muskulatur ist schlaff. Gleichzeitig jedoch kommt es zu einem außerordentlich klaren und rationalen Bewußtseinszustand, der nicht nur mit dem Wachzustand vergleichbar ist, sondern sogar über diesen hinausgeht.

Im Zustand des Klartraums sind also einige körperliche und geistige Aspekte miteinander verknüpft, die sonst nicht gleichzeitig auftreten. Durch bewußtes Nachvollziehen derartiger Verknüpfungen in Form spezieller Übungen läßt sich der Prozeß des Klartraumtrainings beschleunigen.

Beginnen wir mit den Augen. Wir haben bereits erklärt, wie sich das Verhalten der Augen im Wachzustand vom REM-Schlaf grundlegend unterscheidet.

Es gibt nun zwei Möglichkeiten:

1. Wir üben im Traum die Augenbewegungen des Wachzustandes, indem wir einen Punkt fixieren. Dies ist eine sehr wichtige Technik, mit der man sehr schnell ein kon-

trolliertes Erwachen erreichen kann. Wir werden darauf
später noch zurückkommen.

2. Wir üben im Wachzustand die Augenbewegungen des
Traums, was für Sie im Moment noch einfacher ist. Da-
durch gewöhnen wir unser Unterbewußtsein daran, im
Traumzustand das wache Bewußtsein „dabeizuhaben".
Dieser Technik wollen wir uns nun zuwenden.

Setzen Sie sich bequem hin und entspannen Sie sich.
Bewegen Sie die Augen langsam nach oben links, dann
nach oben rechts, nach unten links, nach unten rechts
usw. Beginnen Sie mit langsamen Bewegungen, denn Sie
werden schnell feststellen, daß die meisten von uns eine
solche Art von Gymnastik überhaupt nicht gewohnt sind.
Die Augenmuskeln werden sehr schnell ermüden oder gar
zu schmerzen beginnen. Beenden Sie dann die Übung und
schließen Sie die Augen für einige Minuten. Erlauben Sie
ihnen, sich zu entspannen.

Bei dieser Übung wird Ihnen vermutlich noch einiges
mehr auffallen, denn es wird nicht ausbleiben, daß auch
einige andere Muskelpartien im Gesicht, speziell auf der
Stirn, sich verspannen. Es kann sogar zu Kopfschmerzen
kommen. Dies ist im Grunde unbedenklich und zeigt nur,
daß dieser Teil der Muskulatur bei den meisten von uns
ungeübt oder sogar verkrampft ist. Überfordern Sie sich nur
nicht und hören Sie beim ersten Anzeichen von Schmerzen
auf, denn wir wollen ja im Gegenteil erreichen, daß sich
diese Muskelgruppen entwickeln und lockern – und daß wir
sie mit der Zeit unter bewußte Kontrolle bekommen.

Wenn Sie in der Lage sind, nach einiger Zeit der Übung
Ihre Augen- und Gesichtsmuskeln locker und frei zu bewegen, dann beschleunigen Sie die Bewegungen allmählich,
bis Sie tatsächlich die Augenbewegungsmuster des Traumschlafs nachahmen.

Wenn Sie auch dies geschafft haben, so haben wir noch

eine weitere Steigerung für Sie parat. Lassen Sie Ihre Augen langsam kreisen. Auch hier werden Anzeichen von Verspannung zu Anfang nicht ausbleiben. Fordern Sie sich nicht zu viel ab, und vergessen Sie bei den Übungen das Atmen nicht!

Auch hier können Sie mit der Zeit die Rotationsgeschwindigkeit erhöhen und die Kreise vergrößern. Vielleicht haben Sie ja inzwischen längst Ihren ersten Klartraum erlebt?

Für diejenigen, die sich mit der Bioenergie und der indischen Chakrenlehre auskennen: Diese Übung hilft, das sechste Chakra, auch *drittes Auge* genannt, zu öffnen. Dieses Energiezentrum steht in enger Beziehung zur *Zirbeldrüse* (s. auch Kapitel III). Sie wird in der indischen Tradition als Tor zur Seele und damit auch zur inneren Bilderwelt gesehen.[28]

Für die nächste Übung nehmen Sie bitte ein weißes Blatt Papier (im Din A4-Format) zur Hand. Keine Sorge, es sieht Sie jetzt keiner, wenn Sie ein leeres Blatt Papier anstarren, und wir petzen nicht. Es wäre vorteilhaft, wenn es bei dieser Übung nicht zu hell im Zimmer wäre. Das Licht sollte indirekt sein, d. h. von hinten kommen.

Schauen Sie einige Minuten lang auf das leere Blatt. Gehen Sie mit der Gewißheit an die Übung, daß auf diesem Blatt absolut nichts zu sehen ist. Das dürfte für Sie nicht schwer sein, denn es ist ja auch nichts da.

Nehmen Sie sich auch nicht vor, irgend etwas sehen zu wollen. Gehen Sie statt dessen nach der Devise vor:

Nichts wollen, nichts wünschen und nichts erwarten – ganz einfach geschehen lassen.

Schauen Sie einfach auf das leere Blatt Papier, und beobachten Sie, was geschieht.

(Machen Sie hierzu bitte eine fünfminütige Lesepause, um die Übung durchzuführen)

Ok – Ihre fünf Minuten sind um. Wenn Sie glauben, daß wir Ihnen jetzt sagen, was bei dieser Übung geschehen sollte, dann haben Sie sich geirrt. Hierfür haben wir mehrere Gründe:

Erstens erlebt jeder Mensch bei dieser Übung individuell etwas anderes.

Zweitens gibt es immer einige Oberschlaumeier, die vor der Übung etwas vorauslesen, um zu schauen, was Sie da sehen sollen, um dann natürlich genau das zu sehen, was wir ihnen suggeriert haben – oder um sich aus Protest dagegen zu sperren und dann erst recht etwas anderes zu sehen.

All dies entspricht nicht dem Zweck der Übung. Was Sie während Ihrer Übung erlebt haben, ist nur für Sie selbst bestimmt. Was Sie erkennen sollen, ist aber für alle gemeinsam, nämlich, was sich im Bewußtsein abspielt, wenn es sich in einer flexiblen Realität befindet, in der keine starren Richtlinien vorgegeben sind.

Im Wachzustand müssen wir uns an allerlei Gesetze und Vorschriften halten, was unsere Kreativität einengt. Im normalen Traum entfallen diese Beschränkungen, doch wir sind zu passiv, um damit etwas anzufangen. Einzig der Klartraum ermöglicht es, mit Hilfe der Kraft unseres Bewußtseins ganze Welten zu erschaffen, und genau diese schöpferischen Kräfte können Sie mit der Übung trainieren.

Eine sehr gute Klartraumübung stellt auch das Betrachten der sogenannten *Tafeln von Chartres* dar – eine uralte Meditationstechnik, die auf die Tradition der französischen Zigeuner im Mittelalter zurückgeht. Diese Tafeln können Sie abends kurz vor dem Schlafengehen fixieren.

Nehmen Sie hierzu die Tafeln (s. Abbildungsteil, Bild 23) zur Hand und betrachten Sie sie aus einem Abstand, der für Sie am bequemsten ist. Durch Schielen mit den Augen lassen sich die beiden Tafelreihen scheinbar verdoppeln. Mit der Zeit wird es Ihnen gelingen, durch geeignete

W

EN

NSIEJ

ETZTNI

CHTGEPRÜ

FTHABENOBS

IEWACHSINDODERTRÄ

UMENDANNHABENWIRSIEREINGELEGT

Augenbewegungen diese beiden verdoppelten, virtuellen Reihen in der Mitte zur Deckung zu bringen. Dadurch entsteht scheinbar eine dritte Reihe, die aus der Bildebene herauszuspringen scheint und zunächst zwischen den Farben Blau und Rot hin und her pendelt. Nach einiger Zeit bildet sich ein violetter Farbton heraus, und das Bild kommt zur Ruhe.

Heute weiß man, daß die Tafeln ein einfaches Biofeedbackgerät darstellen, um den Aktivitätszustand der beiden Gehirnhälften zu überwachen. Ziel der Übung ist die Synchronisation der Gehirnhälften, was zunächst zu einem Entspannungseffekt, bei längerer Übung dann zum Eintritt in neue Erkenntnisräume führt.

Es würde an dieser Stelle zu weit führen, auf diese alte und äußerst machtvolle Meditationstechnik und ihre Wirkungsweise in allen Einzelheiten einzugehen. Eine ausführliche Beschreibung der Übung finden Sie in unserem Buch „Reif für die Zukunft". Die kulturhistorischen Hintergründe erläuterten wir im Buch „Das Erbe von Avalon". Wenn es Ihnen gelingt, direkt nach einer Übung mit den Tafeln von Chartres einzuschlafen, können wir Ihnen sehr bizarre und interessante Träume vorhersagen.

Sehr wichtig ist es aber auch, gründlich zu üben, mit unserer Tagesrealität kritischer als normal umzugehen. Oft nämlich geschehen auch am Tage Dinge, die merkwürdig sind oder die wir zumindest nicht erwartet haben. Sei es, daß in einer Zeitung oder einem Buch ein Text plötzlich auf dem Kopf steht, sei es, daß wir auf der Straße einem Menschen begegnen, der unserem verstorbenen Großvater zum Verwechseln ähnlich sieht – wenn wir schon in unserem Wachzustand in solchen Momenten nicht stutzig werden, warum sollten wir es im Traum tun?

Machen Sie es sich also zur eisernen Gewohnheit, immer – und das heißt wirklich immer, selbst wenn Sie absolut sicher zu sein glauben, daß sie nicht träumen – in solch merkwürdigen Situationen eine kleine Realitätskontrolle durchzuführen. Dazu können Sie natürlich auch Ihre Dreamcard benutzen.

Dieser kritisch-distanzierte Bewußtseinszustand Ihrer Umwelt gegenüber muß Ihnen absolut in Fleisch und Blut übergehen, dann wird Sie auch im Traum keiner mehr so schnell hereinlegen.

Etwas schwieriger gestaltet sich der Versuch, den bewußten Wachzustand an den normalen Traumzustand zu ankern, wie man sagt, da wir den Bewußtseinszustand des Traums am Tage nicht originalgetreu nachahmen können, so wie es etwa bei den Augenbewegungen der Fall war.

Die nun folgende Übung kann Ihnen zumindest helfen, den andersartigen Ablauf der Zeit im Traum und das veränderte Körpergefühl kennenzulernen und diese Gefühle an unseren Wachzustand zu ankern. Hierzu wollen wir versuchen, einen nächtlichen Traum im Wachzustand so weit wie möglich zu simulieren.

Ein Zustand, der dem Traum ähnlich ist und in dem das Bewußtsein dennoch wach ist, ist der hypnotische Trance-Zustand. Wir laden Sie deshalb zu einer Übung in Selbsthypnose ein. Der Trance-Zustand, der hier angestrebt wird, sollte recht tief sein, was vielen von Ihnen vielleicht erst nach einiger Zeit geduldigen Übens gelingen wird. Um diese Übung durchzuführen, müssen Sie sich den Text auf eine Kassette sprechen. Der Text ist jedoch auch von uns auf Kassette oder CD gesprochen erhältlich.

Führen Sie diese Übung bitte nur dann durch, wenn Sie körperlich und psychisch gesund sind. Auf keinen Fall sollten Sie eine Selbsthypnose an sich erproben, wenn Sie herzkrank sind oder an Epilepsie, endogenen Depressionen oder Psychosen leiden.

Jenseits von Raum und Zeit

Selbsthypnoseübung

Legen Sie sich hin – schließen Sie die Augen – und ziehen Sie sich zurück an einen Ort, wo es schön ist – es ist doch so schön – einmal keine Verpflichtungen zu haben – einfach nur dazuliegen und sich auszuruhen. Und jeden Gedanken – der vielleicht noch durch Ihren Kopf geht – können Sie vorbeiziehen lassen – wie eine Sternschnuppe am Himmel – jeder Gedanke trägt zur Vertiefung Ihrer Entspannung bei – und wenn ein Gedanke in Ihnen auftaucht – so fragen Sie sich – Wer denkt diesen Gedanken?

Sie spüren Ihren Kopf auf der Unterlage liegen – und dabei wird der Kopf immer schwerer – und schwerer – Mit jedem Atemzug – wird der Kopf – immer schwerer und schwerer.

Sie fühlen Ihre Arme auf der Unterlage liegen – und dabei werden die Arme immer schwerer – und schwerer – Mit jedem Atemzug – werden die Arme – immer schwerer und schwerer.

Sie spüren Ihre Beine – wie sie auf der Unterlage liegen – und dabei werden die Beine immer schwerer – und schwerer – wie nach einer langen Wanderung durch den Wald – Wir alle wissen ja – wie schwer und müde die Beine werden – wenn man lange unterwegs war – Mit jedem Atemzug – werden die Beine immer schwerer und schwerer.

Sie spüren – wie sich der Bauch – mit jedem Atemzug – hebt – und senkt – und dabei wird Ihr ganzer Körper – immer schwerer – und schwerer – Mit jedem Atemzug liegt Ihr Körper – immer schwerer und schwerer – auf der Unterlage – und Sie wissen ja – Schwere bringt Ruhe!

In diesem angenehmen Zustand – der Ruhe und Schwere – kommt nun strömende Wärme – in Ihren Magen hinein – wie von einer Wärmflasche – die auf Ihrem Magen liegt – Ihr Magen ist gut durchblutet – und strömend warm – Ihr

Magen ist ganz ruhig – und entspannt – Der ganze Körper ist nun zur Ruhe gekommen – ruht in sich selbst.
Und sollten Sie ein Geräusch – aus der Umgebung – hören – so fragen Sie sich – Wer hört dieses Geräusch?
Die Ruhe und Schwere umhüllt Sie – wie ein schützender, weicher Mantel – in dem Sie sich geborgen – und beschützt fühlen können. Sie atmen jetzt tief und regelmäßig – und mit jedem Atemzug – und jedem Wort von mir – nehmen Sie tiefe Ruhe auf – Sie sind ganz ruhig und entspannt.
Sie atmen in Ihre Mitte hinein – in Ihre Quelle der Ruhe – Stellen Sie sich ruhig eine Quelle vor – in die Sie hinein-atmen – eine Quelle der Ruhe.
Und Ihr Herz schlägt ruhig – und gleichmäßig – Herz und Kreislauf – sind stabil.
Alles versinkt um Sie – ganz weit – ganz weit – Raum und Zeit – sind jetzt unwichtig – Sie können sich jetzt entspannen – und Ihr Bewußtsein kann träumen – denn wir wissen ja alle ganz genau – daß jeder Mensch schlafen kann – nur den Moment des Einschlafens – den kann niemand erkennen.
Immer tiefer – und tiefer – lassen Sie sich hineingleiten – in diese Ruhe und Entspannung – so wie ein Vogel – der sich durch die Luft treiben läßt – und in großen Kreisen – langsam – ganz langsam – ins Tal hinabgleitet – mit jedem Atemzug – immer tiefer – und tiefer.
Ich werde jetzt für eine kurze Zeit – nicht zu Ihnen sprechen – aber Sie bleiben mit meiner Stimme verbunden – und wenn ich wieder zu Ihnen sprechen werde – werden Sie nicht er-schrecken – sondern weiter ganz genau hören – was ich zu Ihnen spreche.

< einige Minuten Pause >

Ruhig atmen – nichts kann stören – Sie können meine Stimme wieder hören – und mit jedem Atemzug – und jedem Wort von mir – nehmen Sie immer tiefere Ruhe auf – und Sie spüren ganz deutlich – wie mit jedem Atemzug – jede Zelle Ihres Körpers – frische Lebensenergie tankt – jede Zelle nimmt pulsierende – belebende – Energie auf.

Sie können diese Energie – in Ihrem ganzen Körper – ganz deutlich spüren – so wie ein leichtes Prickeln – vielleicht in den Füßen – oder in den Fingerspitzen – oder an irgendeiner anderen Stelle Ihres Körpers.

Diese prickelnde Energie – versetzt jede Zelle Ihres Körpers – in einen Zustand – pulsierender Vibration – ganz leicht – kaum spürbar – mit jedem Atemzug – verstärkt sich – diese pulsierende Vibration – in jeder Ihrer Zellen.

Ich werde jetzt langsam – von 10 bis 1 zählen – ganz langsam zähle ich – von 10 bis 1 – und von Zahl zu Zahl – können Sie sich tiefer – und tiefer – hineingleiten lassen – in diesen wunderbaren Zustand – tiefer Ruhe – und Entspannung – Sie können sich so tief entspannen – wie Sie wollen – und wenn ich bei 1 angekommen bin – wird Ihr Körper tief schlafen – doch Ihr Geist wird wach sein – und ganz deutlich hören – was ich zu Ihnen spreche.

10 – Ihr Körper liegt schwer und müde – auf der Unterlage – und mit jeder Zahl – sinken Sie tiefer – und tiefer – in einen wohltuenden – Ruhezustand.

9 – Sie atmen ganz tief – und gleichmäßig – und Ihr ganzer Körper – ist wohltuend warm – und schwer – und mit jedem Atemzug – nehmen Sie wohltuende – belebende – Energie auf – und diese Energie – versetzt jede – Ihrer Zellen – in pulsierende Vibration.

8 – Sie sinken immer tiefer – und tiefer – und mit jedem Atemzug – können Sie feststellen – wie diese prickelnde Vibration – Ihrer Zellen – immer gleichmäßiger wird – mit jedem Atemzug – vibrieren alle Ihre Zellen – kaum merklich – in einem immer gleichmäßigeren Rhythmus.

7 – Ihr ganzer Körper – ist wohltuend warm – und schwer – und die Vibration – Ihrer Zellen – wird mit jedem Atemzug – immer gleichmäßiger – und gleichmäßiger – bis der ganze

Körper – leicht zu schaukeln scheint – ganz leicht – kaum spürbar – so als ob Sie – in einem Ruderboot sitzen würden – das auf einem See – ganz leicht – hin und her schaukelt.

6 – Ihr Herz schlägt ganz ruhig – und gleichmäßig – Herz und Kreislauf sind stabil – und von Zahl zu Zahl – sinken Sie immer tiefer – und tiefer – und Sie atmen ruhig – und regelmäßig – ganz ruhig – und gleichmäßig – und Sie spüren ganz deutlich – wie sich Ihr Bauch dabei – hebt – und senkt – ganz langsam – im Rhythmus – in dem Ihr ganzer Körper – kaum spürbar – hin und her schaukelt – hin – und her.

5 – wir sind jetzt schon bei der 5 angekommen – und bei 1 – wird Ihr Körper tief schlafen – nur Ihr Geist wird ganz wach sein – und ganz deutlich hören – was ich zu Ihnen spreche – mit jedem Atemzug – harmonisiert sich die Bewegung – in Ihrem ganzen Körper – der leicht – hin- und her schwingt – im Rhythmus der Atmung – ganz leicht – hin – und her.

4 – Sie spüren Ihren ganzen Körper – wie er müde – und schwer – auf der Unterlage liegt – und wie bei jedem Atemzug – jede Zelle Ihres Körpers – diese wohltuende Lebensenergie aufnimmt – und dadurch in einen Zustand – pulsierender – prickelnder – Vibration gerät – ganz gleichmäßig – ganz leicht – und diese Vibration bewirkt – daß der ganze Körper – ganz leicht – hin und her schwingt.

3 – Sie atmen ganz ruhig – und mit jedem Atemzug – spüren Sie ganz deutlich – wie der Atem – ein – und aus strömt – und wie der ganze Körper – im Rhythmus der Atmung – leicht hin – und her schwingt – so wie ein Ruderboot – das auf einem See – ganz leicht – hin und her schaukelt – spüren Sie – wie dieses Schaukeln – ganz langsam – stärker wird – kaum spürbar – aber immer stärker.

2 – Sie sinken mit jeder Zahl – immer tiefer – und wenn ich bei 1 angekommen bin – wird Ihr Körper tief schlafen – aber Ihr Geist wird wach sein – und ganz deutlich hören – was ich zu Ihnen spreche.

173

1 – wir haben die 1 erreicht – und Ihr Ruhezustand ist tief – und fest – tiefer und fester – als je zuvor.
Und während Ihr Körper tief und fest schläft – so wie in der Nacht – wenn Sie schlafen – und Ihr Bewußtsein träumt – werden Sie vielleicht überrascht sein – wenn Sie feststellen – daß Sie Ihren Körper kaum noch spüren – daß Ihr Bewußtsein immer freier wird – und sich ganz frei bewegen kann – während Ihr Körper ruhig und entspannt da liegt – und tief und fest schläft.
Ich werde jetzt noch einmal – eine kurze Zeit schweigen – aber wenn Sie meine Stimme wieder hören werden – werden Sie wieder – meiner Stimme folgen.

< einige Minuten Pause >

Ihr Körper schläft jetzt – tief und fest – Raum und Zeit – sind jetzt völlig gleichgültig – Ihr Bewußtsein ist frei – und wenn Sie dabei – ein Gefühl der Bewegung – spüren – dann geben Sie sich dieser Bewegung – ganz hin – ohne etwas beeinflussen zu wollen – und Sie werden vielleicht feststellen – daß diese Bewegung – schneller und schneller wird – geben Sie sich dieser immer schnelleren Bewegung – ganz einfach hin – ohne etwas zu wollen – zu wünschen – oder zu erwarten.
Und wenn Sie sich – dieser Bewegung – ganz hingeben – dann werden Sie vielleicht überrascht sein – daß diese Bewegung – ganz plötzlich – zum Stillstand kommt – und Sie in einem wunderbaren – raum- und zeitlosen Zustand – sicher geborgen sind.
Genießen Sie diesen wunderbaren – raum- und zeitlosen Zustand – Sie träumen jetzt.
Sie träumen – und Sie wissen – daß Sie träumen – und daß jeder Ihrer Gedanken – Ihren Traum steuert – jeder Gedanke – den Sie jetzt denken – wird augenblicklich Realität – Sie können sich jetzt – jede beliebige Realität erschaffen – und

sie wird – vor Ihren Augen – sofort Wirklichkeit werden – Sie können jetzt tun – was Sie wollen – alles ist möglich.

Ich werde noch eine kurze Zeit – nicht sprechen – und Sie können Ihren Traum – weiterträumen – und wenn Sie meine Stimme wieder hören – dann werden Sie immer noch träumen – und wissen, daß Sie träumen – und Sie können weiter Ihren Traum steuern – durch die Macht Ihrer Gedanken.

< einige Minuten Pause >

Sie hören meine Stimme wieder – und Sie träumen – und wissen, daß Sie träumen – und Sie können Ihren Traum steuern – durch Ihre Gedanken – Ihr Bewußtsein ist klar – und Sie hören deutlich – was ich zu Ihnen spreche.

Und heute nacht – wenn Sie schlafen – und träumen – dann können Sie diesen Traum – noch einmal träumen – und Sie werden sofort wieder wissen – daß Sie träumen – und Sie können dann Ihren Traum steuern – durch Ihre Gedanken – denn Ihr Bewußtsein ist klar – während Sie träumen.

Immer – wenn Sie schlafen – und träumen – werden Sie sich in Zukunft daran erinnern – daß Sie träumen – und daß Sie Ihren Traum steuern können.

Und wenn Sie dann – morgens – ganz frisch und erholt – wieder aufwachen – dann können Sie sich – an die Träume der Nacht – ganz klar und deutlich erinnern – und immer – wenn Sie träumen – erinnern Sie sich daran – daß Sie träumen – und daß Sie Ihren Traum steuern können.

Und so genießen Sie noch einen Moment – diesen wunderbaren Zustand – der Ruhe und Entspannung – und spüren Sie wieder – Ihren ganzen Körper – wie er müde und schwer – auf der Unterlage liegt – ganz deutlich spüren Sie wieder – Ihren ganzen Körper.

Und dann werde ich jetzt langsam von 1 bis 5 zählen – und bei 5 – aber erst bei 5 – öffnen Sie langsam die Augen – und fühlen sich wohl – und Sie werden sich an alles – was wäh-

rend dieser Übung geschehen ist – ganz deutlich erinnern.
1 – Sie spüren ganz deutlich Ihre Beine – die Beine sind
leicht und frei – jede Müdigkeit verfliegt.
2 – Sie spüren ganz deutlich Ihre Arme und Hände – die Arme
und Hände sind leicht und frei – jede Müdigkeit verfliegt.
3 – Sie spüren ganz deutlich Ihren ganzen Körper – der
Körper ist leicht und frei – jede Müdigkeit verfliegt.
4 – Sie spüren ganz deutlich Ihren Kopf – der Kopf und die
Augen sind leicht und frei – jede Müdigkeit verfliegt – wie
eine kleine Wolke im Wind.
5 – Sie öffnen langsam Ihre Augen und fühlen sich ganz
wohl.

<Ende der Übung>

Selbst wenn Sie mit Hilfe dieser Übung einen tiefen Trance-Zustand erreichen, ist dies natürlich noch kein Klartraum. Der nächtliche Schlafzustand unterscheidet sich in vielerlei Hinsicht erheblich vom Trance-Zustand. Dennoch kann man auf diese Weise lernen, Klarträume in kürzerer Zeit zu erreichen. Zum einen ist es erwiesen, daß man in hypnotischer Trance das Träumen üben und auch nächtliche Träume vorbereiten kann (zum Beispiel, um Alpträume zu überwinden). Zum zweiten sorgt die Beschäftigung mit der ganzen Thematik im Trance-Zustand für einen Gewöhnungseffekt, so daß Sie auch die kritischen Fragen während des Tages weniger und weniger vergessen werden.

Zum Abschluß des Kapitels noch ein paar Worte zum vierten Weg: Damit wollen wir Ihnen sagen, daß es keinen vorgezeichneten „Königsweg" zum Klartraum gibt. Alle Übungen, die wir Ihnen in diesem Buch vorstellen, sind Angebote und keine Vorschriften. Wenn Sie für sich der Meinung sind, daß Sie Klarträume am besten mit Hilfe von Yoga, Reiki, Marathonlauf oder einer speziellen Karottendiät erreichen, dann ist es vollkommen legitim für

Sie, es auf diese Art und Weise zu versuchen. Die von uns vorgestellten Methoden haben sich hundert-, wenn nicht tausendfach bewährt, aber Sie sind ein einzigartiger und unwiederholbarer Mensch und haben ein Recht auf Ihren eigenen Weg zur Bewußtseinsentwicklung.

Es wäre für uns übrigens sehr interessant, wenn Sie Ihre Erfahrungen mit uns teilen würden.[29]

VIII
Die Quantenwelt der Träume
Leben in der Zwischenwelt

Mit den Übungen aus den letzten beiden Kapiteln haben wir Ihnen bereits ein umfangreiches Instrumentarium an die Hand gegeben, aus dem Sie sich ganz individuell nach Ihren persönlichen Vorlieben und Neigungen Ihr eigenes Klartraumtraining zusammenstellen können. Vielleicht haben Sie ja mittlerweile schon Ihren ersten Klartraum erlebt?

Auf jeden Fall ist es jetzt höchste Zeit, eine wichtige Frage zu klären: *Gibt es überhaupt Klarträume?*

Obwohl über Fälle von Bewußtheit im Traum bereits seit den Zeiten des *Aristoteles* berichtet wird, ist diese Frage nämlich in der Wissenschaft bis heute heftig umstritten.

Die klassische Traumforschung hatte sich in den vergangenen Jahrzehnten dem Thema von zwei Seiten genähert. Zum einen gab es da die Psychologen, die – aufbauend im wesentlichen auf *Sigmund Freud* und *Carl Gustav Jung* – in erster Linie an der Interpretation von Trauminhalten interessiert waren. Auf der anderen Seite versuchten Neurophysiologen, der Entstehung der Träume im Gehirn auf die Spur zu kommen. In beiden Denkmodellen war im Grunde für so außergewöhnliche Erfahrungen wie Klarträume kein Platz.

Aufgrund der Masse der gesammelten Daten, die sich natürlich zur Hauptsache aus Berichten von Träumen zusammensetzte, die keine Klarträume waren, kam es zur Aufstellung eines sehr zählebigen, obwohl niemals bewiesenen Dogmas: Im Traumzustand, so glaubte man (und viele tun es bis heute), hat der Mensch kein reflektierendes (also klares) Bewußtsein.

Die Wissenschaft nahm durchaus zur Kenntnis, daß es Menschen gibt, die von derartigen Klarträumen berichten, doch man hielt dies zunächst nur für Erinnerungstäuschungen.

Das Problem ist klar: Damit ein Mensch einem Wissenschaftler einen Klartraum schildern kann, mußte er natürlich zuerst einmal aufgewacht sein, und da meinte man, das Gefühl, während des Traums klar gewesen zu sein, sei vermutlich erst beim Aufwachen entstanden, als er sich an den Traum erinnerte.

Jeder, der selbst schon einmal einen Klartraum erlebt hat, weiß, daß diese Interpretation falsch ist. Allerdings ist dies ein Erlebnis, das nicht jeder Mensch im Leben hatte – und damit auch nicht jeder Wissenschaftler, und so ist es schwierig, einem anderen, der diese Erfahrungen nicht kennt, das unverwechselbare Gefühl zu schildern, das man *während* eines Klartraums hat – *nicht hinterher!*

Es geht hier nicht darum, Schilderungen von Menschen in Zweifel zu ziehen, sondern darum, einen objektiven und überprüfbaren Nachweis zu führen.

Noch schwieriger ist es, eine andere Hypothese zu widerlegen, die auf Arbeiten von *Hartmann*[30] sowie *Schwartz* und *Lefebvre*[31] zurückgeht: Man stellte nämlich fest, daß es in der Traumphase des REM-Schlafs sehr häufig kurze Momente des Aufwachens gibt, sogenannte „Mikro-Aufwachphasen". Für diese Forscher lag damit der Schluß nahe, das Gefühl, im Traum „klar" gewesen zu sein, basiere auf der Tatsache, daß der Mensch in diesem Moment im Grunde kurz wach war, ohne es zu merken, und dennoch weiterhin die Traumszenerie wahrnahm.

Es muß klar sein, daß es sich bei all diesen Argumenten nur um Hypothesen, keinesfalls um wissenschaftliche Beweise handelt. Keiner der genannten Forscher hat je Klarträume systematisch untersucht. Dennoch kamen die Befürworter der Klarträume wie Paul Tholey und Stephen LaBerge nun plötzlich in Beweisnot. Wenn sich erst einmal eine Meinung als wissenschaftlicher Mainstream durchgesetzt hat, ist es unerheblich, ob diese Meinung wirklich auf Beweisen beruht. Es ist dann Sache des Abweichlers, die Fachwelt vom Gegenteil zu überzeugen.

Stephen LaBerge hat sich dieser schwierigen Aufgabe in den vergangenen Jahren angenommen, und wir möchten hier über seine hochinteressanten Forschungen ausführlicher berichten.

Um überzeugende Beweise für die Existenz der Klarträume zu erbringen, reichte es keinesfalls aus, nur Berichte von Träumern zu sammeln – das war LaBerge bewußt. Die Argumente seiner Gegner lagen auf dem Tisch, und es war seine Sache, sie zu entkräften. Dazu mußte er sich natürlich ebenso grundlegenden wie schwierigen Fragen stellen, zum Beispiel: *Woran läßt sich eigentlich objektiv erkennen, ob ein Mensch schläft?*

Diese Frage mag Ihnen überraschend erscheinen, zumal wir uns ja in diesem Buch schon geraume Zeit mit den Themen Schlaf und Traum beschäftigt haben. Aber versuchen Sie doch einmal, diese Frage zu beantworten, auch auf der Basis dessen, was Sie bislang in diesem Buch erfahren haben.

Natürlich gibt es physiologische Anzeichen für den Schlafzustand, die sich im EEG, in den Augenbewegungen etc. zeigen. Doch woher wissen wir, ob ein Mensch, bei dem wir diese Anzeichen messen, wirklich zwangsläufig schläft, wenn wir nicht einmal genau wissen, was Schlaf eigentlich ist?

Wie können wir da entscheiden, ob ein Klarträumer während des Klartraums schläft oder nicht doch kurzzeitig wach ist?

Ein mögliches Kriterium für Schlaf könnte das Nichtvorhandensein äußerer Sinneswahrnehmungen sein. Wie Stephen LaBerge feststellen konnte, waren sich seine Klarträumer während ihrer Träume durchaus der Tatsache bewußt, daß sie sich in Wahrheit im Schlaflabor befanden, doch das war ein Wissen, das sich auf Erinnerung gründete, nicht auf äußere Wahrnehmungen.

Andererseits nehmen Menschen aber zuweilen auch im Wachzustand ihre Umwelt nicht mehr wahr, wenn sie zum Beispiel einem Tagtraum nachhängen oder einen spannenden Film im Fernsehen verfolgen.

Wir sehen schon, diese Frage ist im Grunde unbeantwortbar. Als einen Kompromiß zog LaBerge die Methode heran, die auch von *Hobson,* dem Begründer des Aktivierungs-Synthesis-Modells (s. auch S. 63 ff.) vertreten wird: Er sieht eine Aussage über einen Schlafzustand oder Traum als objektiv nachweisbar an, *wenn die subjektiven Aussagen des Schläfers bzw. Träumers mit den gemessenen physiologischen Werten in Einklang stehen.* Berichtet ein Mensch also, er glaube, in diesem oder jenem Moment geschlafen und geträumt zu haben, und sagen die EEG-Aufzeichnungen und sonstigen Messungen nichts Gegenteiliges aus, so geht man davon aus, daß er sich in diesem Moment wirklich im Schlaf befunden hatte.

Das nächste Problem bestand darin herauszufinden, ob ein Mensch einen Klartraum hatte, und zwar *noch während er schlief,* denn ein nachträglicher Bericht reicht ja als Beweis nicht aus, wie wir gesehen haben. Da man aber Klarträume (noch) nicht ohne weiteres mit dem EEG oder einem anderen Meßgerät nachweisen kann, mußte Stephen LaBerge einen Weg finden, mit dem Träumer während des Schlafs in Kontakt zu treten, mit dem einzigen Menschen also, der in diesem Moment sagen konnte: „Ich habe jetzt einen Klartraum" (oder auch nicht).

Ist Kommunikation mit Schlafenden wirklich möglich? In diesen Fragenkomplex wollen wir zunächst mit einer humorvollen Anekdote einsteigen.

Vor einigen Jahren hatte uns unser Freund *Rainer Holbe*

eingeladen, zusammen mit ihm und *Paul Tholey* ein Ferienseminar in der Bretagne abzuhalten.[32] Eine Woche lang fuhren wir gemeinsam mit den Teilnehmern in zwei Booten über die Flüsse und Kanäle Nordfrankreichs – eine Mischung aus Urlaub und Gesprächen über Gott und die Welt. Eines Tages saßen wir alle gemeinsam im Kreis auf einer Wiese am Rande eines bizarren Felsen. An diesem Tag war Rainer an der Reihe, er sprach über Zukunftsperspektiven der Menschheit und las dabei einige Passagen aus einem seiner Bücher vor.

Die Nacht davor war lang gewesen, da wir noch sehr spät bei einem guten Glas Wein zusammengesessen hatten, und so streckte sich Paul gemütlich im Gras aus und begann schon nach wenigen Minuten laut zu schnarchen. Die Teilnehmer und wir schauten erst auf ihn und dann auf Rainer, gespannt, wie er auf die Sache reagieren würde.

Rainer lugte argwöhnisch über den Rand seiner Lesebrille zu dem schnarchenden Paul hinüber, holte dann mit dem Arm aus und schlug mit voller Kraft mit der Faust gegen sein angewinkeltes Knie.

Wer geglaubt hatte, daß Paul jetzt aus dem Schlaf hochschrecken würde, sah sich getäuscht. Er blinzelte nur durch die jetzt halb geschlossenen Augen.

„Was fällt dir ein, Paul, während meines Vortrags zu schlafen?" sagte Rainer, nicht ohne ein scherzhaftes Augenzwinkern.

„Aber Rainer", antwortete Paul mit ruhiger Stimme, „ich habe doch alles mitgekriegt, in meinem Unterbewußtsein."

Natürlich war das ganze ein Scherz, aber im Grunde hatte er recht. Die Ohren des Menschen sind auch im Schlaf aktiv, sonst würde ja auch die Methode mit dem Wecker oder der Traumkassette nicht funktionieren. Paul Tholey war ein erfahrener Klarträumer, und so kann man ohne weiteres davon ausgehen, daß er tatsächlich im Schlaf alles bewußt wahrgenommen hatte.

Mit einem Schlafenden Kontakt aufzunehmen ist also durchaus denkbar. Aber ist diese Kommunikation nicht eine Einbahnstraße?' Oder kann ein schlafender Mensch dann auch antworten?

Stephen LaBerge fand heraus: auch das ist möglich. Natürlich nicht so, daß die Testperson dann im Schlaf zu sprechen beginnt. Außerdem geht dies nur, wenn der Mensch sich in einem Klartraum befindet.

Man vermutet schon seit langem, daß die schnellen Augenbewegungen während des REM-Schlafs mit den visuellen Eindrücken korrespondieren, die der Träumer zu erleben glaubt. Also verabredete Stephen LaBerge mit seinen Testträumern im Schlaflabor, sie sollten im Traum mit ihren „Traumaugen" eine ganz charakteristische Bewegung ausführen (zwei Mal hintereinander von links nach rechts), sobald sie erkennen, daß sie träumen. Wenn es ihnen gelingen würde, sich während des Traums daran zu erinnern, dann müßte dies eigentlich für die beobachtenden Wissenschaftler mit einem Gerät zum Registrieren der Augenbewegungen, einem sogenannten Elektro-Okulographen, meßbar sein.

Gleichzeitig wurden die Personen noch an ein EEG zur Messung der Gehirnwellen und an ein Elektro-Myogramm (EMG) zur Messung der Muskelspannung angeschlossen.

Dadurch konnte man, zumindest auf dem Stand heutiger wissenschaftlicher Erkenntnis, überprüfen, ob die Personen zu der fraglichen Zeit wirklich schliefen.

Das Protokoll einer solchen Traumsitzung zeigt Abb. 13. In dem Moment, da der Träumer im Traum die Klarheit erreichte, vollführte er das verabredete Augensignal, das im Meßprotokoll einwandfrei ablesbar war (in der zweiten Zeile als „Lucid" bezeichnet). Kurze Zeit später glaubte der Proband zu erwachen und machte daher ein anderes vorher verabredetes Zeichen mit den Augen (vier Bewegungen hin und her). Dies war aber ein sogenanntes *falsches Erwachen*, d. h. der Träumer glaubte nur aufzuwachen, obwohl

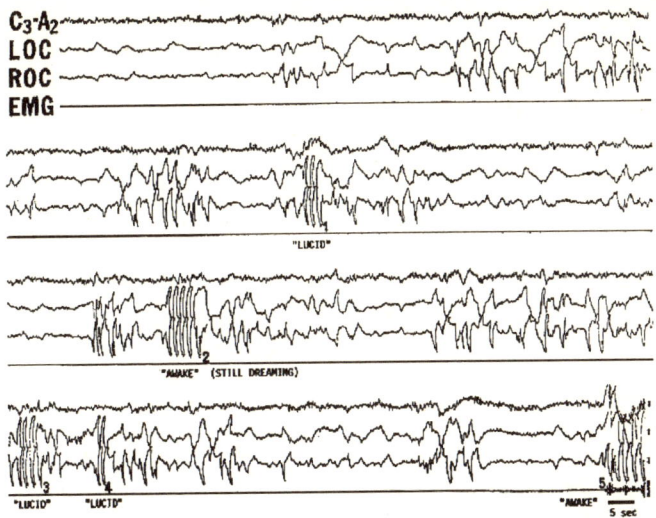

Abb. 13: Polygraphie eines Klartraums aus Stephen LaBerges Schlaflabor. Es wurden aufgezeichnet: das EEG (C_3-A_2), das EOG des linken und rechten Auges (LOC und ROC) sowie das EMG der Gesichtsmuskulatur.

er weiterhin träumte (im Protokoll in Zeile 3 als „Awake, still dreaming" markiert). Das weiterhin flache Elektro-Myogramm (totale Muskelentspannung) sowie das EEG bewiesen den Forschern, daß er weiterhin schlief. Zu diesem Zeitpunkt hatte der Träumer, wie er später berichtete, die Klarheit des Bewußtseins schon wieder verloren. Während des gleichen REM-Traumzyklus erreichte er jedoch etwas später erneut das Stadium des Klartraums und signalisierte es wiederum mit den Augen (zu sehen in Zeile 4, links). Am Schluß erwachte er tatsächlich, denn gleichzeitig zu seinem verabredeten Augenzeichen (Zeile 4, rechts) sind auch entsprechende Veränderungen im EEG und ein erhöhter Muskeltonus im EMG zu erkennen.

185

Die Kommunikation mit den Träumern funktionierte also hervorragend. Doch waren sie in diesen Momenten wirklich bei klarem Bewußtsein? Oder kam das Augensignal vom Unbewußten automatisch aufgrund der vorherigen Verabredung?

Diese Frage läßt sich natürlich nicht mit Hilfe der Meßkurven beantworten. Hier konnte nur das spätere Interview mit den Probanden Klarheit erbringen, die stets versicherten, zu den bewußten Momenten tatsächlich im Traum klar gewesen zu sein.

Durch eine Vielzahl ganz ähnlicher Tests konnte Stephen LaBerge also den Beweis erbringen, daß Klarträume tatsächlich existieren.[33]

Doch LaBerge gab sich mit diesen Ergebnissen noch nicht zufrieden. Mit seiner Methode der Kommunikation mit Klarträumern während des Traums hatte er ein unschätzbar wertvolles Verfahren entwickelt, um auch anderen Geheimnissen des Traums auf die Spur zu kommen. Zum ersten Mal gab es eine echte Synthese aus subjektiven Berichten und objektiven Messungen.

So wandte er sich zum Beispiel einer anderen uralten Frage zu: *Wie lange dauern unsere Träume eigentlich?*

Auch hier ging es ihm natürlich nicht um den subjektiven Eindruck eines Träumers, der sich nach dem Erwachen an einen Traum zu erinnern glaubt, sondern um objektive Messungen.

Viele von uns können aus eigener Erfahrung bestätigen, daß man selbst bei einem kurzen Nickerchen sehr umfangreiche und inhaltsreiche Träume erfahren kann. Besondere Berühmtheit erlangte allerdings ein Traum, den der französische Traumforscher *Alfred Maury*, der im 19. Jahrhundert lebte, im Jahre 1861 selbst einmal hatte.

Dieser Traum führte ihn in das Paris des Jahres 1793, als die Französische Revolution in vollem Gange war. Er wurde Augenzeuge mehrerer Morde und wurde schließlich am Ende selbst vor das Revolutionstribunal gestellt und zum Tode auf der Guillotine verurteilt. Auf einen Karren geschleift, fuhr man ihn mit anderen Delinquenten quer durch Paris, wobei die bedauernswerten Todeskandidaten noch von der johlenden Menge begafft wurden. In allen Einzelheiten sah er sich die Stufen zum Schafott hinaufsteigen, wo man ihm die Hände fesselte. Er mußte seinen Kopf auf den schrecklichen Holzblock legen und spürte dann, wie das Fallbeil schon seinen Nacken berührte...

In heller Panik schreckte Maury aus dem Schlaf hoch und machte eine erstaunliche Entdeckung: Der Baldachin seines Bettes hatte sich nämlich aus der Verankerung gelöst und war direkt in seinen Nacken gefallen!

War das nur ein unglaublicher Zufall, daß sich das Brett gerade in dem Moment löste und herabfiel, als Maury träumte, auf der Guillotine hingerichtet zu werden? Oder hatte sein Unterbewußtsein in dem Moment, da Maurys Nacken von dem Baldachin getroffen wurde, in Windeseile den ganzen immerhin doch recht umfangreichen Traum „zusammengestrickt", um die Empfindung des Brettes im Nacken logisch in eine Traumhandlung einzubinden?

Obwohl es sich hierbei um einen, wenn auch spektakulären, Einzelfall handelt, geistert seitdem die Vorstellung durch die Welt der Schlaf- und Traumforscher, unsere Träume würden sich nur in Sekundenbruchteilen vor dem Erwachen abspielen. Immer wieder die gleiche Schwierigkeit: Wenn man nur gewöhnliche Träume untersucht, die der Träumer hinterher erzählt, hat ein Wissenschaftler keine Chance zu beweisen, ob es sich so oder nicht doch anders verhielt.

Stephen LaBerge konnte dies hingegen mit seinen Klarträumern untersuchen. Er beauftragte sie, beim Erreichen des Klartraumzustandes zunächst das übliche Augensignal zu geben, dann einen Zeitraum von zehn Sekunden (im Traum) abzuschätzen, indem sie zum Beispiel langsam bis

187

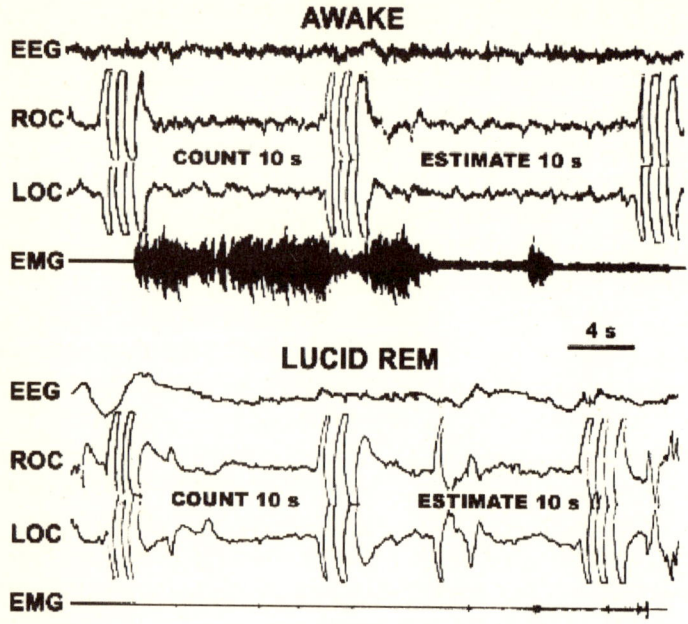

Abb. 14: Vergleich einer 10-Sekunden-Zeitabschätzung bei einer wachen (oben) und einer klarträumenden Testperson (unten)

zehn zählten, und dann ein erneutes Augensignal folgen zu lassen.

Zahlreichen seiner Probanden gelang der Versuch, und fast immer ergab es sich, daß die Zeitdifferenz zwischen den beiden Augensignalen ziemlich genau den gewünschten zehn Sekunden entsprach. Zumindest hätte ein wacher Proband diese Zeit auch nicht besser abschätzen können.

In Abb. 14 kann man die Meßkurven für eine wache Person und eine Person im Klartraum miteinander vergleichen. Die 10-Sekunden-Schätzungen sind fast identisch. Die einzigen Unterschiede der beiden Meßkurven sind der höhere Muskeltonus beim wachen Menschen (EMG) und das typische unruhige Beta-Wellenbild im EEG.

Ist dann Alfred Maurys Traum ein einmaliger, sozusagen exotischer, Sonderfall? Das ist nicht eindeutig klar. Auch Stephen LaBerge kann anhand dieser Befunde nicht ausschließen, daß es unter besonderen Umständen auch zu Zeitanomalien im Traum kommen könnte. Unserer Meinung nach kann man sogar noch mehr sagen: LaBerges Zeitmessungen beziehen sich nur auf den Spezialfall des Klartraums, also auf einen speziellen Bewußtseinszustand, in dem das wache Bewußtsein im Traum präsent ist. Gerade für unseren Wachzustand ist jedoch ein lineares Zeitempfinden typisch, während das Unbewußte eher in einem raum-zeitfreien Kontinuum lebt. Möglicherweise ist eine Zeitsynchronisation, also eine Angleichung der Traumzeit an die Wachzeit, sogar eine Vorbedingung dafür, daß wir so etwas wie Klarträume überhaupt haben (und vor allem auch *ertragen*) können. Unser Wachbewußtsein hätte mit Sicherheit Probleme, müßte es sich mit Zeitanomalien auseinandersetzen. Was dagegen in gewöhnlichen Träumen geschieht, in denen das Wachbewußtsein gedämpft ist, bleibt völlig offen.

Die nächste interessante Frage war: *Kann ein Mensch eigentlich im Traum denken?* Die spontane Bejahung dieser Frage, die uns vielleicht selbstverständlich erscheint, wird von den meisten Wissenschaftlern eher angezweifelt.

Natürlich können wir in unseren Träumen sehr realistische Welten erleben, in denen wir uns so bewegen, daß wir während des Traums meist gar nicht merken, daß wir träumen. Manchmal scheinen wir aber durchaus auch über etwas nachzudenken, das im Traum geschieht, oder wir wundern uns über etwas oder planen eine bestimmte Handlung. Doch – und das ist hier die Frage: Heißt das, daß wir an dieser Stelle wirklich im Traum diese Gedanken denken, oder läuft da nur ein Film ab, den wir passiv erleben?

Viele Forscher tendieren zur zweiten Deutung, was angesichts der heute gängigen Vorstellungen über die Entstehung der Träume nicht einmal verwunderlich ist. Wenn der Ursprung der Träume zum Beispiel in ungeordneten Signalen aus dem Stammhirn zu suchen sein sollte (vgl. Kapitel III), wieso sollten darin dann kluge Gedanken zu finden sein, die ja angeblich in unserer Großhirnrinde entstehen? Auch hier finden sich in der heutigen Wissenschaft oft mehr Spekulationen als Beweise.

Stephen LaBerge hat solche Beweise. Er beauftragte seine Klarträumer, nach Erreichen des Klartraumzustandes einmal im Traum bis zehn zu zählen, ein anderes Mal ein Lied zu singen. Würden diese Handlungen nicht nur passiv als Film ablaufen, sondern tatsächlich vom Träumer in diesem Moment aktiv vollzogen werden, so müßte dies daran erkennbar sein, daß die entsprechenden Hirnregionen aktiviert würden.

Tatsächlich ergab sich auch hier ein positiver Befund. Während des Zählens im Traum ergab sich eine Aktivierung der linken Großhirnhälfte, die ja im allgemeinen für mathematische Fähigkeiten verantwortlich gemacht wird, während beim Singen die eher musische rechte Gehirnhälfte aktiv wurde.

So unbequem es auch für manchen orthodoxen Wissenschaftler sein mag – es sieht alles danach aus, daß wir im Traum zwar eine vollkommen virtuelle Welt betreten, daß wir aber dann in dieser Welt aktiv denken und handeln können.

So bestechend und überzeugend die Methode der Kommunikation mit den übertragenen Augensignalen auch sein mag – sehr reichhaltig ist sie sicherlich nicht. Der Träumer kann damit nicht viel mehr signalisieren, als daß er sich des Traumzustandes bewußt geworden ist. Ist es aber nicht vielleicht möglich, die Kommunikation mit einem Klarträumer zu erweitern, so daß er konkretere Informationen live und online aus seinem Traum zu uns nach draußen übermitteln könnte?

Dieser Möglichkeit steht eine Schwierigkeit im Wege, nämlich der Umstand, daß Klarträume, wie Stephen LaBerge herausfand, fast ausschließlich im REM-Schlaf auftreten, in jenem Schlafzustand also, in dem fast die gesamte Muskulatur unseres Körpers gelähmt ist (s. auch S. 37). Nur die Augen sind beweglich und natürlich unsere Atemmuskulatur, denn das Atmen muß ja auch im Schlaf weitergehen.

LaBerge bat seine Probanden um den Versuch, im Klartraum Informationen nach draußen zu übermitteln, indem sie mit ihrer Traumhand eine Faust ballen sollten. Obwohl dies natürlich nicht dazu führte, daß die schlafende Person mit ihrer realen Hand ebenfalls eine Faust ballte, war dennoch im Elektro-Myogramm in solchen Momenten eine leichte Erhöhung des Muskeltonus erkennbar. Natürlich nicht stark genug für eine reale Bewegung, aber doch deutlich stärker als zum Beispiel bei einem wachen Menschen, der sich diese Bewegung nur innerlich vorstellt.

Auf diese Weise konnten LaBerges Testpersonen tatsächlich auch komplexere Botschaften aus dem Traum übermitteln, indem sie etwa das Morsealphabet benutzten: Linke Faust einmal ballen bedeutete einen Punkt, rechte Faust einmal ballen dagegen einen Strich.

Auf diese Weise übermittelte eine Testperson an die Forscher im Schlaflabor aus ihrem Klartraum heraus die Initialen ihres Namens: „S-L".

Dieses Ergebnis ist in mehrerer Hinsicht bemerkenswert:

➢ Es zeigt, daß ein Mensch aus dem Traum prinzipiell auch inhaltsreiche Informationen an die reale Welt „draußen" übermitteln kann.

➢ Viele Menschen glauben, das Bewußtsein verlasse im Traum den Körper. Wie diese Ergebnisse jedoch zeigen, bleibt zumindest eine Bindung an den materiellen Körper bestehen.

➤ Obwohl die Bewegung nur von einem virtuellen Traumkörper vollzogen wird und der reale Körper bewegungs-
los schlafend im Bett liegt, drücken sich diese virtuellen
Bewegungen in Aktivitäten des Zentralnervensystems
aus, die denen der realen Bewegung ähneln. Daher ist es
tatsächlich möglich, Bewegungsabläufe (z. B. im Sport)
während eines Klartraums einzuüben, ein Gebiet, dem
Paul Tholey einen wesentlichen Teil seiner Forschungsarbeit gewidmet hatte. Mehr dazu später.

Der Unterschied in der Intensität der Aktivierung des Ner-
vensystems zeigt auch, daß Träume weder Realität noch
Phantasie sind, sondern im Bereich dazwischen angesiedelt
werden müssen.

Dies sagt natürlich nichts aus über den Realitätsgehalt der
Informationen, die ein Mensch aus einem Traum gewinnen
kann. Die Möglichkeit, reale und stimmige Informationen
in virtuellen Realitäten zu erhalten, ist im Grunde gar nicht
so ungewöhnlich. Im Prinzip sind alle Entdeckungen und
sonstigen Leistungen menschlicher Wissenschaft, Technik
und Kultur zuerst in den virtuellen Gedankenwelten einzel-
ner Menschen entstanden.

Viel interessanter ist die Frage, was eigentlich eine „Zwischenwelt" zwischen der materiellen Realität und der rein
virtuellen Welt des Geistes ist und wie wir sie uns vorstellen
sollen. (Wer sagt eigentlich, daß wir das können?)

Der Quantenphysiker *Wolfgang Pauli*, ein langjähriger
Freund und Mitarbeiter von *Niels Bohr, Werner Heisen-
berg* und anderen Wegbereitern der modernen Physik, hat
sich über weite Strecken seines Lebens auch mit solchen
Fragen auseinandergesetzt. Gerade die Quantenphysik führte
ja den Naturwissenschaftlern einen ganz ähnlichen Dualismus zwischen der Materie und einer fast geistigen Welt der
Schwingungen vor Augen. Interessanterweise stellte Pauli
sich diese Fragen auch auf der unbewußten Ebene, in seinen

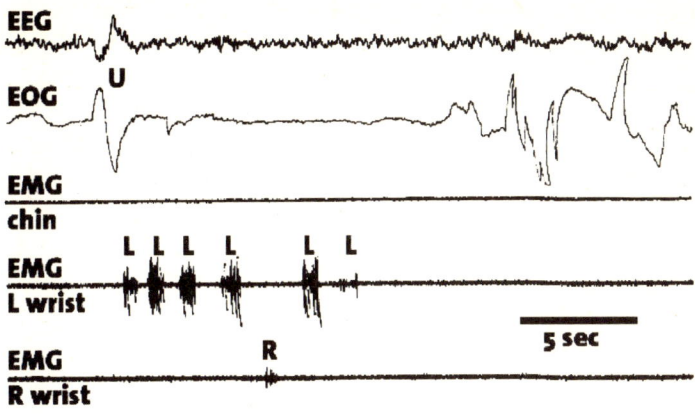

Abb. 15: Eine Testperson in Stephen LaBerges Schlaflabor übermittelt aus dem Klartraum ihre Initialen „S-L " im Morsecode durch Ballen der linken und rechten „Traumfaust ".

Träumen. Einige dieser Träume sind der Nachwelt durch einen regen Briefwechsel erhalten geblieben, den er mit seinem Freund, dem Psychologen *Carl Gustav Jung*, und dessen Frau geführt hatte.

Einen seiner wichtigsten Träume – was die uns hier interessierende Frage betrifft – möchten wir Ihnen jetzt schildern.

In diesem Traum hatte Pauli die Gelegenheit, jenseits von Raum und Zeit Klavierunterricht zu nehmen, und zwar bei einer Frau, die er im normalen Leben überhaupt nicht kannte. Diese Frau schien einem „Meister" untergeordnet zu sein, dem sie gehorchte, ohne Fragen zu stellen. Während der Unterrichtsstunde diente die „Klavierlehrerin" als Mittler zwischen Wolfgang Pauli und dem geheimnisvollen Meister.

Das Klavier spielte dabei eine besondere Rolle. Pauli konnte an diesem Klavier erkennen, daß die Welt irgendwie gespalten ist. Wissenschaftler sind zwar in der Lage, die Noten eines Musikstücks zu erkennen und einzuordnen, nicht aber die Musik an sich.

Die Klavierstunde endete folgendermaßen: „*... In diesem Augenblick zog die Dame einen Ring vom Finger, den ich noch nicht bemerkt hatte. Sie hielt ihn in die Luft und belehrte mich: ,Ich vermute, Sie kennen den Ring von Ihrer Mathematikausbildung her. Es ist der Ring i. '*

Ich nickte und sprach die Worte: ,Das i macht das Leere und Eine zu einem Paar. Zugleich ist es die Umdrehung um ein Viertel des ganzen Rings. '

Sie: ,Es macht das Instinktive oder Impulsive, das Intellektuelle oder Rationale, das Geistige oder Übernatürliche, von dem Sie sprachen, zu jenem einheitlichen oder monadischen Ganzen, das die Zahlen ohne das i nicht darstellen können. '

Ich: ,Der Ring mit dem i ist die Einheit jenseits von Teilchen und Welle und zugleich der Vorgang, der jedes von ihnen hervorbringt. '

Sie: ,Es ist das Atom, das Unsichtbare, auf Lateinisch... '

Bei diesen Worten schaute sie mich bedeutungsvoll an, aber es schien mir nicht nötig, Ciceros Wort für das Atom auszusprechen.

Ich: ,Es verwandelt die Zeit in ein statisches Bild. '

Sie: ,Es ist die Vermählung und zugleich das Reich der Mitte, das man niemals allein, sondern immer nur paarweise erreicht. '

Es entstand eine Pause, wir warteten auf etwas.

Dann sprach die Stimme des Meisters aus der Mitte des Ringes zu der Dame: ,Bleibe barmherzig. '

Nun wußte ich, daß ich den Raum verlassen und in die normale Zeit und den normalen Alltagsraum zurückkehren könnte.

Als ich draußen war, bemerkte ich, daß ich Mantel und Hut trug. Aus der Ferne hörte ich einen C-Dur-Akkord aus

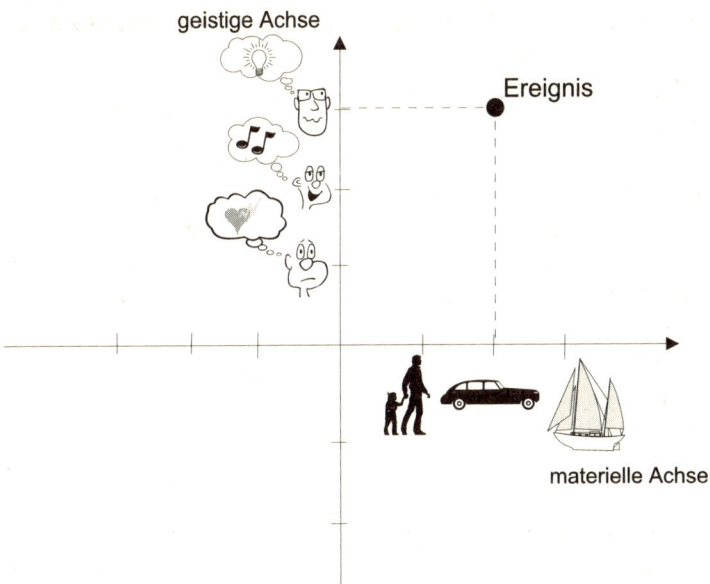

Abb. 16: In der Ereignisebene werden Ereignisse als Kombination aus materiellen Objekten und Gedanken der Menschen dargestellt.

vier Tönen, CEGC, offensichtlich gespielt von der Dame, als sie wieder allein war."[34]

Hätte Wolfgang Pauli in diesem Moment gewußt, was ein Klartraum ist, und hätte er danach gehandelt, dann wären sowohl die Traum- und Bewußtseinsforschung als auch die Bestrebungen der Physik, eine vereinheitlichte Feldtheorie aufzustellen, heute vermutlich ein gutes Stück weiter.

Wir möchten jetzt versuchen, den Traum zusammen mit Ihnen zu interpretieren. Stellen Sie sich vor, wir zeichnen eine waagerechte Linie, die Ihre materielle Welt repräsentiert (s. Abb. 16). Auf ihr sind also Ihr Haus, Ihr Auto, Ihr Boot..., aber auch Ihr Körper, Ihre Familie, Bekannte usw. angesiedelt.

Fügen wir nun zu dieser Linie eine zweite, senkrechte Linie hinzu, die die erste schneidet. Den Schnittpunkt bezeichnen wir als Nullpunkt. Es könnte sich zum Beispiel um Ihren Geburtstag handeln.

Diese zweite Linie repräsentiert die Welt Ihres Bewußtseins, also Ihre Wünsche und Ängste, Ihr Wissen und Ihre Gefühle.

Wenn Sie sich die Zeichnung anschauen, dann sehen Sie, daß diese zwei Linien ein Achsenkreuz bilden, das eine ganze Ebene aufspannt. Was repräsentieren nun die Punkte dieser Ebene?

Sie repräsentieren Ereignisse Ihres Lebens, d. h. Momente, in denen Sie an bestimmten Orten und mit bestimmten Personen zusammen waren und dabei ganz bestimmte Gedanken und Gefühle hatten. Die ganze Vielfalt unseres Lebens befindet sich also weder auf der rein materiellen noch auf der rein geistigen Achse, sondern in den grenzenlosen Bereichen dazwischen.

Nehmen wir jetzt an, wir würden die beiden Achsen nicht mit Symbolen wie in Abb. 16 bezeichnen, sondern wie üblich mit Zahlen, so sehen wir, daß zur Beschreibung eines Ereignisses in unserem Leben eine einzige Zahl nicht ausreicht, sondern daß wir zwei voneinander unabhängige Zahlen benötigen – eine, die die materiellen Umstände beschreibt, und eine andere, die den Zustand unseres Geistes, unseres Bewußtseins, in diesem Moment angibt.

Dieses – zugegebenermaßen etwas vereinfachende – Beispiel hilft uns jetzt, den Traum Paulis besser zu verstehen.

Die Quantenphysiker des 20. Jahrhunderts mußten nämlich erkennen, daß man zur Beschreibung von Objekten, etwa Atomen und Elementarteilchen, nicht mehr auf klassische Begriffe wie Position oder Impuls zurückgreifen kann, sondern sogenannte Wellenfunktionen benötigt, aus denen man nur die Wahrscheinlichkeit berechnen kann, wo ein Teilchen anzutreffen ist und welche Geschwindigkeit es hat.

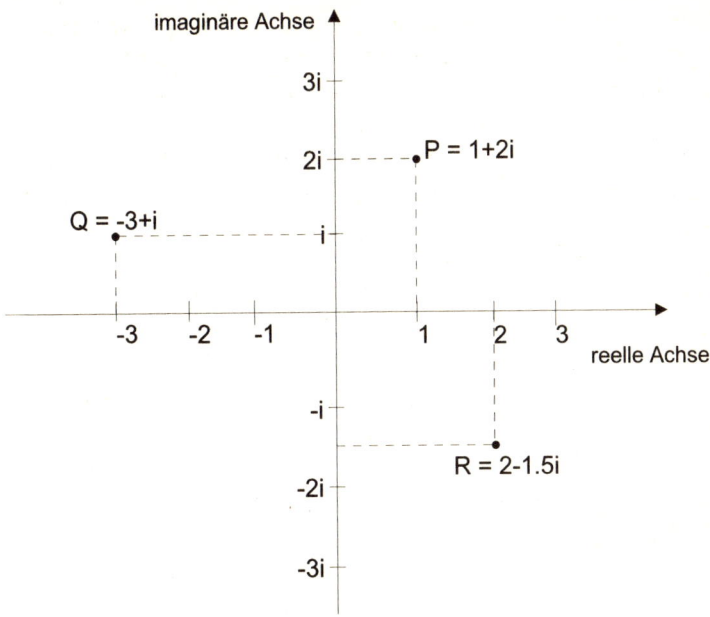

Abb. 17: Komplexe Zahlen werden in einer Ebene als Kombination aus je einer reellen und einer imaginären Zahl dargestellt.

Diese Wellenfunktionen haben allerdings die Besonderheit, daß es nicht ausreicht, sie nur auf den aus unserer Alltagserfahrung bekannten Zahlen (den sogenannten „reellen Zahlen") operieren zu lassen.

Statt dessen werden auch sogenannte „imaginäre Zahlen" benötigt, die man mathematisch nicht als 1, 2, 3... bezeichnet, sondern mit dem Buchstaben i, der also als Abkürzung für „imaginär" zu verstehen ist.

Die imaginären Zahlen müssen auf einer zusätzlichen Achse angeordnet werden, die senkrecht auf der herkömmlichen reellen Zahlenachse steht (vgl. Abb. 17). Beide Achsen schneiden sich in ihrem Nullpunkt und definieren zusammen eine zweidimensionale Zahlenebene, die auch als Ebene der komplexen Zahlen bezeichnet wird. Eine komplexe Zahl aus dieser Ebene wird also beschrieben durch einen reellen und einen imaginären Anteil, genau wie man einen Ort auf einer Landkarte oder einem Stadtplan durch Angabe eines Planquadrats, also einer Zahl und einem Buchstaben, bezeichnen kann.

Natürlich lassen sich nur Objekte entlang der reellen Achse wirklich physikalisch beobachten. Die Quantenphysik lehrt uns also, daß hinter dieser für uns beobachtbaren materiellen Realität eine höherdimensionale Realität existiert, von der wir nur eine Projektion wahrnehmen. Anders ausgedrückt: Die Welt der Materie wird durch die horizontale Achse der uns allen vertrauten reellen Zahlen beschrieben.

Viele Physiker vermuten heute, daß die imaginäre Zahlenachse, die in den quantenphysikalischen Wellenfunktionen auch vorkommt, etwas mit der Welt des Geistes zu tun hat, mit der sich die Naturwissenschaft ja seit Jahrhunderten schwer tut.

Wenn wir nun aber die gesamte Zahlenebene aus Abb. 17 betrachten, so sehen wir, daß der weitaus größte Teil der Punkte dieser Ebene sich weder auf der reellen noch auf der imaginären Achse befindet, sondern irgendwo dazwischen (so z. B. die Punkte P, Q und R). Das heißt, die meisten Objekte unserer Realität sind weder rein geistig noch rein materiell, sondern tragen beide Aspekte in sich. Je näher sie an der reellen Achse liegen, desto grobstofflich-materieller sind sie, je mehr sie sich hingegen der imaginären Achse nähern, desto mehr ist bei ihnen der feinstofflich-geistige Aspekt ausgeprägt.

Kommen wir nun zu Paulis Traum und dem „Ring i". Wenn man um den Nullpunkt des Achsenkreuzes in Abb. 18 einen Kreis mit dem Radius 1 beschreibt, so schneidet er die imaginäre Achse gerade bei der Zahl i (und später noch einmal unten bei der Zahl -i). Vollführt man nun entlang dieses Kreises eine Kreisbewegung, so beobachten wir

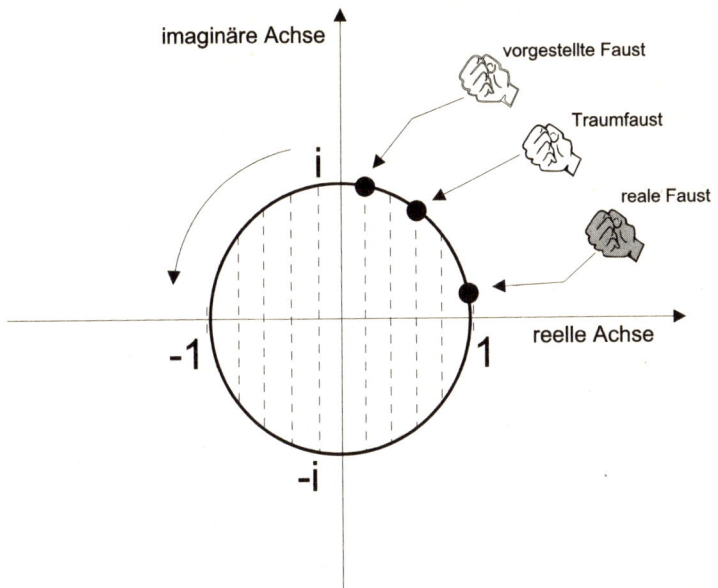

Abb. 18: Kreisbewegungen in der komplexen Zahlenebene spiegeln sich in der materiellen Realität als Schwingungen wider. Die gestrichelten Linien zeigen, wie die reellen Anteile bei größerer Annäherung an die imaginäre Achse immer kleiner werden.

davon in unserer materiellen Realität nur die Projektion auf die horizontale reelle Achse.

Durch diese Projektion können wir die ursprüngliche Kreisbewegung nicht mehr erkennen. Statt dessen sehen wir nur, daß die Größe des reellen Anteils immer kleiner wird, je näher wir der (für uns nicht beobachtbaren) imaginären Achse kommen, und umgekehrt. Was wir also sehen, ist nur noch eine Pendelbewegung, und zwar zwischen den Punkten -1 und +1 hin und her.

Das Wissen, daß alles in unserer Welt Schwingung ist, ist also nur Ausdruck ganz anders gearteter Bewegungen in der eigentlich realen höherdimensionalen Realität, in der

der Dualismus zwischen Welle und Teilchen, d. h. zwischen Schwingung und Materie, sich aufhebt. Wie wir gesehen haben, vereinen ja die Punkte der Ebene stets beide Aspekte in sich.

Wenn wir nun zu LaBerges Traumforschung zurückkehren, können wir anhand dieses Bildes auch seine Ergebnisse besser verstehen. Ein materiell-reales Ballen der Faust wird – aus dem Blickwinkel der Zahlenebene – nahe der horizontalen, reellen Achse angesiedelt sein. Bei dieser physischen Bewegung steht der materielle Aspekt eindeutig im Vordergrund, und damit ist auch der reelle Zahlenanteil relativ groß. Im Labor wird eine hohe Zunahme der Muskelspannung gemessen.

Bei einer nur vorgestellten Bewegung hingegen befinden wir uns auf „Paulis Ring" eher etwas weiter oben, in der Nähe der imaginären Achse mit der Zahl i. Diese ist, wie wir wissen, für unsere Meßgeräte nicht beobachtbar, wir sehen nur den reellen Anteil, der nun aber gegenüber der echten Bewegung wesentlich kleiner auf den Meßgeräten angezeigt wird.

Daß im Traum, speziell im Klartraum, das Ballen der Faust des Traumkörpers einen Meßwert dazwischen liefert, ist nun im Grunde nicht mehr schwer zu verstehen: Unsere Traumrealität ist eben weder rein geistig noch rein materiell, sondern befindet sich auf „Paulis Ring" irgendwo dazwischen in der Ebene. Im Klartraum sind Sie ein echter Quantenmensch, der mit seinem Quantenkörper seine Quantenfaust ballen kann.

Wie ist es am Tage? Sind Sie da auch Quantenmenschen? Nehmen wir an, es wäre nicht so, dann wäre Ihr Körper im Wachzustand zu 100 Prozent materiell, d. h. vollkommen geistlos. Das wollen wir Ihnen doch wohl nicht unterstellen!!!

Gleichermaßen sind unsere Gedanken und Phantasien niemals rein geistig, ohne jede materielle Komponente, sondern sie wirken, wenn auch zumeist schwach, auf unseren Körper und unsere Umwelt ein.

Wie sich die Quantenträume in unserer Realität umsetzen können (was nicht möglich wäre, wenn unsere materielle Realität nicht auch quantenhaft wäre), zeigt folgender Traum einer jungen Frau namens Alexia:

Sie hatte sich vor kurzer Zeit von ihrem Freund getrennt und war ziemlich deprimiert. Während dieser Zeit hatte sie eines Nachts einen Klartraum. Darin konstruierte sie sich ganz spielerisch „den" Mann, der am besten zu ihr passen würde. Zuerst konstruierte sie den Körper, seine Figur, die Augenfarbe, die Haarfarbe, allgemein das Aussehen. Als der Körper schon fertig war, wünschte sie sich ferner bestimmte Charaktereigenschaften und Persönlichkeitsmerkmale für ihn. Noch dazu wünschte sie sich, er möge irgendwo in ihrer Nähe wohnen, damit sie ihn treffen und kennenlernen konnte.

Nach etwa zwei Monaten traf sie tatsächlich den „Mann ihrer Träume" durch Zufall, und es ergab sich, daß er nur 30 Kilometer von ihr entfernt wohnte. Seit einem Jahr wohnen die beiden zusammen.

Selbst wenn diese Geschichte klingt, als wäre sie einem Regenbogen-Magazin entnommen – sie hat sich tatsächlich so ereignet.

Wolfgang Pauli starb 1958, und jeder von uns kann ermessen, wie sehr sich die Welt seit jenen Tagen verändert hat. Einer der besten Lieferanten bizarrer Ideen unserer heutigen Zeit ist zweifellos *Stephen Hawking*. Um einige bislang unerklärbare physikalische Effekte besser in den Griff zu bekommen, zog er im Grunde die gleiche Nummer durch wie Pauli und seine Kollegen – er führte eine zusätzliche imaginäre Zahlenachse ein. Diesmal allerdings nicht für die Zustände von Atomen und Elementarteilchen, sondern *für die Zeit selbst*.[35]

Im neuen Zeitmodell von Stephen Hawking (s. Abb. 19)

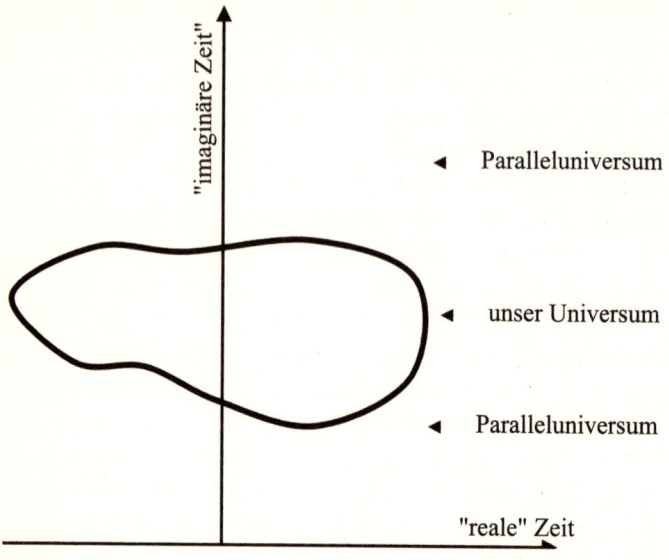

Abb. 19: Modell der Zeit nach Stephen Hawking. Danach ist Zeit nicht mehr nur als eine gerade Linie aufzufassen, die von der Vergangenheit in die Zukunft führt, sondern als eine zweidimensionale Ebene. Durch die zweite, »imaginäre« Zeitachse entstehen mehrere parallele Universen (gleichzeitig ablaufende unterschiedliche Erlebnisebenen). Normalerweise sind diese parallelen Universen voneinander getrennt, d. h. wir erleben nur eine dieser Ebenen mit einer scheinbar linearen Zeit. Gelingt es dem Bewußtsein jedoch, die ganzheitliche Zeitebene zu erreichen, so wie es bei der Hyperkommunikation geschieht, dann kann es zwischen den unterschiedlichen Erlebnisebenen hin und her springen. Die Vergangenheit ist dann nicht mehr eindeutig.

hat also auch die Zeit zwei Dimensionen, wobei nur die reelle Zeit von uns erlebbar ist und von unseren Uhren angezeigt wird.

Durch die neue Dimension der *imaginären Zeit* erhält die Realität mehrere Alternativen. Es kommt zur Möglichkeit paralleler Welten, die sich nur durch unterschiedliche

Zeitwerte auf der imaginären Zeitachse voneinander unterscheiden. Räumlich und im Sinne unserer realen Zeit gesehen, können sie sich zur gleichen Zeit am gleichen Ort befinden. Normalerweise erlebt unser Bewußtsein jedoch nur eine dieser Realitäten.

Wären diese Welten aber vollständig und für alle Zeiten voneinander getrennt, so wäre es für uns als Bewohner einer dieser Welten auch für immer unmöglich, die Existenz der anderen nachzuweisen. Mehr noch – gäbe es nicht bei uns beobachtbare Anomalien, die auf mögliche Wechselwirkungen mit parallelen Realitäten hindeuten, wäre auch ein so genialer Kopf wie Stephen Hawking wohl kaum auf die Idee gekommen, sich überhaupt mit ihnen zu beschäftigen.

Wir müssen also davon ausgehen, daß die Grenzen zwischen diesen parallelen Welten entlang der imaginären Zeitachse zuweilen durchlässig sind, und das vermutlich nicht nur in unseren Träumen...

Jetzt wird auch „klar", wieso Wolfgang Pauli in seinem Traum beim Verlassen der Klavierstunde plötzlich Hut und Mantel trug – er wird nämlich jetzt noch etwas auf den Hut bekommen!

Die Tatsache, daß mehrere Dinge nach dem neuen Zeitmodell von Hawking zur selben Zeit am selben Ort existieren können, widerspricht dem sogenannten Ausschließungsprinzip, wonach zwei Teilchen niemals im gleichen Quantenzustand sein können. Dieses Prinzip hatte seinerzeit aber kein Geringerer als Wolfgang Pauli formuliert!

Sorry, Herr Pauli, aber erstens haben nicht wir diese neuen Theorien aufgestellt, sondern ein Mr. Hawking aus England, zweitens ist die Wissenschaft seit Ihrer Zeit nun einmal weitergegangen, und drittens sieht die Sache eigentlich gar nicht so schlimm für Sie aus:

Selbst wenn zwei Dinge sich zur gleichen Zeit am gleichen Ort befinden sollten, so bezieht sich dies nur auf die beobachtbare reelle Zeit und den reellen Raum, nicht aber auf die imaginäre Zeit, die natürlich bei beiden verschieden sein muß. Wenn Sie also heute noch dabei wären, wäre es für Sie ein Leichtes, diese Fakten in Ihr Ausschließungsprinzip zu integrieren und es neu zu formulieren. Auch weitere bizarre Auswirkungen werden durch das neue Zeitmodell Hawkings möglich, zum Beispiel, daß ein Mensch zur gleichen Zeit an zwei oder mehreren verschiedenen Orten sein kann. Zumindest sein Bewußtsein kann auf mehreren unterschiedlichen (oder sogar einander widersprechenden) Ebenen gleichzeitig operieren.[36]

Ein Beispiel für solch eine seltsame multidimensionale Erfahrung schilderte uns ein Mann mit Namen Georg:

„Ich saß mit meiner Frau und einer Bekannten im Restaurant. Während wir auf das Essen warteten, unterhielt sich meine Frau mit der Bekannten, und ich hing einigen Gedanken nach. Ich dachte über außerkörperliche Erfahrungen nach und darüber, wie es sich wohl anfühlen würde, wenn ich jetzt in diesem Moment den Körper verlassen würde.

In diesem Moment wurde um mich herum alles dunkel, und ich verspürte ein sehr merkwürdiges Gefühl. Instinktiv wußte ich, daß mein Bewußtsein tatsächlich den Körper verlassen hatte, und eine innere Stimme wiederholte immerzu das Wort ‚sterben‘.

Ich sagte zu mir selbst, daß ich jetzt keine Angst haben dürfe, da ich mir nun sicher war, daß ich während des Restaurantbesuchs eingeschlafen war und träumte.

Sofort klärte sich das Bild, und ich sah eine große Mauer, deren Eingangstor verschlossen war. Jemand sagte zu mir, daß ich da ohne Hilfe nicht hineinkäme. Ich stieg auf die Mauer und wollte auf der anderen Seite herunterspringen. Da ich mich im Klartraum befand, war dies ja ohne Risiko möglich. Doch die Stimme riet mir eindringlich davon ab und sagte, es würde so nicht funktionieren.

Schließlich gelang es mir irgendwie doch hineinzukommen, und ich sah jetzt meinen Begleiter. Es war eine graue

Gestalt, die mich zu einem jungen Mann führte, den er mir als ‚Akor' vorstellte, der für mich ‚zuständig' sei.

Ich fragte, ob ich auf diese Weise öfter an diesen Ort kommen solle, doch der Graue antwortete: ‚Nein, nur dieses eine Mal. Es ist zu gefährlich.'

Akor fügte hinzu, er sehe, daß im Restaurant inzwischen die Feuerwehr eingetroffen sei und sich um meinen Körper bemühe, der offenbar bewußtlos zusammengebrochen war. Ein Feuerwehrmann würde sich gerade über mich beugen. Da wußte ich, daß ich zurück mußte.

Im gleichen Moment verschwand die Mauer, so daß ich hindurch konnte, und zurückblickend sah ich, wie die fremden Gestalten, die ich an diesem Ort getroffen hatte, sich im Kreis aufstellten und seltsame, unverständliche Laute rezitierten, durch die sich die Mauer wieder neu aufbaute. Ich jedoch schwebte jetzt über eine wunderschöne Landschaft dahin und kam dann in einem Moment wieder in meinem Körper im Restaurant zu Bewußtsein.

Als ich aufschaute, sah ich, wie ein Arzt sich über mich beugte. Er hatte ein Medikament in der Hand, das er mir wohl gerade verabreichen wollte (vermutlich Nitroglyzerin-Tabletten). Als er sah, daß ich wieder zu mir kam, sagte er jedenfalls: ‚Na, die brauche ich jetzt nicht mehr' und steckte die Medikamente wieder in seinen Arztkoffer. Er führte noch ein paar körperliche Untersuchungen an mir durch. Dann erwachte ich zu Hause in meinem Bett."

Der eigentliche Knalleffekt an dieser Geschichte ist also, daß die ganze Szenerie im Restaurant auch ein Traum war. Der Mann träumte, innerhalb eines normalen Traums einzuschlafen. Dieser „Traum im Traum" wurde dabei sogar zu einem Klartraum, wobei dem Mann interessanterweise dennoch nicht klar wurde, daß das Restaurant ebenfalls nicht real war.

Vor allem ist jedoch bedeutungsvoll, daß hier nicht einfach ein für Träume üblicher Raum-Zeit-Sprung vorlag, sozusagen vom Restaurant zur Mauer, denn während der ganzen Zeit des „Traums im Traum" schien der Restaurant-Traum auf einer parallelen Ebene weiterzugehen. Diese Ereignisse wurden von Georgs Traumbewußtsein zwar nicht wahrgenommen, solange er sich jenseits der Mauer befand, doch sie wurden offenbar von einem anderen Persönlichkeitsanteil von ihm, der sich „Akor" nannte, beobachtet und berichtet. Konsequenterweise erwachte Georg dann auch erst einmal wieder im Restaurant, wo tatsächlich die Ereignisse in der Zwischenzeit eine logische Fortsetzung gefunden zu haben schienen. Dann erst erwachte er in seinem Bett. Dies muß wohl sein normaler Wachzustand gewesen sein, denn auf dieser Realitätsebene hat er uns den Traum erzählt – es sei denn, wir sind selbst nur Geträumte...

Das Beispiel zeigt sehr schön die multidimensionale Realitätsstruktur, wie sie nach Hawkings Modell entlang der imaginären Zeitachse angeordnet ist. Georg war in jener Nacht hier ein wenig „quer Beet" gegangen, allerdings nicht in chaotischer Weise, sondern jeder Schritt wurde in der umgekehrten Weise bis zum Aufwachen wieder rückgängig gemacht.

Durch diese klare und logische Struktur würde es wohl auch einem sehr erfahrenen Klarträumer schwergefallen sein, die Restaurant-Szene als Traum zu erkennen.

„Träume im Traum" an sich sind sicherlich nicht so selten, doch kaum jemals hört man von einem so konsistenten Aufbau wie in Georgs Traum.

Das bekannteste Beispiel eines Traums im Traum findet sich in der romantischen Literatur. Wir meinen „Die blaue Blume" aus *Novalis* Roman *„Heinrich von Ofterdingen"*:

„Der Jüngling verlohr sich allmählich in süßen Fantasien und entschlummerte. Da träumte ihm erst von unabsehnlichen Fernen, und wilden, unbekannten Gegenden. Er wanderte über Meere mit unbegreiflicher Leichtigkeit; wunderliche Thiere sah er; er lebte mit mannichfaltigen

Menschen, bald im Kriege, in wildem Getümmel, in stillen Hütten. Er gerieth in Gefangenschaft und die schmählichste Noth. Alle Empfindungen stiegen bis zu einer niegekannten Höhe in ihm. Er durchlebte ein unendlich buntes Leben; starb und kam wieder, liebte bis zur höchsten Leidenschaft, und war dann wieder auf ewig von seiner Geliebten getrennt. Endlich gegen Morgen, wie draußen die Dämmerung anbrach, wurde es stiller in seiner Seele, klarer und bleibender wurden die Bilder. Es kam ihm vor, als ginge er in einem dunkeln Walde allein. Nur selten schimmerte der Tag durch das grüne Netz. Bald kam er vor eine Felsenschlucht, die bergan stieg. Er mußte über bemooste Steine klettern, die ein ehemaliger Strom herunter gerissen hatte. Je höher er kam, desto lichter wurde der Wald. Endlich gelangte er zu einer kleinen Wiese, die am Hange des Berges lag. Hinter der Wiese erhob sich eine hohe Klippe, an deren Fuß er eine Öffnung erblickte, die der Anfang eines in den Felsen gehauenen Ganges zu seyn schien. Der Gang führte ihn gemächlich eine Zeitlang eben fort, bis zu einer großen Weitung, aus der ihm schon von fern ein helles Licht entgegen glänzte. Wie er hineintrat, ward er einen mächtigen Strahl gewahr, der wie aus einem Springquell bis an die Decke des Gewölbes stieg, und oben in unzählige Funken zerstäubte, die sich unten in einem großen Becken sammelten; der Strahl glänzte wie entzündetes Gold; nicht das mindeste Geräusch war zu hören, eine heilige Stille umgab das herrliche Schauspiel. Er näherte sich dem Becken, das mit unendlichen Farben wogte und zitterte. Die Wände der Höhle waren mit dieser Flüssigkeit überzogen, die nicht heiß, sondern kühl war, und an den Wänden nur ein mattes, bläuliches Licht von sich warf. Er tauchte seine Hand in das Becken und benetzte seine Lippen. Es war, als durchdränge ihn ein geistiger Hauch, und er fühlte sich innigst gestärkt und erfrischt. Ein unwiderstehliches Verlangen ergriff ihn sich zu baden, er entkleidete sich und stieg in das Becken.

Es dünkte ihn, als umflösse ihn eine Wolke des Abendroths; eine himmlische Empfindung überströmte sein Inneres; mit inniger Wollust strebten unzählbare Gedanken in ihm sich zu vermischen; neue, niegesehene Bilder entstanden, die auch in einander flossen und zu sichtbaren Wesen um ihn wurden, und jede Welle des lieblichen Elements schmiegte sich wie ein zarter Busen an ihn. Die Flut schien eine Auflösung reizender Mädchen, die an dem Jünglinge sich augenblicklich verkörperten.

Berauscht von Entzücken und doch jedes Eindrucks bewußt, schwamm er gemach dem leuchtenden Strome nach, der aus dem Becken in den Felsen hineinfloß. Eine Art von süßem Schlummer befiel ihn, in welchem er unbeschreibliche Begebenheiten träumte, und woraus ihn eine andere Erleuchtung weckte. Er fand sich auf einem weichen Rasen am Rande einer Quelle, die in die Luft hinausquoll und sich darin zu verzehren schien. Dunkelblaue Felsen mit bunten Adern erhoben sich in einiger Entfernung; das Tageslicht, das ihn umgab, war heller und milder als das gewöhnliche, der Himmel war schwarzblau und völlig rein. Was ihn aber mit voller Macht anzog, war eine hohe lichtblaue Blume, die zunächst an der Quelle stand, und ihn mit ihren breiten, glänzenden Blättern berührte. Rund um sie her standen unzählige Blumen von allen Farben, und der köstlichste Geruch erfüllte die Luft. Er sah nichts als die blaue Blume, und betrachtete sie lange mit unnennbarer Zärtlichkeit. Endlich wollte er sich ihr nähern, als sie auf einmal sich zu bewegen und zu verändern anfing; die Blätter wurden glänzender und schmiegten sich an den wachsenden Stengel, die Blume neigte sich nach ihm zu, und die Blüthenblätter zeigten einen blauen ausgebreiteten Kragen, in welchem ein zartes Gesicht schwebte. Sein süßes Staunen wuchs mit der sonderbaren Verwandlung, als ihn plötzlich die Stimme seiner Mutter weckte, und er sich in der elterlichen Stube fand, die schon die Morgensonne vergoldete. "

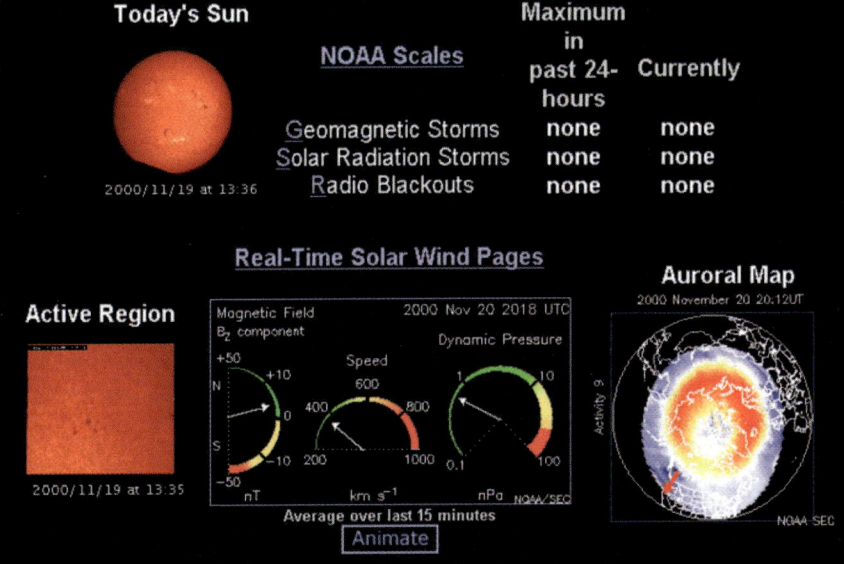

24

24 Auf der Basis der SOHO-Meßdaten erstellt die NASA im Internet ihren ständig
aktualisierten Weltraum-Wetterbericht. Hier ein Beispiel vom 19.11.2000, einem
Tag mit normaler Sonnenaktivität

25 Am 10.4.2001 meldete das SOHO-Observatorium eine Reihe von Sonnenflecken, die
einen mäßigen (einen Tag zuvor noch schweren) geomagnetischen Sturm auslösten,
verbunden mit geringen Störungen des weltweiten Radar- und Funkverkehrs

25

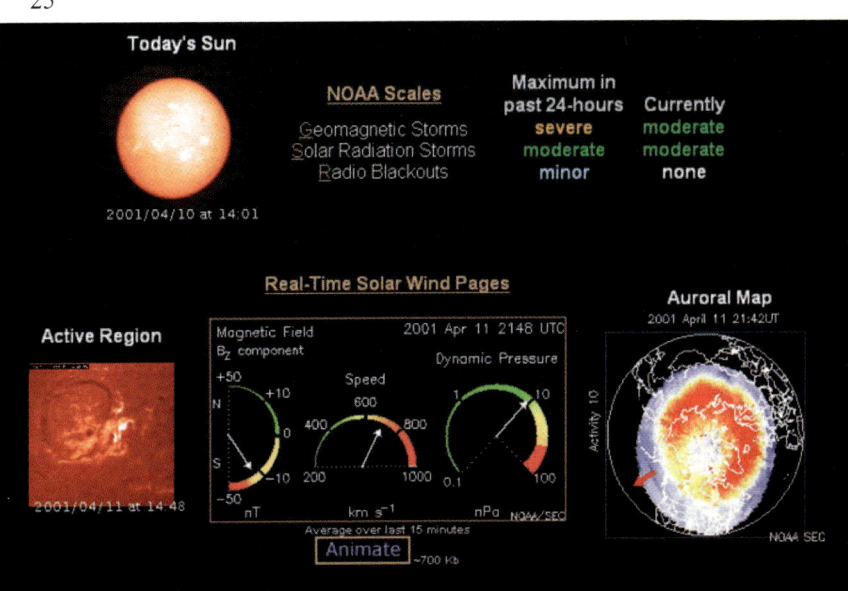

26

27

Zwei Klartraum-Kräuter aus der keltischen Tradition:
26 Baldrian (Valerina officinalis)
27 Weidenrinde (Salix purpurea)

28

Zwei gefährliche
halluzinogene Giftpflanzen:
28 Das schwarze Bilsenkraut
(Hyoscyamus niger)
29 Die syrische Steppenraute
(Peganum harmala)

29

30 Die Senoi im Bergland Malaysias haben eine hochentwickelte Klartraumkultur, durch die sie Konflikte auf friedliche Weise bearbeiten können. Dadurch sind Gewaltverbrechen und Kriege bei diesem Volk praktisch unbekannt. Dieser Senoi-Junge wurde für eine bevorstehende Trance-Zeremonie geschmückt.

31 Die nordamerikanischen Indianer glauben, ihre Traumerinnerung durch sogenannte Traumfänger verbessern zu können.

32 Der Quantenphysiker Wolfgang Pauli (1900-1958) erfuhr in einem Traum eine bizarre Zwischenwelt zwischen Geist und Materie, den „Ring i".

30

31

32

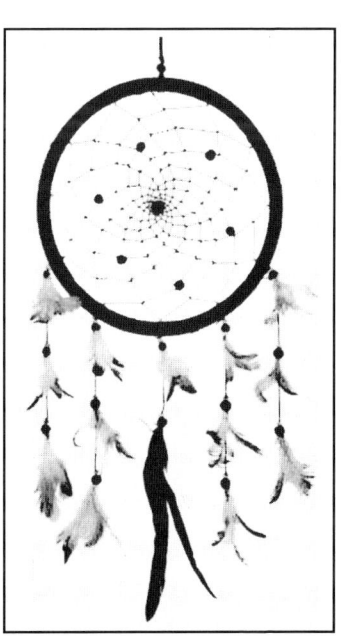

33

34

33,34: *Skurrile Gestalten, denen man im Verlauf des Tages begegnet, so wie diese Pantomimen auf dem Pariser Platz in Berlin (links) oder in der Warschauer Altstadt (rechts), können immer auch ein Zeichen sein, daß man träumt. In solchen Momenten empfiehlt es sich daher immer, die „kritische Frage" von Paul Tholey zu stellen.*

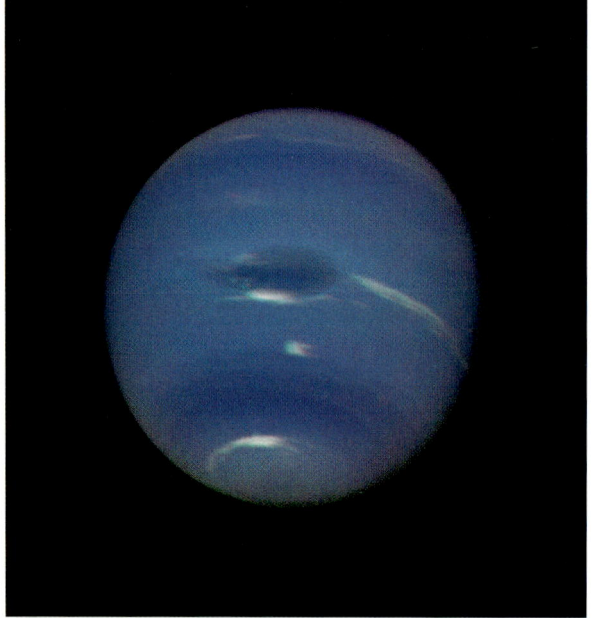

35 *Der Planet Neptun (hier eine Aufnahme des Hubble-Teleskops) hat eine blau-grünliche Färbung, so wie es der Autor Franz Bludorf Jahre zuvor im Klartraum gesehen hatte.*

35

Dieser Traum zeigt schon alle wesentlichen Elemente eines direkten Erlebens imaginärer Zeit: Die Realitäten gehen außerordentlich fließend ineinander über und lösen sich wieder auf, wobei eine Reihe ausgesprochen archetypischer Bilder erscheinen, die auf einen Vorgang der Hyperkommunikation hindeuten (z. B. der Lichtstrahl). Die Szenerie stabilisiert sich erst ein wenig, als Heinrich innerhalb dieses Traums einschläft und dann den berühmten Traum von der blauen Blume erlebt, wenngleich auch in diesem Traum die Realität flexibel und wandelbar erscheint. Man hat als Leser zeitweise Mühe nachzuvollziehen, auf welcher Traumebene sich der Träumer eigentlich befindet, und am Ende fragt man sich nicht ganz zu Unrecht, auf welcher Realitätsebene sich eigentlich die Mutter befand, die ihn weckte. War das die Realität, oder war es wieder nur ein Traum? Wie kann man das eine oder andere beweisen?

Auf unserer Suche nach Anzeichen für Realität oder Irrealität der Klarträume sind wir zu dem Schluß gekommen, daß es zwar zweifelsfrei und wissenschaftlich nachweisbar Klarträume gibt, daß wir aber im Grunde keine endgültige Aussage darüber machen können, wie real eigentlich die Welt ist, die wir im Klartraum erleben, da sie sich im Zwischenreich befindet.

Man weiß, daß Kinder im Verlauf ihrer Entwicklung drei unterschiedliche Stadien in der Bewertung ihrer Träume durchmachen. Kleine Kinder glauben, ihre Träume spielten sich auf der gleichen Realitätsebene ab wie das Tageserleben (Stadium 1). Es folgt ein zweites Stadium, in dem eine etwas widersprüchliche Mischung zwischen materieller und mentaler Interpretation der Träume vorliegt, bis die Kinder dann das Stadium 3 erreichen, in dem sie glauben, daß Träume vorrangig innere Vorgänge sind, so wie es auch Erwachsene tun.

Allerdings bezieht sich dies nur auf die Interpretation von Träumen, solange wir wach sind! Während des Traums sind auch Erwachsene, wie Stephen LaBerge hervorhebt, größtenteils in Stadium 1. Während wir träumen, halten die meisten von uns die Träume für Realität.

LaBerge folgert, daß der eigentlich angemessene Traumzustand eines erwachsenen Menschen der Klartraum sein sollte, der Stadium 3 entspricht. Nur im Klartraum ist der Träumer sich der Tatsache bewußt, daß er sich in einer virtuellen, mentalen Welt befindet. In diesem Punkt sind wir allerdings nicht einer Meinung mit Stephen LaBerge. Wie dieses Kapitel gezeigt hat, kann man auf der Basis der Quantenphysik auch nicht mehr von einer ausschließlich geistigen Natur der Träume sprechen.

Wenn Klarträume im Grunde „erwachsene Träume" sind, dann ist es seltsam, daß wir so selten Klarträume haben. Dies ist, so LaBerge, darauf zurückzuführen, daß das Erlernen des Träumens in unserer Kultur gewöhnlich kein Bestandteil der Erziehung ist. Schließlich würden auch viele Menschen nicht sprechen oder schreiben können, wenn es ihnen nicht irgendwann einmal jemand beigebracht hätte!

Es gab und gibt Kulturen auf der Erde, in denen dem Träumen ein höherer Stellenwert beigemessen wird als in unserer abendländisch-christlichen Welt. Die Senoi zum Beispiel, eine traditionelle Kultur in Malaysia, lehren ihre Kinder von klein auf das Klarträumen. Auch im Erwachsenenleben spielen Träume für diese Menschen eine zentrale Rolle. Täglich stellt der Schamane des Dorfes den Bewohnern bestimmte Aufgaben, die diese in ihren Träumen bewältigen sollen, z. B. sich mit einem Mitbewohner auszusöhnen oder sich mutig einem Feind oder wilden Tier zu stellen. Am nächsten Tag berichtet dann jeder den anderen von seinen Erfolgen.

Sind die Senoi also „erwachsener" als wir Europäer? Auf jeden Fall, so heißt es, soll dieser Stamm niemals Kriege führen...

Klarträume sind, wie wir sehen, viel älter als unsere moderne Wissenschaft, und es bedarf großer Anstrengungen, diesen seltsamen Bewußtseinszustand mit eben dieser Wissenschaft auch nur ansatzweise zu verstehen. Im Klartraum betreten wir Welten, die weder als real im materialistischen Sinne, noch als Phantasie aufzufassen sind. Sie liegen irgendwo im Grenzbereich dazwischen. Im Klartraum hat der Mensch daher Zugang zu realen Informationen und kann Handlungen vollziehen, die seinen realen, materiellen Körper beeinflussen, und das, obwohl die Bühne, der Traum selbst, rein virtuell ist.

Menschen haben zu allen Zeiten diesen Weg genutzt, um zu lernen und ihre Entwicklung voranzubringen, und das in vergangenen Zeiten vielleicht sogar noch mehr als heute, wo uns Fernseher, Zeitungen und Computer zur Verfügung stehen. Da sie natürlich auch keine modernen Trainingsmethoden für Klarträume benutzen konnten, entwickelten sie andere Wege, um Eingang in die geheimnisvollen Welten jenseits des Tagesgeschehens zu finden.

Einige dieser Methoden sind bis heute überliefert und werden von vielen Menschen immer noch angewandt.

IX
Bewußt einschlafen

Hexentanz der Vitamine an Orten der Kraft

Der gezielte Umgang mit veränderten Bewußtseinszuständen ist so alt wie die Menschheit selbst. In allen Zeitaltern und Kulturen haben Menschen versucht, durch bestimmte Praktiken in andere Dimensionen des Bewußtseins vorzudringen, um auf diese Weise zu Erkenntnissen zu gelangen. Dazu gehört auch der bewußte Umgang mit Träumen.

In früheren Zeiten waren derartige Techniken sogar viel bedeutsamer als heute, da die Menschen damals über keine unserer heutigen Zeit vergleichbaren Informationssysteme verfügten. Wie wir bereits in unserem Buch „Vernetzte Intelligenz" dargelegt haben, schöpfte die Menschheit ihr Wissen noch bis etwa zum 8. Jahrhundert vor Christus hauptsächlich aus der *Hyperkommunikation*, d. h. der Kommunikation mit transpersonalen Bewußtseinsebenen, die damals zumeist als „Götter" personifiziert wurden.

Heutzutage, da viele Menschen sich auf einer neuen Sinnsuche befinden, sind viele der traditionell überlieferten Systeme und Methoden zur Bewußtseinsveränderung und -erweiterung wieder „modern" geworden. Allenthalben werden Seminare zur „schamanischen Ausbildung" oder über „magische Rituale" und ähnliches angeboten. Nach Jahrhunderten der Verteufelung und Verfolgung durch die Kirche weiß man heute altüberliefertes Wissen wieder zu schätzen.

Daran ist im Grunde nichts auszusetzen, doch wir sollten einen anderen grundlegenden Unterschied zwischen uns und den Menschen aus früheren Kulturen nicht außer acht lassen: Die Leute damals hatten Zeit! Sie waren noch nicht wie wir heute einer Schnelllebigkeit ausgesetzt, die zuweilen schwindelerregend sein kann, und sie hatten außerdem ein Gefühl für notwendige Entwicklungen, für ein allmähliches Heranreifen. In den Schulen der Pythagoräer studierte man etwa zehn bis zwölf Jahre, eine Druidenausbildung bei den Kelten dauerte sogar bis zu 30 Jahre. Wer ist schon heute noch bereit, so viel Zeit zu investieren?

Was heutzutage nicht sofort Resultate bringt, wird meist schnell wieder fallengelassen, und so meint man, an einem Wochenende bestimmte nützliche Rituale erlernen zu können. Die Folgen sind teilweise verheerend.

Noch gefährlicher wird es, wenn man den schnellen Weg zur Bewußtseinserweiterung über Drogen wählt. Es stimmt, die alten Völker benutzten für ihre schamanischen Praktiken auch vielerlei Kräuter, Pilze und andere Substanzen. Doch sie wurden praktisch niemals süchtig davon. Meist wurde ein Mensch in solch einer Kultur von Kindheit an mit dem Gebrauch solcher Substanzen vertraut gemacht, indem man mit ganz kleinen Dosen anfing und sie so langsam steigerte, bis der erwachsene Mensch gefahrlos die Dosis zu sich nehmen konnte, die das gewünschte Resultat lieferte. Als Beispiel hierfür kann der Gebrauch des bekannten Peyote-Kaktus bei den Indianern Mexikos dienen.[37] Für Europäer und Nordamerikaner hingegen, die meist völlig unvorbereitet nach Mexiko reisen, um diese Drogen zu konsumieren, besteht höchste Gefahr.

Wenn wir also in diesem Kapitel einige Bemerkungen zu bewußtseinsverändernden Kräutern anfügen, dann in den meisten Fällen vor allem deshalb, um dringend vor derartigen Praktiken zu warnen.

Für unser Thema, Klarträume zu erreichen, sind die meisten derartigen Substanzen ohnehin irrelevant, da Drogen in der Regel lediglich eine halluzinogene Wirkung haben. Es ist jedoch aus einigen Kulturen auch Wissen über bestimmte

Pflanzen überliefert, deren Gebrauch beim Erreichen des Klartraumzustandes helfen kann.

Fangen wir mit den harmloseren unter diesen Pflanzen an. Aus der Tradition der keltischen Druiden sind bekanntlich nur wenige schriftliche Zeugnisse erhalten, da die Druiden ihr Wissen in der Regel nur mündlich weitergaben. Der Grund dafür war nicht einmal eine Geheimhaltung, sondern eher die Überzeugung, das Wissen würde durch Niederschreiben verfestigt, was ihrer Auffassung einer flexiblen Realität widersprach. Das wenige, was von der Weisheit der Druiden überliefert ist, ist Bestandteil einiger Bücher aus dem Mittelalter (sogenannter Grimoires), die natürlich nur noch ein schwaches Abbild wahren Druidenwissens widerspiegeln.[38]

Dennoch finden sich in diesen Grimoires einige Hinweise auf Kräuter zur Verbesserung des Traumlebens. Das *Book of Pheryllt* zum Beispiel beschreibt als Teil der Druidenausbildung eine Technik, die unserem Begriff des Klartraums entspricht. Sie heißt *Gwelaeth y Lleuad (Mondvision)*. Bei diesen Übungen mußte der Schüler Kontrolle über seinen Traum ausüben und bewußt auf die Suche nach einem Gegenstand gehen, den sein Lehrer in der Traumwelt versteckt hatte. Zur Kontrolle mußte er diesen Gegenstand am nächsten Tag benennen. Häufig betrat der Lehrer bei der „Mondvision" den Traum des Schülers, um gemeinsam mit ihm die Traumwelt zu erkunden. Auf dieses sogenannte *Dreamscaping* werden wir später noch zurückkommen.

Wie in den meisten traditionellen Kulturen wurden Klarträume auch bei den Kelten anders geübt, als wir es bislang in diesem Buch vorgestellt haben. Die Klarträume, die wir bisher kennengelernt haben, begannen allesamt als gewöhnliche Träume, und erst während eines solchen Traums erkennt der Mensch, daß er träumt.

Der andere Weg, der auch bei den Kelten beschritten

wurde, besteht darin, beim Einschlafen zu verhindern, daß man das klare Bewußtsein überhaupt erst verliert. Während des Einschlafvorgangs treten ja oft schon erste Traumbilder auf. Der Mensch muß dann versuchen, in diese entstehende Traumszenerie einzusteigen, ohne das Wachbewußtsein zu verlieren. Diese grundlegende Technik ist eine auch heute noch bekannte ernstzunehmende Alternative. Stephen LaBerge nennt solche Träume *wake induced lucid dreams* (wachinduzierte Klarträume), im Gegensatz zu den uns schon bekannten *dream induced lucid dreams* (trauminduzierte Klarträume). Wir werden auf die Technik des wachinduzierten Klartraums in diesem Kapitel noch ausführlich zu sprechen kommen.

Zwei Schlüsselpflanzen nennt das keltische Book of Pheryllt zur Erreichung des Klartraums. Eine davon ist die *Baldrianwurzel*, die ja auch in unserer heutigen Medizin als harmloses Beruhigungsmittel bekannt ist. Hier heißt es jedoch, wenn man Baldrian in höherer Dosierung als normal vor dem Schlafengehen einnehme, würde man häufig Flugträume haben. Es ist nicht gesichert, auf welchen Grundlagen dies funktionieren soll, doch kann es sicher jeder gefahrlos ausprobieren, wenn er möchte. Wenn es wirklich klappen sollte – im Traum zu fliegen ist nicht nur ein sehr tiefgreifendes Erlebnis, sondern auch eine hervorragende Gelegenheit, um zu erkennen, daß man träumt.

Die zweite genannte Pflanze ist für das Erreichen wachinduzierter Klarträume sicherlich interessanter. Es handelt sich um die *Weidenrinde*. Auch diese Pflanze ist nicht nur in unserer heutigen Naturheilkunde wohlbekannt, sondern auch in der klassischen Pharmakologie, denn der arzneilich wirksame Bestandteil der Weidenrinde ist die *Acetylsalizylsäure* (ASS), also unser heutiges *Aspirin*, das natürlich mittlerweile synthetisch hergestellt wird.

Was hat ein Schmerz- und Fiebermittel wie Aspirin mit Klarträumen zu tun? werden Sie vielleicht fragen. Hierzu muß man sich die therapeutische Wirkung von Aspirin genauer ansehen.

Dieses Medikament wirkt vor allem entzündungshemmend, indem es als Blocker für *Prostaglandin* wirkt, eine hormonähnliche körpereigene Substanz, die immunstimulierend wirkt und eine wichtige Rolle bei Entzündungen und der Entstehung des Fiebers spielt. Passiert Prostaglandin jedoch die Blut-Hirn-Schranke und tritt in die Nervenflüssigkeit (Liquor) über, so wirkt es schlaffördernd.

Acetylsalizylsäure ist damit auch ein Medikament, das dem Einschlafen entgegenwirken kann, da es ja die Bildung des schlaffördernden Prostaglandins blockiert. Vielleicht wurde bei den Kelten die Einnahme in Kombination mit Baldrian empfohlen, damit der Mensch nicht vollkommen wach bleibt, sondern in einen Schwebezustand zwischen Wachen und Schlafen gerät.

Da in der heutigen Zeit Wirkungen und Nebenwirkungen von Aspirin gut dokumentiert sind, kann man unter Wahrung bestimmter Vorsichtsmaßnahmen sicher auch hiermit Versuche anstellen. Allerdings wäre es empfehlenswert, kein synthetisches Aspirin einzunehmen, sondern sich aus getrockneter Weidenrinde (aus dem Kräuterladen), angesetzt mit der doppelten Menge Wodka, selbst eine Tinktur herzustellen. Sie ist nach etwa 14 Tagen gebrauchsfertig und kann dann durch ein Sieb abgegossen und in eine Tropfflasche gefüllt werden. Mit diesem natürlichen Pflanzenauszug dürfte eine bessere Wirkung erreichbar sein als mit einem synthetischen Medikament.

Dabei sollte man allerdings die gleichen Vorsichtsmaßnahmen nicht außer acht lassen wie bei der Medikation mit dem kommerziell hergestellten Aspirin. Bei zu hoher Dosierung kann es zum Beispiel zu inneren Blutungen kommen, was speziell bei Personen zu beachten ist, die aufgrund ärztlicher Verordnung täglich Aspirin einnehmen müssen (um etwa der Arteriosklerose entgegenzuwirken). Besprechen

Sie Ihre Pläne bitte im Zweifelsfall mit Ihrem Arzt oder Heilpraktiker.

Die richtige Dosierung der Tinktur ist individuell anpaßbar. Als Faustregel gilt: zwei Tropfen pro zehn Kilogramm Körpergewicht.

Auch zur Verbesserung der Traumerinnerung hatten traditionelle Kulturen einige Methoden vorgesehen. In England stellte man spezielle Traumkissen her, die mit bestimmten Kräutern gefüllt und neben das Kopfkissen gelegt wurden. Hier sollten offenbar Düfte die Erinnerung an Träume erleichtern. Bekannt sind auch die indianischen Traumfänger, kunstvolle, spinnennetzähnliche Gebilde, die nach Ansicht der Indianer den Traum am Entweichen hindern sollten. Nach heutiger Auffassung dürften sie vor allem einen Bewußtseinsanker, also eine Konzentrationshilfe darstellen.

Die moderne Naturheilkunde kennt ein sehr viel wirkungsvolleres Mittel, das jeder gefahrlos einsetzen kann. Wie man nämlich weiß, kann auch *Vitamin B6* die Traumerinnerung erheblich steigern. Voraussetzung ist allerdings, daß man das Vitamin hochdosiert einnimmt.

In der naturheilkundlichen Disziplin der *Orthomolekulartherapie* hat man herausgefunden, daß Vitamine und Mineralstoffe eine ganz andere therapeutische Wirkung haben, wenn man sie wesentlich höher dosiert, als es der normalen Erhaltungsdosis als Nahrungsergänzung entspricht.

Im Falle des Vitamins B6 liegt die lebensnotwendige Tagesdosis bei 50 mg. Für den Einsatz in der orthomolekularen Therapie kann die Dosis bis auf das Zehnfache erhöht werden. Neben der Verbesserung der Traumerinnerung verringert Vitamin B6 auch das Auftreten von Alpträumen, verbessert die Konzentrationsleistungen bei Tage und wirkt Schlafstörungen und Unruhezuständen entgegen.

Eine Gefahr schädlicher Nebenwirkungen durch Überdosierung besteht bei vernünftigem Gebrauch nicht. Vitamin

B6 ist wie alle B-Vitamine wasserlöslich und kann daher nicht vom Körper gespeichert werden.

Nach unseren Erfahrungen ist eine Tagesdosis von etwa 300 mg (= 3 Dragees à 100 mg) zur Verbesserung der Traumerinnerung ausreichend. Es genügt in der Regel, dies im Rahmen einer kurzen Kur (bis die Packung verbraucht ist) anzuwenden. Lassen Sie sich jedoch keinesfalls ein Vitamin-Komplexpräparat aufschwatzen! Dieses mag als normale Nahrungsergänzung sehr gut sein, eignet sich jedoch nicht für hohe Dosierungen, wie wir sie hier benötigen. Wenn es zum Beispiel fettlösliche Vitamine wie A oder D enthält, ist eine Überdosierung sogar gefährlich. Es gibt nach wie vor einige Pharmahersteller, die Einzelvitamine in Drageeform herstellen. Fragen Sie Ihren Apotheker, und er wird gern solch ein Präparat für Sie bestellen.

Die Unterstützung der Traumarbeit mit hochdosiertem Vitamin B6 ist ein echter Geheimtip, der im Grunde nur unter Insidern bekannt ist und den wir Ihnen wirklich empfehlen können.

Ganz anders sieht es mit einigen anderen Kräutern aus, die aus früheren Zeiten überliefert sind und deren Gebrauch nach heutigem Kenntnisstand jedoch gefährlich bis lebensbedrohlich sein kann.

In der Tradition der mitteleuropäischen Hexen zum Beispiel waren Praktiken des nächtlichen Hexenflugs bekannt (hieraus entstand das bekannte Bild der Hexe, die auf einem Besen reitet). Zur Unterstützung solcher Bewußtseinszustände, die irgendwo an der Schwelle zwischen Klarträumen und außerkörperlichen Erfahrungen angesiedelt sein mochten, diente damals das *schwarze Bilsenkraut (Hyoscyamus niger)*.

Diese Pflanze trägt im Volksmund auch die Beinamen Schlafkraut oder Tollkraut, was auf ihre Wirkung schon unmittelbar hinweist. Sie ist heute als äußerst gefährliche

Giftpflanze bekannt. Die enthaltenen Giftstoffe *L-Hyos-cyamin* und *Scopolamin* gehören zur Gruppe der Alkaloide und wirken auf das zentrale Nervensystem gleichermaßen beruhigend und anregend. Die toxische Dosis liegt allerdings bereits bei etwa 5 mg, ab 14 mg ist Scopolamin sogar tödlich, und gerade bei Verwendung von Pflanzenteilen ist eine genaue Dosierung praktisch unmöglich.

In der Medizin wird Scopolamin zur Behandlung von Psychosen sowie der Parkinsonschen Krankheit eingesetzt. Es hat eine lähmende Wirkung und erzeugt außerdem Halluzinationen.

Gleichzeitig jedoch wirkt Scopolamin, genau wie die Acetylsalizylsäure, als Blocker für Prostaglandin, so daß ein zu tiefes Einschlafen verhindert werden kann. Dies dürfte ein Hauptgrund dafür sein, daß das Bilsenkraut früher zur Unterstützung veränderter Bewußtseinszustände eingesetzt wurde. Heute muß von diesen Praktiken dringend abgeraten werden.

Nicht minder gefährlich ist ein anderes beliebtes „Klartraumkraut", die *syrische Steppenraute (Peganum harmala)*. Ihre Wirkstoffe sind *ß-Carboline*, *Harmin* und *Harmalin*. Sie wirken antidepressiv und phantasieanregend und sollen ebenfalls das Erreichen des Klartraumzustandes sehr stark erleichtern.

Der Wirkmechanismus ist allerdings hier ein anderer als bei den bisher genannten Substanzen. Die Steppenraute wirkt als ein sogenannter Monoaminoxydase-Hemmer (MAO-Hemmer), gehört also zu einer Gruppe pharmazeutischer Wirkstoffe, die auch aus der Psychiatrie bekannt sind. Wie wir bereits früher erwähnt haben (s. S. 65ff.), verhindern diese Substanzen den Abbau bestimmter Neurotransmitter wie Serotonin und Noradrenalin (die zur Gruppe der Monoamine gehören). Dadurch fördern sie nicht nur die Wachheit, sondern auch das Wachbewußtsein, d. h. die normalen linearen Gedankengänge am Tage. Die Einnahme einer solchen

Substanz vor dem Schlaf begünstigt dann natürlich, daß das Wachbewußtsein im Schlaf aktiv bleibt.

Allerdings haben MAO-Hemmer sehr schwere Nebenwirkungen, so daß sie auch in der Psychiatrie nur unter strenger ärztlicher Kontrolle eingesetzt werden dürfen. Doch das ist noch nicht einmal das Schlimmste: Die Monoaminoxydase, deren Wirkung durch MAO-Hemmer, aber eben auch durch Einnahme bestimmter Pflanzen wie der Steppenraute gehemmt wird, ist auch für den Abbau anderer Substanzen im Körper zuständig, die auf Dauer giftig wirken können.

Kurz gesagt darf man während des Wirkzeitraums eines MAO-Hemmers (bei Harmin bis zu 24 Stunden) eine ganze Reihe harmloser Lebensmittel wie Käse, Bananen, Ananas, Fisch, Leber, Kaffee, Tee, Kakao und vieles andere nicht essen, da diese Lebensmittel dann tödlich giftig wirken können! Gleiches gilt für Alkohol, Nikotin und viele Medikamente. Wer also MAO-Hemmer ohne ärztliche Kontrolle einnimmt oder die ärztlichen Verhaltensmaßregeln mißachtet, *der spielt mit seinem Leben!*[39]

Da wir persönlich ohnehin den Gebrauch von Drogen zu jedem Zweck grundsätzlich ablehnen, würden wir normalerweise auf dieses Thema in unserem Buch gar nicht eingehen. Doch heutzutage, durch die massenweise Verbreitung von Informationen aller Art über das Internet, werden natürlich auch Rezepturen unkontrolliert unter das Volk gebracht, oft unkritisch und unter Verkennung der Gefahren. Die hier vorgestellte Liste halluzinogener und traumfördernder Substanzen ist keineswegs vollständig. Wir wollen es jedoch an dieser Stelle dabei belassen.

Kräuter waren aber nicht die einzigen Methoden, die frühere Kulturen zum Erreichen bewußterer und inhaltsreicherer Träume einsetzten. Wir wissen, daß sie zu diesem Zweck zuweilen auch bestimmte Orte aufsuchten, an denen nach ihrer Erfahrung die Traumentstehung begünstigt war. Berühmt ist zum Beispiel der Tempelschlaf der alten Griechen, der dort zu Heilzwecken eingesetzt wurde.

Daß unsere Gesundheit und ein guter Schlaf davon abhängig sind, wo unser Bett steht, wissen wir schon. Hat aber die Qualität des Schlafplatzes auch einen Einfluß auf unsere Träume?

Mit Sicherheit ja, obwohl betont werden muß, daß diese Zusammenhänge bis jetzt nur auf rein empirischer Basis erforscht wurden. Exakte wissenschaftliche Beweise gibt es zu dieser Thematik bislang – noch – nicht, nicht etwa, weil es sie nicht schon geben könnte, sondern, weil bislang noch keine systematischen Untersuchungen in diesem Bereich durchgeführt wurden.

Die theoretische Basis liefert dazu natürlich die *Wellengenetik*, die wir ausführlich in unserem Buch „Vernetzte Intelligenz" abgehandelt haben. Sie besagt im wesentlichen, daß unsere Erbsubstanz, die *DNA*, eine elektromagnetische Antenne ist, die auf diese Weise die Energie, aber auch die Information von elektromagnetischen Wellen aufnehmen und speichern kann. Ein DNA-Molekül ist ständig von einer stabilen Lichtwelle, der sogenannten *Soliton-Welle*, umgeben, die als Informationsspeicher und -sender dient.

Darüber hinaus ist die DNA auch zur *Hyperkommunikation* befähigt, indem sie mikroskopische Raum-Zeit-Verwerfungen, sogenannte *Wurmlöcher*, an ihrer molekularen Struktur andocken läßt. Diese dienen ihr dann als Kommunikationskanäle zur Übertragung von Informationen über die Grenzen von Zeit und Raum hinaus.

Da Klarträume ebenfalls Hyperkommunikationserlebnisse sind, spielt auch bei ihnen die Qualität und Stabilität der DNA-Soliton-Welle eine wichtige Rolle. Wie wir wissen, ist diese Trägerfrequenz bei den Menschen individuell sehr unterschiedlich entwickelt. Es ist aber genau die Frequenz, die es unserem Bewußtsein erlaubt, in Bereiche jenseits von Raum und Zeit aufzubrechen.

Das aber bedeutet, daß die Wurmlöcher, die an unserer DNA angedockt sind, bei Klarträumen stärker aktiviert werden können und müssen. Sie sind natürlich auch bei jedem normalen Traum, vor allem aber in der Tiefschlafphase, besonders aktiv. Die Übersetzung der ganzheitlichen Informationen aus dem Gruppenbewußtsein in unsere menschlichen Begriffe, die dann meistens in der anschließenden REM-Phase geschieht, wird auf diese Weise fließend und kontinuierlich.[40]

Im Klartraum dagegen, der bekanntlich im REM-Stadium stattfindet, muß diese Aktivierung dauerhaft während des REM-Traums vorhanden sein. Nur so kann unser Bewußtsein an Informationen aus der *Network Intelligence* kommen[41], egal in welcher Form. Die Übersetzung der Informationen geschieht dabei simultan.

Die Qualität dieser Übersetzung funktioniert erfahrungsgemäß besonders gut an Orten, die bereits aus alter Zeit als *„Orte der Kraft"* bekannt sind oder auf bestimmten *„Kraftlinien"* (*„Ley lines"*) liegen. Dies ist nicht einmal verwunderlich, wenn man berücksichtigt, daß wir bereits früher die Hypothese aufgestellt haben, die „Kraft eines Ortes" würde von lokalen Schwankungen der Gravitation verursacht.[42]

Gönnen Sie sich also ruhig einmal das Abenteuer, während einiger Urlaubstage gezielt auf einer Kraftlinie zu schlafen. Damit meinen wir natürlich nicht unbedingt, in einem Zelt auf einem Berg ständig auf Klarträume zu lauern. Viel praktischer ist es, zuerst Informationen zu sammeln, wie und wo die Kraftlinien in einer Region verlaufen. Abhängig von Wetter und Jahreszeit können Sie dann selbst entscheiden, ob Sie ganz abenteuerlich in freier Natur schlafen wollen oder eher ein bequemes Zimmer in einem – meist sehr gemütlichen – Gasthaus bevorzugen. Fünf-Sterne-Hotels sind auf Kraftlinien allerdings kaum zu erwarten.

Es gibt in Europa einige wenige Plätze, die hinsichtlich

unserer Träume wahre Wunder bewirken können. Drei von ihnen wollen wir Ihnen als „heißen Tip" empfehlen.

Da ist zunächst die Kraftlinie durch *Gößweinstein* nahe der Wallfahrtskirche (dort befindet sich der Gasthof „Zum Stern") in der Fränkischen Schweiz, etwa zwischen Bayreuth und Nürnberg.

Der nächste Geheimtip ist der Gipfel des *Mirnock* in Kärnten (etwa 2000 m hoch gelegen), wo sich ein Alpengasthof befindet. Der Mirnock liegt auf einer planetaren Kraftlinie quer durch Österreich, die über den nahe gelegenen Millstätter See bis zum Großglockner führt. Wir möchten allerdings darauf hinweisen, daß die immense Kraft dieses Ortes nicht unbedingt etwas für Einsteiger ist. Die dortigen Energien können bei unvorbereiteten Menschen auch zu Unruhe und Schlafstörungen führen.

Wir haben die Schwankungen der Gravitation am Mirnock durch Uhrenvergleiche selbst messen und nachweisen können. Innerhalb von nur einer Stunde geht eine Stoppuhr auf diesem Berg um mehrere Sekunden falsch.[43] Wir haben allerdings keine Langzeitmessungen durchgeführt, um festzustellen, ob diese Schwankungen dort dauerhaft vorliegen. Sie könnten nach unserer Erfahrung zeitlich variieren. Aus Gesprächen mit den Inhabern des Alpengasthofs ergab sich jedoch, daß die Energien dort subjektiv dauerhaft spürbar sind.

Eine bekannte Gravitationsanomalie liegt auch in dem polnischen Kurort *Karpacz* am Fuße der Schneekoppe vor, die dort sogar so stark ist, daß sie Flaschen, Autos und andere Gegenstände bergauf rollen läßt.[44] Auch entlang dieser Straße gibt es einige Gästehäuser, in denen man sich für Klartraumversuche einquartieren kann. Die von uns ebenfalls dokumentierte Gravitationsanomalie entlang der Via dei Laghi in Italien hingegen verläuft unpraktischerweise gänzlich auf freiem Feld.

An solchen Kraftorten ändert sich zunächst einmal das

Schlafprofil eines Menschen ganz gewaltig. Man ist meist in der Lage, etwa alle drei Stunden für ca. zwei Stunden einzuschlafen, was im Vergleich zum normalen Schlafrhythmus phantastische Möglichkeiten eröffnet. Zusätzlich günstig ist die geringere Schlaftiefe an diesen Orten.

Wenn Sie sich also einmal einige Urlaubstage an einem solchen Kraftort gönnen, werden Sie es mit Sicherheit nicht bereuen und wohl auch ihr Leben lang nicht mehr vergessen.

Solch eine natürliche geomantische Stütze kann Ihnen helfen, das Klarträumen zu erlernen, und zwar schnell, oder wenn Sie schon Klarträumer sind, werden Sie an einer Kraftlinie Ihre Möglichkeiten voll ausschöpfen können.

Der Schlaf auf einer Kraftlinie bietet praktisch einen ununterbrochenen Zugang zum kosmischen Netz der Intelligenz. Sie werden also während des Träumens eine einmalige Klarheit des Bewußtseins erleben können. Dann werden Sie ganz deutlich spüren, an eine intelligente Wissensquelle angeschlossen zu sein (ein Gefühl, das man nicht beschreiben kann), und wenn Sie wollen, können Sie diese Möglichkeiten beliebig ausleben.

Am Anfang empfehlen wir Ihnen, die Informationen, die Sie bewußt gefördert oder erhalten haben, nach jedem Schlaf auf Band aufzusprechen. Wie Sie diese Informationen später auswerten oder benutzen, ist Ihre Sache. In Ihren Träumen werden Sie sie als Bilder, akustisch hörbare Texte oder energetische Abenteuer erleben.

Aber wir warnen Sie – es lohnt sich nicht zu übertreiben. Sie müssen die Träume auf einer Kraftlinie mit Ihrem körperlich-psychischen Zustand synchronisieren und Ihrer DNA und Ihrem Bewußtsein zuerst nur kurze, leichte Dosen anbieten. Nur wahre Könner werden auf eigene Verantwortung das zu erleben wagen, wozu sie auch den Mut und das Bedürfnis haben.

An Kraftorten übt man allerdings Klarträume ein wenig anders, als wir es bislang kennengelernt haben. Man benutzt nämlich vorzugsweise die Technik der wachinduzierten Klarträume, auf die wir bereits kurz eingegangen sind. Nur so kann man die energetischen Möglichkeiten des Ortes für die Träume voll nutzen. Wir möchten Ihnen jetzt genauer erklären, wie diese Technik funktioniert.

Bisher bestand unsere Ausgangssituation darin, uns in einem normalen Traum bewußt zu werden, daß wir träumen. Nun drehen wir den Spieß um, d. h. wir sind schon klar (bzw. noch wach) und müssen jetzt „nur noch" träumen.

Wie wir alle wissen, ist der Vorgang des Einschlafens ein Prozeß, der eine gewisse Zeitspanne in Anspruch nimmt. Nachdem wir uns zum Schlafen hingelegt und die Augen geschlossen haben, sind wir zunächst noch eine Zeitlang wach, unser Gehirn geht jedoch schon sehr bald in einen entspannten *Alpha-Zustand* über, in dem unsere rastlosen Gedanken des Tages zur Ruhe kommen.

In diesem Zustand erreichen uns häufig schon erste Traumfragmente, flüchtige Bildfetzen, die die Wissenschaft als *hypnagoge Bilder* bezeichnet. Wenn wir nicht durch äußere Reize gestört werden, geht dieser Zustand nach einiger Zeit in den normalen Schlaf über.

Bereits für die alten Kulturen war dieser Schwebezustand zwischen Wachen und Schlafen außerordentlich bedeutsam, und im Zuge einer Ausbildung im Träumen (wie z. B. bei der keltischen Mondvision) lernte der Schüler, in diesem Moment das wache Bewußtsein zu halten und so bereits bewußt in den Klartraum einzutreten. Sämtliche „kritischen Fragen" nach dem Realitätsgehalt der Traumszenerie sind bei dieser Technik überflüssig. Beim wachinduzierten Klartraum weiß der Träumer von vornherein, daß er träumt und sich in einer Traumszenerie befindet.

Das heißt allerdings nicht, daß diese Klartraumtechnik etwa einfacher zu erlernen wäre. In der Regel ist das Gegenteil der Fall. Nach unserer Erfahrung lernen die meisten Menschen die früher beschriebenen trauminduzierten Klartraumtechniken schneller. Das *bewußte Einschlafen* hat aber dennoch als gleichberechtigte Technik große Bedeutung, denn

> es gibt Menschen, die ganz einfach eine natürliche Begabung für diese Technik mitbringen. Ob Sie auch zu diesen Menschen gehören, können Sie natürlich nur herausfinden, wenn Sie es ausprobieren;
> es gibt, wie gesehen, Hilfsmittel, die einem zu tiefen Einschlafen bzw. zu starken Dämpfen des Wachbewußtseins entgegenwirken können.

Die Hauptschwierigkeit beim bewußten Einschlafen besteht darin, die Balance zwischen Wachbewußtsein und sich entwickelnder Traumszenerie zu halten. Wenn Sie es ausprobieren, werden Sie schnell feststellen, daß man zum Beispiel die hypnagogen Bilder vor dem inneren Auge nicht zu stark fixieren darf, sonst lösen sie sich einfach wieder auf. Zudem fördert jeder fixierende Blick das Erwachen, wie wir noch sehen werden.

Jede Form des Erzwingenwollens wird bei dieser Technik den Erfolg hundertprozentig verhindern. Dadurch erreicht man nur, ganz einfach wach zu bleiben (bis man nach einiger Zeit vermutlich so müde ist, daß man in den Tiefschlaf absackt).

Bewußt einzuschlafen bedeutet nicht, es willentlich zu tun (niemand weiß schließlich, wie man es macht), sondern nur, es geschehen zu lassen, in die sichtbar werdende Traumszenerie hineinzugehen und nach Möglichkeit mit ihr zu verschmelzen. Die einzige Aufgabe des Wachbewußtseins besteht darin, diese Vorgänge beobachtend zur Kenntnis zu nehmen und dabei ständig zu wiederholen: *„Das ist ein Traum.“*

Zur Unterstützung dieser Einschlaftechnik haben wir eine spezielle Klartraum-Meditation entwickelt, die auf Kassette oder CD erhältlich ist. Diese Meditation kann man abends am Bett laufen lassen und versuchen, dabei (bewußt) einzuschlafen. Den Text zu dieser Meditation verdanken wir übrigens einer Hyperkommunikationserfahrung im Klartraum!

Die Technik des bewußten Einschlafens eignet sich auch hervorragend für ein kleines Nickerchen am Nachmittag oder wenn man sich am Sonntagmorgen noch einmal auf die andere Seite dreht, bevor man aufsteht. Auf diese Weise kann man übrigens auch lernen, den letzten Traum vor dem Erwachen bewußt fortzusetzen.

Die Tatsache, daß wir hier nahtlos aus dem Wachzustand in den Klartraum (und damit in den REM-Traum, ohne Umweg über die Tiefschlafphase) übergehen, kann zu einigen seltsamen Körperempfindungen führen, die bei den bisher bekannten trauminduzierten Klarträumen nicht auftraten.

Bekanntlich ist im REM-Schlaf die Muskulatur des Körpers mit Ausnahme der Augen und der Atemmuskulatur vollständig paralysiert. Beim bewußten Einschlafen muß man also damit rechnen, daß man dies noch zumindest teilweise im materiellen Körper bewußt spürt, während man beim trauminduzierten Klartraum im Moment der Klarheit bereits voll mit dem Traumkörper identifiziert ist.

Zu diesen möglichen Empfindungen gehören:

➢ ein Gefühl der Bewegungsunfähigkeit
➢ ein Schweregefühl auf der Brust
➢ Empfindungen von Elektrizität im Körper
➢ eventuell ist ein Summen oder ein anderes Geräusch zu hören
➢ ein Gefühl der Auflösung des Körpers oder sogar der Eindruck, den Körper zu verlassen.

All diese Gefühle sind vollkommen ungefährlich und spiegeln nur normale physiologische Vorgänge beim Übergang in den REM-Schlaf wider. Ein unvorbereiteter Mensch kann sich dadurch jedoch erschrecken, was in der Regel zum Erwachen führt. *„Der Trick ist, daß man sich nichts daraus macht"*, wie der gute alte *Lawrence von Arabien* zu sagen pflegte

Selbst bei dieser Methode des bewußten Einschlafens muß man allerdings aufpassen, daß einen das Unterbewußtsein nicht austrickst. Es ist nämlich nicht immer zufrieden mit unserem Wunsch nach Klarheit im Traum, da es sich nicht in alle Karten schauen lassen möchte. Daher bedient es sich so mancher Finten, um uns in die Irre zu führen. Einige Beispiele haben wir schon in früheren Kapiteln angesprochen.

Wie das Unbewußte einen Naturwissenschaftler ins Bockshorn jagt, indem es genau seine Vorlieben und Interessen ausnutzt, zeigt dieses lustige Beispiel:

Franz gelang es eines Nachts, durch die Technik des bewußten Einschlafens in einen wachinduzierten Klartraum zu gelangen. Die eigentliche Traumhandlung tut hier nichts zur Sache, denn schon nach kurzer Zeit ertönte von rechts oben, offenbar aus einem Lautsprecher, eine laute Ansage: „Achtung, Achtung! Wir müssen jetzt den Klartraum verlassen, da wir in die nächste Tiefschlafphase gehen müssen."

Klartraum ade!

Grażyna ließ sich bei anderer Gelegenheit eher auf psychologischem Terrain austricksen. Sie träumte, mit einer Reisegruppe an einer Safari in einem tropischen Dschungel teilzunehmen. Plötzlich sahen sie aus dem Unterholz drei Tiger hervorkommen. Ein Mann neben ihr machte schon sein Gewehr schußbereit, da sagte Grażyna zu ihm: „Wenn Paul Tholey jetzt hier wäre, würde er den Tiger bestimmt fragen, wer er ist."

„Ja ja, ganz sicher", antwortete der Mann schmunzelnd und legte das Gewehr zum Schuß an.

„Vielleicht schießen Sie lieber nicht auf den Tiger?" bat ihn Grażyna, „vielleicht ist das ja doch irgend jemand."

Daraufhin ließ der Mann sein Gewehr wieder sinken. Der Rest des Traums verlor sich im Dschungel des Unbewußten.

Über die Technik des bewußten Einschlafens läßt sich im Grunde nicht viel mehr sagen, denn die dabei auftretenden Empfindungen lassen sich nur schwer beschreiben und können nur erfahren werden.

Wir können Ihnen neben der bereits erwähnten Klartraum-Meditation allerdings noch einige Übungen vorstellen, mit denen sich das Erlernen dieser Technik sinnvoll unterstützen läßt.

Da es beim bewußten Einschlafen darauf ankommt, auftretende Bilder bei klarem Bewußtsein zu halten, ohne sie zu fixieren, sind vor allem Visualisierungsübungen zu empfehlen, die Sie am Tage durchführen können.

Beginnen Sie hierzu mit einer brennenden Kerze. Betrachten Sie diese Kerze mit offenen Augen, bis Sie spüren, daß Ihre Augen ermüden. Schließen Sie dann die Augen. Wie Sie sehen werden, bleibt auch bei geschlossenen Augen ein schwaches Abbild der Kerze erhalten. Dies ist zunächst einmal ein rein physiologischer Vorgang, ein sogenanntes *eidetisches Nachbild*, das dadurch entsteht, daß die lichtempfindlichen Rezeptoren in der Netzhaut des Auges eine gewisse Zeit brauchen, um aus einem Reizzustand wieder in den Ruhezustand überzugehen.

Diesen natürlichen Vorgang nutzen wir jetzt für unsere Visualisierungsübung aus, was den Vorteil hat, daß niemand behaupten kann, er sei dazu nicht in der Lage.

Halten Sie die Augen so lange geschlossen, bis das Nachbild verschwindet, öffnen Sie sie dann wieder und schauen Sie auf die Kerze. Diesen Vorgang wiederholen Sie anfangs insgesamt drei Mal.

Nach und nach können Sie die Übung auch verlängern. Ziel der Übung ist es, ein Bild vor dem inneren Auge möglichst lange stabil zu halten, ohne dies bewußt zu erzwingen.

Wenn es mit der Kerze schon gut funktioniert, können Sie auch zu anderen Gegenständen übergehen, die nicht selbstleuchtend sind, etwa einem Apfel, einer Tasse oder einem Stein.

Betrachten Sie Ihren gewählten Gegenstand etwa drei Minuten lang mit offenen Augen, ohne sich auf irgendein Detail zu konzentrieren. Versuchen Sie statt dessen, das Bild in seiner Gesamtheit zu erfassen. Dann schließen Sie die Augen und betrachten das Nachbild, bis dieses wieder verschwindet, genau wie bei der Kerze.

In der dritten Stufe können wir die Übung noch etwas schwieriger gestalten. Nachdem Sie das Objekt Ihrer Konzentration einige Zeit betrachtet haben, schließen Sie die Augen nicht, sondern drehen nur den Kopf, so daß der Gegenstand aus dem Blickfeld rückt, und versuchen, das Nachbild diesmal mit offenen Augen im Raum zu sehen, unabhängig davon, was sich sonst in Ihrem neuen Blickfeld befindet. Achten Sie dabei auch auf Ihre Gefühle, und stellen Sie sich vor, daß das Objekt, dessen Bild Sie da im Raum hängen sehen, wirklich existiert, und zwar nur deshalb, weil Sie es so wollen.

In der vierten Stufe schließlich erzeugen Sie wieder ein virtuelles Nachbild bei geschlossenen Augen, versuchen aber diesmal, dieses Bild mit Hilfe Ihres Willens zu manipulieren. Rücken Sie es zum Beispiel im Raum hin und her, oder verlegen Sie es in einen Bereich Ihres Körpers, etwa in Ihr eigenes Halschakra, einen feinstofflichen energetischen Wirbel, der sich ungefähr auf Höhe Ihres Halsansatzes befindet.

Sobald Sie in diesen Visualisierungstechniken geübt sind, können Sie auch eine traditionell überlieferte Methode des bewußten Einschlafens üben: den *Tibetanischen Traum-Yoga*.

So einfach diese Methode aussehen mag – sie ist ein außerordentlich machtvolles Verfahren der tibetanischen Traummagie und hilft vermutlich dabei, die rechte Gehirnhälfte zu aktivieren, die ja bei der Traumentstehung eine wichtige Rolle spielt.

Wie aus den mystischen Traditionen Zentralasiens überliefert ist, lassen sich veränderte Bewußtseinszustände auch dadurch erreichen, daß man sich auf bestimmte Körperregionen konzentriert.

1. Visualisieren Sie zunächst das Bild einer Lotosblüte, in deren Zentrum eine Flamme brennt.
2. Wenn dieses Bild klar und deutlich vor Ihrem inneren Auge steht, bewegen Sie es in den Bereich Ihres Halschakras.
3. Konzentrieren Sie Ihr Bewußtsein auf die Spitze der Flamme.
4. Sobald das Bild plastisch und lebendig ist, lassen Sie es einfach existieren und beobachten es nur rein passiv.
5. Mit der Zeit wird sich das Bild der Flamme in der Lotosblüte mit anderen Bildern vermischen, die vor Ihrem inneren Auge entstehen.
6. Lassen Sie sich von diesen Bildern nicht einfangen, sondern beobachten Sie nur, wie sie kommen und gehen.
7. Das Bild der Lotosblüte soll kontinuierlich im Bewußtsein bleiben.
8. Schließlich kommt der wichtigste Schritt (von ganz allein!!!): Das Bewußtsein wird sich mit dem Bild vermischen, d. h. der Beobachter und das Bild werden eins.

Nach Aussagen der Tibeter wird in diesem Zustand das klare Bewußtsein im Traum so lange erhalten bleiben, wie das Bild des Lotos bleibt.

Damit haben wir Ihnen nun eine breite Palette von Möglichkeiten zur Verfügung gestellt, wie Sie den Zustand des Klartraums erreichen können. Wählen Sie aus dieser Vielfalt diejenigen Übungen und Techniken für sich aus, die Ihnen am meisten liegen, oder seien Sie kreativ und erfinden Sie Ihre eigenen Methoden.

Sie sind jetzt auf dem besten Weg, Ihren *Pilotenschein für Oneironauten* (Traumreisende) zu machen.

Allerdings sollte Ihnen klar sein, daß jemand, der in der Lage ist, einen Wagen zu starten, noch lange kein Fahrer ist und daß es nicht reicht, ein Flugzeug nur in die Luft zu bringen. Man muß es auch navigieren können.

Es fehlt uns bislang auch noch das Wissen, wie man wieder „landet". Wie komme ich aus dem Klartraum wieder heraus, wenn ich dies will (und nicht auf das normale Erwachen warten möchte)?

Kurz gesagt: Nehmen wir an, Sie erreichen den Klartraumzustand. Was nun?

Begeben wir uns also auf die vielleicht spannendste Reise des ganzen Buches, die Reise in Ihr eigenes Inneres. Dieses können Sie natürlich nur selbst und individuell erfahren. Wir möchten Ihnen dazu einige Hinweise geben, was Sie dort erwartet, wie Sie mit Möglichkeiten und Hindernissen am besten umgehen können, und vor allem, wie Sie den Klartraum für sich selbst und Ihre persönliche Entwicklung im Leben am besten nutzen.

X
Pilotenschein für Oneironauten

Kontakt zu sich selbst

> *Please turn on your magic beam*
> *Mr. Sandman, bring me a dream.*
>
> (Pat Ballard)

Nehmen wir einmal an, Sie haben sich aus der Vielzahl der in den vorangehenden Kapitel angebotenen Übungsmöglichkeiten Ihr persönliches Klartraum-Trainingsprogramm zusammengestellt. Sie haben Ihre Übungen absolviert und dabei schon die tollsten Abenteuer mit sich selbst erlebt, und eines schönen Tages (besser: eines Nachts) haben Sie plötzlich Ihren ersten Klartraum. Die erste Frage, die sich Ihnen dann stellt, lautet: Was nun?

Viele Menschen sind im ersten Augenblick, in dem sie erkennen, daß sie träumen, von diesem Gefühl so überwältigt, daß sie vor Aufregung gar nicht wissen, was sie mit dieser Erkenntnis nun eigentlich anfangen sollen.

Das ist im Grunde völlig in Ordnung. Für die meisten von uns ist der Klartraum noch ein fremdartiger Bewußtseinszustand, und es gehört zu einem fundierten Training dazu, auch die dabei entstehenden Gefühle kennenzulernen.

Klarträume sind mit Sicherheit ein sehr profundes Instrument, um tiefgreifende Lernprozesse zur Weiterentwicklung der Persönlichkeit einzuleiten, und doch würden wir Ihnen raten, in Ihren ersten Klartraumversuchen noch nichts derartig „Weltbewegendes" zu versuchen. Noch sind

Sie Neulinge im Land der „Oneironauten", und es kommt vorrangig darauf an, Sicherheit im Umgang mit der Technik des Klarträumens zu gewinnen.

Denken Sie immer daran, daß niemand Sie hetzt. Wenn Sie ihr Trainingsprogramm ernsthaft absolvieren, wird Ihr erster Klartraum sicher nicht Ihr letzter gewesen sein. Nichts zwingt Sie also dazu, alles, was Sie sich für Ihr Leben vorgenommen haben, in ihn hineinzupacken. Viel wichtiger ist es für Sie, die Technik des Klarträumens selbst zu vertiefen, also zum Beispiel folgende Fragen zu klären:

➤ „Ich hatte jetzt einen Klartraum. Wie schaffe ich es, öfter einen zu haben?"
➤ „Wie erreiche ich es, den Klartraumzustand zu verlängern?"
➤ „Wie kann ich einen Klartraum auf Wunsch beenden?"

Die erste Frage ist leicht zu beantworten. Fahren Sie einfach mit Ihren Übungen fort, die Sie bis an diesen Punkt gebracht haben. Zusätzlich können Sie nunmehr auch den Klartraum selbst als Übungsfeld benutzen, indem Sie sich zum Beispiel während eines Klartraums die Suggestion erteilen: *„Immer, wenn ich träume, so wie jetzt, werde ich erkennen, daß ich träume, so wie jetzt."*

Eine solche Suggestion wirkt natürlich jetzt, während des Traums, da das Tor zum Unbewußten geöffnet ist, viel stärker als im Wachzustand am Tage, vor allem, da man sie in diesem Moment an einen realen Ist-Zustand ankern kann. Wenn Sie in diesem Augenblick bereits im Klartraum sind, kann kein innerer Zweifel mehr daran aufkommen, daß Sie es wieder schaffen können.

Suggerieren Sie sich bitte *nicht*, von nun an immer Klarträume zu haben. So ein Automatismus wäre keinesfalls wünschenswert, und wenn man sich etwas wünscht, kann man nie sicher sein, ob es einem nicht gegeben wird. Behalten Sie immer die Kontrolle. Sie sollten nur dann Klarträume haben, wenn Sie dies auch wirklich wollen!

Bevor wir uns den anderen beiden Fragen zuwenden und uns dann mit den essentiellen Trauminhalten befassen, ist zunächst noch zu klären, was genau man in einem Klartraum tun soll. Sicher ist: Sie *müssen* in einem Klartraum aktiv werden, denn sonst ist er schneller zu Ende, als Sie denken.

Es ist vollkommen in Ordnung, wenn Ihre ersten Klartrauminhalte vorrangig der Unterhaltung dienen. Nutzen Sie den „Harry-Potter-Effekt", spielen Sie mit der neugewonnenen Macht herum, indem Sie ein wenig „zaubern", also auf Wunsch Dinge oder Personen erscheinen oder verschwinden lassen oder in der Form verändern. Das trainiert Ihre Fähigkeit, den Traum zu gestalten, und erhöht gleichzeitig Ihr Selbstvertrauen, daß Sie dazu in der Lage sind.

Sie können auch versuchen zu fliegen. Aber bitte springen Sie erst dann von der Leiter oder vom Dach, wenn Sie sich wirklich sicher sind, daß Sie träumen. Flugträume gehören zu den großartigsten Sinneserfahrungen, die ein Mensch haben kann. Außerdem können Sie sich natürlich in so einem Flugtraum an jeden beliebigen Ort des Universums tragen lassen, obwohl sich dies sogar noch schneller erreichen läßt. Denken Sie einfach daran, wohin Sie wollen, getreu dem alten Motto: *Fifth Avenue – und du bist da!*

A propos: In einem Klartraum wünschte sich Grażyna einmal, einen Einkaufsbummel auf der Fifth Avenue zu machen – gemäß diesem alten Werbeslogan. Sofort fand sie sich tatsächlich in New York wieder. Sie verlebte dort einen schönen Nachmittag, kaufte sich das Eau de Parfum dieser Marke dort jedoch nicht, weil ihr klar war, daß sie es nicht mit in die Tagesrealität bringen konnte.

Statt dessen beschloß sie, sich als Erinnerung an diesen schönen Traum am nächsten Tag wirklich eine solche Flasche zu kaufen. Die Überraschung kam an der Kasse der Parfümerie: Die Verkäuferin überreichte ihr die Flasche in einer wunderschönen Tasche, die ein Bild von einem Sonnenuntergang über der Fifth Avenue zeigte. Die Parfümerie wechselt die Werbeaufdrucke auf ihren Taschen sehr häufig. Nur wenige Tage später waren auf ihnen zum Beispiel „Römische Impressionen" abgebildet.

Das zeigt, daß hier eine Synchronizität zu den Tagesereignissen vorlag. Ob sie durch den Klartraum ausgelöst wurde, läßt sich natürlich nicht beweisen, aber sie war da.

Solche einfachen Klartrauminhalte, die ganz einfach Spaß machen, bieten dem Bewußtsein ein positives Feedback für den Erfolg, den Klartraumzustand erreicht zu haben.

Auf diese Weise kann man auch spielerisch neue Verhaltensweisen einüben, die man sich im Leben am Tage noch nicht zutrauen würde. Das kann bedeuten, endlich einmal Dampf abzulassen und dem Chef die Meinung zu sagen (es ist ja nur ein Traum-Chef, es kann also nichts passieren), aber auch, mit einer Traum-Partnerin neue Sexualtechniken auszuprobieren. Das Schöne am Klartraum ist es, daß man sich hier in einer vollkommen privaten Welt befindet, zu der – jedenfalls in der Regel – niemand außer Ihnen Zugang hat.

Eine weitere Möglichkeit besteht darin, nach Erreichen der Klarheit ganz einfach den Traum zu beobachten. Manchmal ist es das Zauberhafteste an einem Klartraum, ihn nur anzuschauen. Viele Klarträumer waren erstaunt über die Klarheit, Komplexität und Solidität der Traumwelt.

Man muß sich der Tatsache bewußt sein, daß der Zustand der Klarheit im Traum nicht einheitlich ist, sondern durchaus noch Abstufungen besitzt. Nur die wenigsten Menschen dürften Träume von so absoluter Klarheit erreichen, daß sie eine vollständige Kontrolle über die gesamte Traumszenerie haben. Das heißt, Sie müssen auch im Klartraum immer darauf gefaßt sein, daß etwas Unvorhergesehenes geschieht, das auf den ersten Blick auch bedrohlich wirken kann.

Sicher dürften diese Bedrohungen in 90 Prozent aller Fälle nur scheinbarer Natur, nur Ausdruck Ihrer eigenen inneren

Ängste sein, und es ist bestimmt für den Klarträumer lohnend zu lernen, wie man sich diesen Situationen stellt und sie auflöst. Dennoch ist es gerade am Anfang sehr beruhigend zu wissen, daß es auch einen absolut sicheren Ausweg gibt, der Sie aus jeder Situation im Traum befreien kann: das gezielte, bewußte Erwachen.

Ein anderer Beweggrund, den Klartraum gezielt beenden zu wollen, kann der sein, daß man gerade etwas sehr Wichtiges erfahren oder getan hat und sichergehen möchte, es nicht zu vergessen. Auch in dieser Situation ist es am besten, ganz einfach aufzuwachen und alles nochmals zu überdenken und aufzuschreiben.

Im Gegensatz zum herkömmlichen Traum, den wir in der Regel passiv über uns ergehen lassen, selbst wenn es ein Alptraum ist, haben wir im Klartraum eine ganze Reihe von Möglichkeiten, den Traum auf Wunsch zu beenden. Die einfachste und sicherste Möglichkeit ist die, *irgendeinen Punkt in der Traumszenerie mit Ihren Traumaugen zu fixieren.* Wenn Sie dies tun, so werden Sie bemerken, daß die gesamte Traumrealität langsam verschwimmt und sich schließlich auflöst. Sie wachen auf.

Warum das so funktioniert, ist leicht zu erklären. Die Laborexperimente von Stephen LaBerge (s. Kapitel VIII) haben bewiesen, daß Änderungen der Blickrichtung im Traum sich in realen Augenbewegungen im materiellen Körper widerspiegeln. Nun wissen wir aber, daß Klarträume während des REM-Schlafs stattfinden, dessen charakteristisches Zeichen schnelle Augenbewegungen sind. Das Fixieren eines Punktes in der Traumszenerie führt also dazu, daß diese schnellen Augenbewegungen und damit die REM-Schlafphase beendet werden.

Sehr oft reicht es auch ganz einfach aus, seine Aktivitäten im Klartraum einzustellen, d. h. *sich im Traum hinzusetzen oder hinzulegen* und der Handlung so die Dynamik zu nehmen. *Jede Handlung, die zur Distanzierung des*

Bewußtseins von den Trauminhalten führt, fördert ein gezieltes Erwachen.

Die Distanzierung kann auch erfolgen, indem man *die Traumszenerie ignoriert und anfängt, darüber nachzudenken, was man nach dem Aufwachen tun will.*

Achten Sie allerdings darauf, daß das Unbewußte Sie nicht durch ein *falsches Erwachen* hinters Licht führt. Auf diesen recht häufigen Effekt haben wir bereits mehrfach hingewiesen. Man glaubt nur, erwacht zu sein, doch in Wahrheit träumt man davon, wach zu sein und im Bett zu liegen.

Will man nur einer unangenehmen Situation im Traum entfliehen, so ist das im Grunde egal. Man kann dann auch ruhig in einer anderen Szenerie weiterschlafen. Es ist aber dann ärgerlich, wenn man gezielt aufwachen will, um sich etwas zu notieren, und später stellt man fest, daß alle niedergeschriebenen Notizen in einem Heft stehen, das nur im Traum existierte und damit unwiederbringlich verloren ist. Nur sehr fortgeschrittene Klarträumer können Gegenstände in der Traumwelt verstecken und in späteren Träumen wiederfinden. Bei den Kelten gehörte dies zur Ausbildung in der Technik der Mondvision.

Machen Sie es sich daher zur Regel, sich beim Erwachen immer zuerst die kritische Frage zu stellen, ob Sie nicht vielleicht träumen.

Wenn Sie die Mechanismen zum gezielten Erwachen genügend verinnerlicht haben, kann es Ihnen unter Umständen sogar gelingen, sie auch unbewußt in normalen Träumen zu nutzen. Auf diese Weise können Sie lernen, jeden Alptraum schnell und schmerzlos zu beenden.

Natürlich lernen wir aber Klarträume nicht, um aus ihnen aufzuwachen. Oft sind sie ohnehin schneller zu Ende, als uns lieb ist. Die nächste wichtige Frage lautet daher: *Wie schafft man es, im Traum die Klarheit zu erhalten und damit den Klartraum zu verlängern?*

36

36 Eine kosmische
   Kraftlinie (Ley-Line)
   führt in Kärnten vom
   Gipfel des Mirnock
   (Vordergrund) über
   den Millstätter See
   zum Großglockner
   (Hintergrund).

37 Eines der
   Energiezentren
   auf dem Gipfel des
   Mirnock liegt am
   Rande eines Waldes
   und wurde von der
   Kurverwaltung
   von Döbriach am
   Millstätter See
   durch ein kleines
   Holzhäuschen mit
   Ruhebank markiert.

37

38

38 *In Österreich werden Orte der Kraft auch von Kurverwaltungen und Kommunalbehörden vielfach schon ernst genommen. Hier zeigt ein offizieller Wegweiser die Straße zu den Kraftorten auf dem Mirnock an.*

39 *In der Nähe des Baches Łomnica am Ortsrand von Karpacz (Polen) befindet sich eine Gravitationsanomalie. Auch für die polnischen Behörden ist dies ein ernstzunehmendes Phänomen, das in den offiziellen Stadtplänen vermerkt ist.*

39

40

40 In unseren Träumen verschieben sich die Perspektiven,
es kann zu surrealistischen Sprüngen in Raum und Zeit
kommen, im Sinne des Zeitmodells von Stephen Hawking.

41 Bizarrere Traumfigu-
ren, zum Beispiel ohne
Gesichter (wie hier
auf dem Gemälde „La
grande guerre" von
René Magritte) deuten
häufig auf archety-
pische Trauminhalte
oder Hyperkommuni-
kationsvorgänge hin.

41

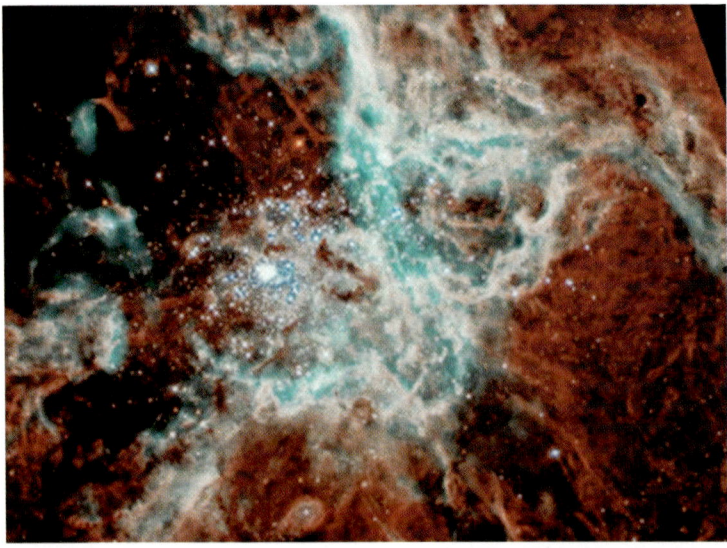

42

42 *Ein Traum der Menschheit, der inzwischen Wirklichkeit geworden ist:*
Mit dem Hubble-Teleskop der NASA blicken wir in die tiefsten Tiefen des Alls.

43 *Aufnahme des Hubble-Teleskops vom interstellaren Gasnebel 30 Doradus Nebula.*
Aus dieser Wolke wird in ferner Zukunft ein neuer Stern geboren werden.

43

Auch wenn Sie jetzt vielleicht überrascht sein werden: Ein paar Techniken zur Klartraumverlängerung kennen Sie schon!

Sie brauchen nur all das nicht zu tun, was zum Aufwachen führen kann, und schon haben Sie einige *Hinweise, wie man Klarträume ausdehnt:*

➢ Fixieren Sie keinen Punkt längere Zeit mit den Augen.
➢ Werden Sie Teil der Traumhandlung, richten Sie Ihre Aufmerksamkeit auf die Traumszenerie und wirken Sie aktiv am Traum mit.

Viele Menschen erwachen auch deshalb unfreiwillig aus einem Klartraum, weil ihre Begeisterung zu groß war. Dies klingt paradox, weil man doch gerade nicht distanziert zum Traum sein soll. Doch so mancher Klarträumer fing an, vor Freude über den erreichten Klartraumzustand zu springen und zu schreien, um dann aufzuwachen. Es ist zwar wichtig, aktiv zum Bestandteil des Traums zu werden, man sollte dabei aber immer die Empfehlung berücksichtigen: *Play busy, play cool!*

Es gibt nur zwei Gründe, weshalb ein Klartraum vorzeitig enden kann: entweder man wacht auf, oder man vergißt, daß man träumt, und verliert so die Klarheit. Der Klartraum geht dann als normaler Traum weiter, oder man geht in die Tiefschlafphase über.

Wie sich ein vorzeitiges Erwachen verhindern läßt, wissen wir schon (es sei denn, der Wecker klingelt, weil wir aufstehen müssen).

Doch selbst, wenn wir aktiv am Traum teilnehmen und dabei ein „Pokerface" bewahren, um nicht im Überschwang der Gefühle aufzuwachen, können wir immer noch vergessen, daß wir klar sind. Im Grunde ist dies sogar die häufigste Ursache für ein vorzeitiges Ende eines Klartraums.

Der Verlust der Klarheit kann in mehreren Stufen von-

statten gehen, so daß man beim Erkennen der ersten Warn-
zeichen seine Restklarheit durchaus noch nutzen kann, um
den Klartraum zu retten:

1. Man weiß zwar noch, daß man träumt, hält aber trotzdem
   Personen, denen man begegnet, für real.
2. Man weiß, daß man träumt, beginnt aber, sich über die
   Entwicklung des Traums Sorgen zu machen.
3. Man vergißt vollständig, daß man träumt.

Ertappt man sich also im Klartraum in Situationen 1
oder 2, so sollte man sich sofort wieder sagen: *„Das ist ein
Traum. Ich träume."* Noch besser ist es, seine Macht über
den Traum sofort zu demonstrieren, indem man die kritische
Situation entschärft. Zum Erhalten der Klarheit ist es dabei
am sichersten, wenn man dazu Handlungen vollbringt, die
im Wachzustand nicht möglich wären: Man läßt die als real
eingestufte Person verschwinden, man wischt die Situation,
die einem Sorgen macht, einfach weg und schafft sich eine
neue usw.

Wenn es Ihnen aber doch einmal passiert, daß Sie in einem
Klartraum vorzeitig die Klarheit verloren haben oder zu
früh aufgewacht sind, können Sie natürlich auch versuchen,
nach dem Erwachen wieder einzuschlafen und den Traum
fortzusetzen. Vielen Menschen gelingt dies spontan, aber
man kann eine solche *Rückkehr in den Traum* auch gezielt
üben. Das gilt natürlich auch für einen normalen Traum, den
wir gern fortsetzen möchten.

Damit das gelingt, ist es am wichtigsten, sein Bewußtsein
so wenig wie möglich in die Wachrealität zurückkehren zu
lassen, also im Grunde das gleiche zu tun, was wir auch
als Hilfsmittel zur besseren Traumerinnerung (vgl. S. 23)
empfohlen haben: nicht die Augen öffnen, den Körper so
wenig wie möglich bewegen, keine ablenkenden Gedanken
aufkommen lassen.

Konzentrieren Sie sich statt dessen auf folgenden Gedanken: *„Ich bin gerade aus einem Traum aufgewacht. Ich will still liegenbleiben und mich entspannen und zurückkehren in den Traum, wobei ich mich sofort wieder daran erinnern werde, daß ich träume."*
Während Sie sich dies innerlich vorsagen, versuchen Sie Ihren Körper entspannt zu halten und Ihr inneres Auge auf die Szenerie des gewünschten Traums zu konzentrieren.

Es gibt Menschen, die die Fähigkeit besitzen, ganz spontan in mehr oder weniger regelmäßigen Abständen Fortsetzungsträume zu haben. So fanden auch die Träume von Willi S. über Besuche in einer „parallelen Version von Berlin" (s. S. 68) mehrere interessante Fortsetzungen. Er weiß zwar bis heute nicht, was er davon halten soll, aber er hat sich entschieden, diese parallele Realität, soweit es ihm möglich ist, zu erkunden:

„Bei meiner dritten Traumreise in die parallele Version von Berlin habe ich mich entschieden, mich in einem Hotel einzuquartieren. Ich fand ein gutes Hotel und erledigte an der Rezeption die üblichen Formalitäten. Ich hatte kein Gepäck bei mir, empfand aber das dringende Bedürfnis, in dieser anderen Realität einen persönlichen Bereich für mich zu haben, wo ich mich ausruhen und nachdenken konnte.

Ich wollte gerade in die Stadt aufbrechen, da erhielt ich in meinem Zimmer einen Anruf von der Rezeption, daß zwei Männer mit mir sprechen wollten. Ich traf mich mit ihnen in der Lobby. Sie fragten mich, wer ich bin und was ich hier mache.

Sie stellten sich vor als Mitarbeiter einer Sicherheitsbehörde.

Ich teilte ihnen mit, daß ich auch aus Berlin, aber in einer parallelen Realität bin und ihre Realität erforschen möchte.

Eigentlich dachte ich die ganze Zeit bei mir, wie verrückt sich das anhört, aber die Männer staunten gar nicht. Im

Gegenteil: Sie sagten, daß sie solche Besucher ab und zu hätten und daß es bestimmte Übergangspunkte zwischen den Realitäten gebe. Sie hätten nichts gegen solche Besucher, aber sie müßten die Besucher aufsuchen und auf die Einhaltung bestimmter Vorschriften hinweisen, weil bestimmte Handlungen solcher Menschen ihre Realität destabilisieren könnten.

Welche Vorschriften das waren, daran erinnere ich mich leider nicht mehr.

Anschließend ließen sie mich gehen, und ich konnte meine Besichtigungsreise fortsetzen."

Egal, ob dieser Traum nun eine kreative Phantasie oder ein wirklicher Besuch in einer parallelen Realität war, es ist schon interessant, daß Willi dabei ausgerechnet mit Behördenvorschriften konfrontiert wurde, die mit der Stabilität der Realitäten zu tun hatten. Wunschdenken kann hier wohl kaum der Auslöser dieser Traumszenen gewesen sein. Das Hawkingsche Zeitmodell jedoch zeigt, daß es in der Tat an möglichen Berührungspunkten paralleler Realitäten zu allerlei Anomalien kommen kann. Der Gedanke, eine hochentwickelte Zivilisation, die sich dieser Mechanismen bewußt ist, könnte dagegen Vorsichtsmaßnahmen ergreifen, erscheint also gar nicht so unvernünftig.

Willi entdeckte übrigens mit der Zeit, daß diese Traumreisen in parallele Realitäten am besten einstellbar waren, wenn er sich vor dem Einschlafen auf sein *drittes Auge* (Stirnchakra, in der Mitte der Stirn, oberhalb der Nasenwurzel) konzentrierte.

Der Sinn der Klarträume besteht natürlich nicht darin, zu einem abgehobenen Träumer zu werden, obwohl natürlich auch das Pflegen unserer schöpferischen Kräfte und der Phantasie sehr wichtig ist. Zudem kann man durch gezieltes Ansteuern bestimmter Realitäten auch Zugang zu ganz konkretem Wissen erhalten, wie wir gesehen haben. Doch der entscheidende Nutzen der Klarträume besteht vor allem darin, daß sie uns helfen können, mit den Problemen unserer Alltagsrealität besser zurechtzukommen.

Um dies voll nutzen zu können, sollten Sie, sobald Sie sich in einigen Klarträumen mit Ihren neu gewonnenen „magischen" Fähigkeiten ausgetobt haben, nunmehr einen Schritt weiter gehen und anfangen, gezielt mit der Traumszenerie und den Traumsymbolen zu arbeiten.

In solchen Selbsterkenntnis- und Entwicklungsträumen geht man anders vor als bei den mannigfaltigen Abenteuerreisen. Sobald man die Klarheit gewonnen hat, ändert man nicht sofort die Realität im Sinne einer Entdeckungsreise, sondern erforscht vielmehr eingehend die Traumszenerie, die in diesem Moment bereits vorhanden ist und die ja noch vollkommen unter Kontrolle des Unterbewußtseins erzeugt wurde. Anders ausgedrückt: man macht eine *Online-Traumanalyse vor Ort*.

Ein Beispiel, das wir schon in einem früheren Kapitel zitiert haben, ist Paul Tholeys Traum von dem Tiger (s. S. 146). Dort hat uns der Altmeister der Klarträume auch gleich die richtige Vorgehensweise gezeigt:

Nach allgemeiner Überzeugung spiegeln Träume sehr oft unverarbeitete Konflikte des Menschen wider, die sich in bestimmten Traumszenerien und Traumsymbolen äußern, wobei die Traumsymbole oft stellvertretend für konkrete Personen im Leben stehen, die uns diese Probleme bereiten. Im nachhinein, also nach dem Erwachen, ist es auch unter Mithilfe eines Psychotherapeuten nicht immer möglich, diese Symbolik korrekt zu interpretieren.

Im Klartraum ist das alles ganz anders und auch viel einfacher. Man sucht sich gezielt die unangenehmen oder bedrohlich wirkenden Traumfiguren aus und versucht, mit ihnen Kontakt aufzunehmen, anstatt vor ihnen zu fliehen oder deren Handlungen passiv über sich ergehen zu lassen. Das können entweder *autoritäre Topdog-Figuren* sein, also z. B. gefährliche Tiere, Polizisten oder andere Amtsperso-

245

nen, aber auch ein mürrischer Kellner oder Verkäufer, der unser Geld oder unsere Kreditkarte nicht akzeptieren will. Genauso wichtig sind die *jammernden Underdog-Figuren*, die mindestens ebenso viel Macht über uns ausüben, indem sie versuchen, uns ein schlechtes Gewissen einzureden.

Taucht also in einem Klartraum eine solche unangenehme Figur auf, sollte man – so Paul Tholey – diese konfrontieren und ihr verschiedene Fragen stellen:

➢ „Wer bist du?"
➢ „Was willst du von mir?"
➢ „Wie kann ich dir helfen?"

Die erste Frage ist im Grunde die wichtigste, denn Traumfiguren neigen dazu, darauf nicht verbal zu antworten, sondern sich spontan in die Figur zu verwandeln, die sie eigentlich darstellen. Paul Tholeys „Tiger" verwandelte sich zum Beispiel in seinen Vater.

Jetzt sehen Sie, weshalb wir in unserem Buch über Träume kein Wort über die Interpretation von Traumsymbolen verloren haben. Was kann eine solch stereotype Interpretationsliste schon für einen Wert haben im Vergleich zu diesem Weg, bei dem jeder Mensch seine persönlichen Symbolinterpretationen für sich gewinnen kann.

Wenn sich also auch Ihr Traumsymbol in seine eigentliche Gestalt verwandelt, sind Sie schon ein gutes Stück weiter. Sie wissen nun, um wen es geht. Funktioniert die Verwandlung hingegen nicht, so heißt das, daß das Unbewußte noch nicht bereit ist, die Identität des Symbols preiszugeben. Erzwingen Sie dann nichts – Sie würden vermutlich nur aus dem Klartraum hinausgeworfen werden oder aufwachen –, sondern akzeptieren Sie die Entscheidung des Unbewußten und arbeiten Sie auf der Symbolebene weiter. Sie wissen dann zwar noch nicht, wen das Symbol darstellt, aber Sie können ihm trotzdem Ihre weiteren Fragen stellen, was es von Ihnen will und wieso es im Traum erschienen ist. Auch Tiere und andere Gestalten können im Traum ohne weiteres antworten.

Je nach Art des Symbols wird die Gestalt sich nun äußern: Topdogs werden in der Regel schimpfen, Underdogs hingegen jammern. Lassen Sie sich nicht auf die Ebene des Streits ziehen. Sie streiten in diesem Moment ohnehin mit sich selbst. Bleiben Sie daher ruhig und sachlich und bestehen Sie darauf, Antworten auf Ihre Fragen zu erhalten. So können Sie auch schon eine Menge über das dahinterstehende Problem erfahren. Beim nächsten Klartraum können Sie dann die Traumfigur erneut herbeizitieren und die Sache fortsetzen. Vielleicht sind dann schon genug Emotionen abgebaut, so daß die Verwandlung in die reale Figur dann gelingen wird.

Sollten sich Traumfiguren zu bedrohlich zeigen, so ist es hilfreich, ihnen fest in die Augen zu schauen und sie dadurch zu „zähmen". Achten Sie aber bitte darauf, sie nicht zu sehr zu fixieren, sonst wachen Sie auf. Werden Sie nicht zu emotional, denn so lösen Sie den Konflikt nicht. Wenn Sie hingegen zu distanziert bleiben, dann kann der Klartraum schnell zu Ende sein.

Ganz schön viel, was man da beachten muß, nicht wahr? Aber der Klartraum ist nun einmal eine Gratwanderung auf der Grenze zwischen den Welten. Und in der Praxis ist es meist gar nicht so schwer, wie es aussieht. Es ist alles nur eine Frage der Übung.

Sie können auch versuchen, eine Traumfigur zu besänftigen, indem Sie ihr etwas zu essen anbieten oder sie fragen, ob Sie ihr irgendwie helfen können. Ihre Vorschläge sollten auf jeden Fall immer konstruktiv sein. Es gibt zwar auch Beispiele, in denen Träumer eine solche Symbolfigur einfach verprügelt haben, und im Falle sehr starker Minderwertigkeitskomplexe mag dies zur Abfuhr angestauter Aggressionen sogar hilfreich sein. Auf die Dauer wird dadurch jedoch natürlich kein Problem gelöst.

Sobald die Figur sich verwandelt oder durch Aussagen ihre wahren Beweggründe äußert, haben Sie schon fast gewonnen. Sie werden erkennen, welcher innere Konflikt sich da bei Ihnen manifestiert, und können nun auf eine friedliche Einigung hinwirken.

Sobald diese erreicht ist, können Sie die Figur auch umarmen und sich mit ihr vollkommen aussöhnen. Bedenken Sie, es handelt sich um einen verdrängten Anteil Ihrer selbst. Wenn Sie wollen, können Sie sich während des Traums sogar vorstellen, mit der Figur eins zu werden. Sollte Ihnen das gelingen, haben Sie einen verborgenen Komplex Ihrer eigenen Persönlichkeit wieder in Ihr Bewußtsein integriert.

Was für einzelne Traumsymbole gilt, läßt sich auch auf ganze Szenerien anwenden. Hierzu können Sie die sogenannte *Trace-Technik* anwenden, die wir im Zuge unserer Arbeit in der Naturheilpraxis vor einigen Jahren entwickelt haben. Nehmen wir an, Sie befinden sich in einer merkwürdigen Traumumgebung, haben die Klarheit erreicht und können nicht verstehen, warum Sie gerade jetzt das träumen. Sie können natürlich die Szene nicht „fragen", aber Sie können Ihre Macht als Regisseur des Traums benutzen, indem Sie sagen: *„Die Traumszene verwandelt sich jetzt in das, was sie wirklich repräsentiert."*

Sollte diese Verwandlung funktionieren, so ist damit natürlich nicht unbedingt gewährleistet, daß die neu entstehende Szenerie die „ultimativ reale" ist. Oftmals muß man sich wie bei einer Zwiebel durch mehrere Realitätsebenen hindurcharbeiten, besonders, wenn es sich um bizarre Erfahrungen wie etwa Hyperkommunikationserlebnisse handelt. In unserem Buch „Vernetzte Intelligenz" sind wir auf diese Thematik schon ausführlich eingegangen.

Sinn der Trace-Technik ist es, Türen zu öffnen, und diese Türen führen einen dann zu anderen Türen...

Auf jeden Fall wird Ihnen jede neue Ebene, die Sie auf

diese Weise erreichen, neue und sukzessive immer tiefer-
gehende Erfahrungen zugänglich machen.

Auch Eltern von Kindern im Pubertätsalter kann die Beschäftigung mit ihren Kindern im Klartraum sehr weiter-
helfen, um Erziehungsprobleme zu lösen. Barbara erzählte
uns zum Beispiel, daß ihr in einem ihrer Klarträume ihre
halbwüchsige Tochter begegnete, mit der sie oft Probleme
hatte, weil sie weder mit dem Taschengeld auskam, noch
gewillt war, sich an der Hausarbeit zu beteiligen. Im Traum
führte Barbara mit der Tochter ein eingehendes Gespräch
und konnte sich mit ihr einigen.

Interessanterweise führte dies auf beiden Seiten schnell zu
einer Entspannung der Situation in der Tagesrealität. Natürlich hatte Barbara im Traum nicht mit ihrer wirklichen Tochter gesprochen, sondern im Grunde mit sich selbst. Doch
das half ihr, eigene angestaute Wut und Verhaltensmuster
aufzulösen und ihr Kind auf neue Art zu sehen, was ihr am
Tage spontan andere Möglichkeiten zum Umgang mit der
Tochter vermittelte.

Wenn Sie sportliche Ambitionen haben, können Sie Klarträume auch in einem ganz anderen Sinne nutzen, nämlich
zum gezielten Einüben von körperlichen Fähigkeiten und
Bewegungsabläufen. Paul Tholey widmete diesem Thema
einen großen Teil seiner Forschung und arbeitete auch mit
Hochleistungssportlern zusammen. Er selbst brachte sich
auf diese Weise im Klartraum das Skateboard-Fahren bei
und gelangte damit immerhin zu solcher Meisterschaft, daß
er noch mit über 50 Jahren an den Europameisterschaften
teilnahm.

Wenn man eine neue Sportart erlernen oder einen bestimmten Bewegungsablauf einüben will, heißt es ja für
jeden Sportler ausgiebig trainieren. Es gilt, die Bewegung
tief im Unbewußten zu verankern, denn während des Wett-
kampfs hat ja der Sportler keine Gelegenheit, sich bewußt
auf die Abläufe zu konzentrieren. Es muß alles automa-

tisch gehen, und das möglicherweise in Bruchteilen von Sekunden.

Gleichzeitig ist körperliches Training natürlich anstrengend, und vor allem besteht immer die Gefahr von Verletzungen.

Diese Gefahr besteht im Klartraum nicht. Während einer nächtlichen Trainingsstunde bewegt man nicht seine realen Muskeln – der Körper liegt ja im Bett und schläft. Die Bewegungsabläufe im Traumkörper werden aber vom Unbewußten genauso real aufgenommen wie wirkliche Bewegungen. Wie die Forschungen von Stephen LaBerge bewiesen haben, entstehen dabei sogar meßbare Muskelspannungen.

Sicher können Klarträume ein reales Training am Tage nicht vollständig ersetzen – auch Paul Tholey konnte man während unseres gemeinsamen Ferienseminars in der Bretagne allmorgendlich bei seinen halsbrecherischen Übungsfahrten rund um das Boot beobachten. Im Traum jedoch kann man viel dazu beitragen, Routine in seiner Lieblingssportart zu erlangen.

XI
Zwischenwelten

Die Überschreitung der Persönlichkeitsgrenze

„ICH TRÄUMTE, UND ICH WUSSTE, DASS ICH TRÄUMTE.
*In dem großen Konferenzraum, in dem ich mich befand,
war die Konferenz bereits mitten im Gange. Ich sah viele
Männer an einem ovalen Tisch sitzen. Offiziere waren dar-
unter, aber auch Zivilisten, offenbar Wissenschaftler und
Regierungsbeamte.*

*Einer hatte gerade das Wort: ‚Ich war heute beim Präsi-
denten, und er hat mir noch einmal zu verstehen gegeben,
daß wir Projekt Eden-2 jetzt konsequent durchziehen müssen,
weil die das brauchen. Sie haben dem Präsidenten erläutert,
daß diese Frequenzen in der Atmosphäre zur Stabilisierung
ihrer Wahrnehmung unabdingbar sind.'*

*‚Und das soll keine Auswirkungen auf die Wahrnehmungs-
funktionen der normalen Bevölkerung haben?' fragte ein
Politiker.*

*‚Also, die meisten merken davon gar nichts', antwortete
ein Biophysiker, ‚die Veränderungen sind viel zu subtil.
Langfristig kommt es allerdings zu Änderungen des Fre-
quenzmusters der menschlichen DNA. Seit wir die Wellengenetik haben, können wir diese Mechanismen ja nachvollziehen. Aber unsere Modellrechnungen haben gezeigt, daß
langfristig keine ernsthaften Schäden zu befürchten sind.
Bei den meisten Menschen wird sich die Erbsubstanz sogar
verbessern. Im Grunde ist es eine nebenwirkungsfreie und
harmlose genetische Veränderung. Die wird dann weiter
vererbt, und so wird sich das langfristig stabilisieren.'*

‚Die erbitterten Diskussionen in der Öffentlichkeit, etwa

*über das Klonen von Menschen, kommen da gerade recht',
fügte der Forschungsminister hinzu, ,die Leute wissen gar
nicht, daß das für uns nur eine Nebensache ist, da sie von
der solitonischen DNA-Struktur keine Ahnung haben.'*

*,Allerdings verändern die Frequenzen auch menschliche
Gehirnwellenstrukturen', gab ein Neurophysiologe zu bedenken, ,und wir wissen ja, daß gerade von diesem erst
kürzlich entdeckten Gamma-Band der Gehirnwellen wichtige Wahrnehmungsfunktionen gesteuert werden.'*

*,Meine Herren', unterbrach ihn der Präsidentenberater,
,das haben wir doch alles schon hinter uns. Jetzt fehlt uns
leider die Zeit für solche Grundsatzdebatten. Wir haben nur
noch ein Jahr, um Eden-2 flächendeckend umzusetzen.'*

*,Das ist aber verdammt kurzfristig', meinte einer der
Beamten.*

*,Die Zeit reicht völlig aus', beruhigte ihn ein Elektronik-
Ingenieur, ,die Zwischenmodule stehen ja schon überall, sie
müssen nur noch synchronisiert werden. Das ist aber keine
besonders komplizierte Technik.'*

*,Was wird denn sonst noch für das Projekt benötigt?' hakte
einer nach.*

*,Ich habe die geheimen Spezifikationen vom Präsidenten
bekommen. Es gibt noch einige andere kleinere Veränderungen in der Biosphäre', erklärte der Präsidentenberater, ,die
globale Temperatur muß nur geringfügig erhöht werden,
und auch die Zusammensetzung der Atmosphäre muß leicht
angepaßt werden. Aber das leistet ja im Grunde schon die
Industrie für uns. Nicht umsonst wurden bislang alle Be-
schlüsse von Klimakonferenzen erfolgreich abgeblockt.'*

*,Was mir am meisten Sorgen macht', meinte ein Arzt,
,viele Menschen vertragen diese Frequenzen schon jetzt
nicht. Sie fühlen sich belästigt, einige können sie sogar
wahrnehmen, andere entwickeln unterschiedliche Krankheitssymptome. Was soll da erst werden, wenn Eden-2 im
Vollausbau läuft?'*

*,Das betrifft mit Sicherheit nur eine kleine Minderheit',
warf der Biophysiker ein, ,vielleicht zwei bis maximal drei
Prozent der Bevölkerung.'*

*,Leider sind einige dieser Leute schon an die Öffentlichkeit
gegangen', bemerkte ein Politiker.*

*Jetzt meldete sich erstmals der General zu Wort, der am
Kopf des Tisches saß: ,Das kriegen wir in den Griff. Die
Presse nimmt diese Leute sowieso nicht ernst, und wir haben
über das ganze Projekt eine strenge Geheimhaltungsstufe
verhängt. Jetzt bewährt es sich, daß wir schon frühzeitig
einige ausgewählte Informationen an Filmproduzenten
durchsickern ließen, die das dann zu Science-fiction-Fil-
men verarbeitet haben. Jeder, der sich zu diesen Symptomen
bekennt, wird wohl für einen Spinner gehalten werden, der
zu viel fernsieht.'*

*All diese Aussagen erschütterten mich, und gleichzeitig
fragte ich mich in diesem Moment, was ich eigentlich auf die-
ser Konferenz zu suchen hatte. Doch ich bemerkte zu meiner
Beruhigung, daß mich ganz offenbar niemand wahrnahm.
Ich träumte, und nur mein Bewußtsein war als unsichtbarer
Beobachter anwesend.*

*Ich hatte schon viele Klarträume erlebt, aber dieser hier
war anders. Ich spürte deutlich, hier nicht einfach eine
selbsterschaffene Traumwelt zu beobachten, sondern irgendwie Zugang zu realen Informationen erhalten zu haben. Die
ganze Szenerie wirkte nicht nur unheimlich, sondern beinahe
erschreckend real.*

*Leider hatte ich mich etwas zu spät in die Szenerie ein-
geklinkt und so den Anfang der Diskussion verpaßt. Daher
wußte ich nicht hundertprozentig, um welche Art Projekt es
sich bei ,Eden-2' genau handelte und wer ,die' waren, die
diese Frequenzen angeblich brauchten.*

*Aber ich träumte ja, und so beschloß ich, es herauszu-
finden.*

Kaum hatte dieser Gedanke in mir Gestalt angenommen,

da verschwand auch schon der Konferenzraum, und ich befand mich in einer künstlich beleuchteten, offenbar unterirdischen Anlage. Ich sah Menschen geschäftig durch endlose Gänge laufen und Büros oder Labors betreten.

Langsam glitt ich schwebend durch den Hauptkorridor, in der Hoffnung, irgendwo ins Herz der Anlage vorzudringen. Es war ein prima Gefühl zu wissen, daß für mich in diesem Moment keine Geheimhaltungsstufe existierte. Niemand bemerkte mich, und für mein Bewußtsein bildeten Wände oder Türen kein Hindernis.

Mittlerweile hatte ich schon fast eine große Flügeltür erreicht, die offenbar zu einem Kontrollraum führte, und wollte sie gerade durchdringen, da spürte ich plötzlich, daß hier etwas anders war als im Konferenzraum.

Ich nahm Gesprächsfetzen wahr, konnte aber die Menschen, die die Worte sagten, nicht sehen. Die Informationen drangen nur seitlich von oben an mein Ohr.

‚Wir haben ihnen ein Jahr Zeit gegeben', glaubte ich zu hören, ‚sie denken, wir brauchen das für unsere Wahrnehmung, obwohl wir in ... Moment mal – da ist jemand!'

‚Ja, ich habe ihn hier auf meinem Display. Das ist wieder so ein Traumreisender, wie wir ihn schon öfter hier hatten. Kümmerst du dich darum?'

Ich erschrak zutiefst. Wo hatte ich mich hier hingewagt? Die, bei denen ich gelandet war, verfügten offenbar über eine Technologie, mit deren Hilfe sie die Anwesenheit meines Bewußtseins bemerkten. Ich bekam Panik, und bevor ich noch etwas unternehmen konnte, wurde mein Blickfeld eingeengt wie bei einem Kameraobjektiv.

Im gleichen Moment begann die ganze Szenerie wellenartig zu verschwimmen, und sie wurde dabei blasser und blasser, bis ich mich unversehens in einem anderen Raum befand. Dort standen zahlreiche Monitore und Geräte, an denen Wissenschaftler und Techniker arbeiteten. Die Geräte wirkten futuristisch, dabei aber irgendwie unglaubwürdig, ja sogar lächerlich. Jetzt hatte ich wirklich das Gefühl, in einem schlechten Science-fiction-Film gelandet zu sein. Die Szenerie war längst nicht mehr so real und plastisch wie zuvor.

Meine Angst war mir jetzt genommen, doch ich fühlte in mir eine starke Wut aufkommen. Diese Leute, die mein Eindringen bemerkt hatten, verfügten offenbar über Technologien zur Manipulation meiner Wahrnehmung und konnten so ihre Geheimnisse hinter einer virtuellen Scheinrealität verbergen, die auch ich als Klarträumer im Moment nicht ohne weiteres durchdringen konnte. Zumindest wußte ich nicht, wie.

Sollte ich mir so etwas bieten lassen, mir eine billige Science-fiction-Story vorzugaukeln? Da mir jedoch klar war, daß ich in diesem Traum nichts Wesentliches mehr erfahren konnte, zog ich mich zurück.

Wie aber sollte ich mich weiter verhalten? Ich hielt es für zu riskant, in einer anderen Realität einfach weiterzuträumen. Es gefiel mir nicht, daß sie mich dann vielleicht weiterhin auf ihren Monitoren haben würden. Also fixierte ich eine Zeitlang einen festen Punkt in der virtuellen Szene und wachte dadurch langsam in meinem Bett auf.

War das nun nur eine bizarre Phantasie oder der erste Schritt in die Wirklichkeit? Der Traum war ungewöhnlich klar, und ich hatte das deutliche Gefühl, daß mir hier zumindest Wissen übermittelt wurde.

Und plötzlich erschrak ich noch einmal. Wenn es das wirklich geben sollte, wer war dann für Projekt Eden-1 verantwortlich?"

Die klassische Psychologie geht davon aus, daß sich Träume ausschließlich im Inneren dessen, der träumt, abspielen. Sie steht damit in krassem Gegensatz zu vielen traditionellen, vor allem schamanischen Kulturen, in denen die Vorstellung vorherrscht, der Mensch verlasse im Schlaf seinen Körper und wandere durch andere Sphären des Bewußtseins, wobei ihm dann auch andere Menschen, die ebenfalls träumen, oder sonstige Wesen begegnen können.

Lange Zeit hat unsere westliche Wissenschaft derartige Vorstellungen als „primitiv" abgetan. Heute muß man die Sache jedoch etwas differenzierter sehen. Natürlich sind die meisten Figuren, die in unseren Träumen auftreten, Schöpfungen unseres eigenen Unbewußten. Wäre dies nicht so, dann könnte man sie nicht in andere Figuren verwandeln, und sie würden auch nicht ganz bestimmte Probleme repräsentieren, die der Träumer in sich trägt.

Dennoch zeigen schon die Experimente mit Klarträumern im Schlaflabor, daß Träume sich in einer Zwischenwelt zwischen Geist und Materie abspielen. Die Quantenphysik erlaubt es ohnehin nicht mehr, zwischen beiden Polen kategorisch zu trennen. Könnten wir dann nicht vielleicht doch im Traum auch Kontakt zu realen Personen, Wesen oder Wissensquellen aufnehmen?

Daß im Traum, speziell im Klartraum, Wissen verfügbar werden kann, das den persönlichen Wissensschatz des Träumers übersteigt, dürfte unstrittig sein. Zu viele Entdeckungen wurden im Traum schon gemacht, zu viele Menschen berichten über Erkenntnisse im Traum, mit denen sie nichts anfangen können, die sich im nachhinein aber als richtig herausstellen.[45] Wie dieser Vorgang der *Hyperkommunikation*[46], also der raum-zeitübergreifenden Kommunikation auf der Basis unserer DNA, allerdings zu erklären ist, ob es dabei zu realen Kontakten mit anderen Bewußtseinsformen oder lediglich zum Anzapfen eines kollektiven Wissensspeichers kommt, ist momentan noch strittig.

Empirische Resultate lassen allerdings auch den Schluß zu, daß es im Traum, vor allem im Klartraum, zu ganz konkreter Kommunikation zwischen Menschen kommen kann, bis hin zu gemeinsamen Träumen.

Die elementarste Form dieser Kommunikation ist sicher die *Traumtelepathie*, die schon mehrfach durch Experimente in Schlaflaboren nachgewiesen werden konnte, erstmals z.B. in den sechziger Jahren durch *Montague Ullman, Stanley Krippner* und *Sol Feldstein* vom *Maimonides Medical Center* in Brooklyn.[47] Sobald die Testperson sich im REM-Schlaf befindet, konzentriert sich ein Experimentator auf ein bestimmtes Bild, etwa eine Postkarte mit einem Landschaftsmotiv oder ein Gemälde. Nach einigen Minuten wird die Testperson geweckt und gefragt, was sie geträumt hat. In sehr vielen Fällen beschrieben die Probanden genau das Motiv, das das Bild zeigte.

So eindrucksvoll derartige Studien im Labor auch sein mögen, die Erlebnisse von Menschen aus dem richtigen Leben sind immer noch die interessantesten. An einem unserer Klartraum-Intensivtrainingskurse nahm einmal eine junge Frau namens Martina teil, die mit den Klarträumen erhebliche Schwierigkeiten hatte. Sie konnte sich zwar immer sehr gut an ihre Träume erinnern, bemerkte jedoch nur selten, daß sie träumte, und wenn es ihr doch einmal gelang, dann verlor sie die Klarheit meist nach kurzer Zeit wieder.

Anhand ihrer Traumschilderungen erkannten wir jedoch bald, daß sie offenbar sehr begabt für die Traumtelepathie war.

Walter, ein anderer Kursteilnehmer, war passionierter Bergsteiger und stand kurz davor, zu einer Expedition in die Anden nach Peru aufzubrechen. Gemeinsam kamen wir auf die Idee, die beiden während dieser Reise ein Experiment durchführen zu lassen.

Durch die sechsstündige Zeitverschiebung war es in Peru noch später Nachmittag, während Martina in Deutschland schon schlief. Walter erhielt daher die Aufgabe, jeden Tag zu einer festgelegten Zeit eine Information an Martina zu senden, und sie sollte täglich ihre Träume notieren.

Einige Zeit später trafen wir die beiden wieder, um die Ergebnisse zu besprechen. Tatsächlich gab es hin und wieder einige bemerkenswerte Übereinstimmungen zwischen den gesendeten Informationen und den Trauminhalten, während es an anderen Tagen nicht so gut funktioniert hatte.

Bemerkenswert war jedoch ein Ereignis: Eines Nachts träumte Martina, nur Walters Füße zu sehen. Sie beobachtete, wie er die Schuhe auszog und sich ein Paar frische rote Socken anzog, da er vom Wandern große Blasen an den Füßen hatte. Walter hatte in seinem Tagebuch notiert, daß er an jenem Tag zur verabredeten Zeit leider keine Nachricht an Martina schicken konnte. Sie können es sich sicher schon denken – er hatte vom Wandern Blasen bekommen und mußte sich zur besagten Zeit darauf konzentrieren, seine Blasen zu behandeln und die Socken zu wechseln, um die Wanderung fortsetzen zu können...

Egal, was die klassische Wissenschaft darüber denken mag – wagen wir uns nun etwas tiefer in die Welt bizarrer Traumerlebnisse.

Wenn wir im Traum einen Traumkörper haben und unser Bewußtsein während eines Klartraums frei und unabhängig von Raum und Zeit bewegen können, so stellt sich natürlich die logische Frage, ob man sich auch bewußt in den Traum eines anderen Menschen projizieren und sozusagen einen *Traumsprung* machen kann, bei dem man eine ausgewählte Person in ihrem Traum besucht.[48]

Es mag vielleicht nach Science fiction klingen, aber es ist tatsächlich möglich. Ein *Dreamscaper*, zu deutsch also ein „Traumspringer", ist auf keinen Fall ein Magier oder ein Unmensch, der andere Personen ausnutzen will. Das nur vorab, um die ethische Komponente der Sache zu klären.

Wenn man diese Stufe der Klarträume erreicht hat, verliert man die Lust an niedrigen Triebbefriedigungen automatisch, weil sie ab einem bestimmten Punkt einfach nicht mehr interessant sind. Ein Dreamscaper handelt bewußt und weiß, wie er es machen darf. Natürlich wird er sich im Traum nicht zu einer beliebigen Person bewegen, sondern immer zu jemandem gehen, mit dem er zuvor eine Zusammenarbeit verabredet hat. Daß diese Person auch ein Klarträumer sein muß, ist selbstverständlich.

Jeder schlafende Mensch kann einen Dreamscaper entweder „empfangen" oder „abwehren", je nachdem, ob er die Verbindung in diesem Moment akzeptiert oder nicht. Es ist nämlich ohne weiteres möglich, eine solche reale Person, die in den Traum kommt, von normalen Traumfiguren aus dem Unbewußten zu unterscheiden.

Im Fall einer Abwehrreaktion spürt der Dreamscaper eine Art energetischer Barriere, die es ihm nicht erlaubt, weiter in den Traum einer Person zu gehen. Er zieht sich zurück.

Wenn eine solche „Barriere" nicht vorhanden ist, kommt es zu einem gemeinsamen Traum, der natürlich ein Klartraum sein sollte.

Beim unvorbereiteten Menschen, der überraschend „Besuch" im Traum bekommt, geschieht diese energetische Abwehr ganz automatisch aus dem tiefsten Unbewußten heraus. Es ist eine Art Selbstschutzmechanismus, der deshalb auch nicht erklärt oder erlernt werden müßte.

Der Sinn des Dreamscaping ist es, die persönlichen multidimensionalen Daten beider Seiten zu überprüfen, zu korrelieren oder sogar zu synchronisieren. Natürlich findet ein solcher Vorgang nicht in jeder Nacht statt, und er bleibt zwischen den beiden Eingeweihten auch geheim. Er ist jedoch sehr praktisch, besonders zwischen Menschen, die voneinander wissen, was für Lebensaufgaben sie auf der Erde haben, und die sich bei ihrer Arbeit gegenseitig bewußt unterstützen wollen.

Meistens reden Dreamscaper nicht über ihre nächtlichen Treffen, und so bleibt diese verborgene Verbindung für die Außenwelt weder sichtbar noch nachvollziehbar.

Eine direkte Bewußtseinsverbindung im Klartraum ist eine relativ selten praktizierte Kommunikationsform zwischen zwei Menschen. Sie eröffnet ihnen jedoch die Möglichkeit eines emotionalen, intellektuellen und geistigen Austauschs, der in Nullzeit stattfindet und Bereiche umfaßt, die einem sprachlichen Austausch nicht zugänglich sind, weil unserer menschlichen Sprache die Worte dafür fehlen. Wir erzählen hier ein wenig davon, das übrige muß aber unausgesprochen bleiben...

Eine verwandte Technik, die etwas anderen Zwecken dient, beschreibt *Carlos Castaneda*.[49] Seine Praktiken des „Zusammenträumens" scheinen sehr stark an den Traumkörper gebunden zu sein. Dies wird sogar durch bestimmte Griffe am Unterarm des Träumers unterstützt, während das von uns beschriebene Dreamscaping eher eine reine Bewußtseinstechnik ist.

Castaneda beschreibt eine empirische Einteilung der Träume in *vier Stadien der Aufmerksamkeit*:

1. die *ruhige Wachsamkeit*, ein erstes bewußtes Traumstadium, bei dem hauptsächlich Lichteindrücke auftreten;
2. die *dynamische Wachsamkeit*, bei der sich erste, noch statische Traumszenerien aufbauen;
3. das *passive Beobachten*, bei dem bereits Ereignisse im Traum geschehen;
4. die *dynamische Initiative*, bei der der Träumer sich zum Handeln gedrängt sieht.

Im Rahmen dieser Klassifizierung findet nach Castanedas Erfahrungen das Treffen der beiden Träumer in der Regel zwischen den Stadien 2 und 3 statt.

Nach seinen Erkenntnissen soll das beste Mittel zum Erreichen von Klarträumen darin bestehen, sich vor dem Einschlafen auf bestimmte Körperregionen zu konzentrieren. Bei Frauen ist dies generell der Bereich des Uterus. Bei Männern sind zwei Regionen wichtig: zum Erreichen der Aufmerksamkeit im Traum die Magengrube unterhalb des Brustbeins, und um die Energie zur Fortbewegung im Traum zu erhalten, die Region unterhalb des Bauchnabels.

Wir wissen nicht, ob Sie sich nach der Lektüre unseres Buches entscheiden werden, einen Weg zu beschreiten, der Sie eines Tages zum Klarträumer machen kann, oder ob Sie vielleicht sogar beim Lesen schon damit angefangen haben. Aber selbst, wenn Sie weiterhin nur normale Träume haben werden, so wird Ihre Beschäftigung mit der Quantenwelt der Träume bestimmte Konsequenzen haben. Ihre Einstellung zu unserer Realität wird sich etwas relativieren, etwas subjektiver werden. Das führt automatisch auch zu mehr Toleranz, denn je weniger eiserne Gesetze es im Leben gibt, desto eher ist man auch bereit, den Weg des Anderen anzuerkennen.

Sie können auch für sich selbst mehr Freiheit darin gewinnen, eigene Erfahrungen zu kreieren und zu korrigieren, die eigenen Emotionen besser zu beobachten und zu kontrollieren, mit Ihren Ängsten besser umzugehen. Dadurch erreichen Sie eine bessere Synchronisierung zwischen Intellekt und Intuition, was natürlich auch Konsequenzen für Ihren Lebenserfolg haben kann.

Träumen Sie sich also in den Wachzustand hinein, und machen Sie etwas daraus.

Bevor wir uns jetzt von Ihnen verabschieden, möchten wir Ihnen noch eine Frage stellen: Haben Sie dieses Buch wirklich gekauft und gelesen? Oder träumen Sie nur, dies getan zu haben? Haben Sie auch uns nur geträumt?

Aber vielleicht ist das ja virtuell inkorrekt? Vielleicht sind wir die Träumer und Sie der Geträumte?

Nichts läßt sich festhalten...

Spätsommer in der Bretagne. Zusammen mit Rainer Holbe und Paul Tholey hatten wir auf der Vilaine eine schöne Zeit auf dem Schiff verbracht. Bei Tage haben wir die Schönheiten der Landschaft und kleine Ausflüge in die malerischen Ortschaften am Rande des Flusses genossen. Die sternenklaren Nächte dagegen waren Gesprächen über Traum und Wirklichkeit gewidmet.

Noch nie waren die Farben des Spätsommers so intensiv gewesen. Man wollte die Hand ausstrecken und ihn festhalten.

Aber nichts läßt sich festhalten. Wir wußten damals nicht, daß wir Paul Tholey in jenen Tagen zum letzten Mal getroffen hatten.

Daher möchten wir uns in diesem Buch von ihm verabschieden.

Grażyna Fosar
Franz Bludorf

Häuptling "Weiße Wolke"

Vom Kommen und Gehen eines Träumers

Ein Nachwort von Rainer Holbe

Es war in einer jener klaren Morgenstunden auf den Kanarischen Inseln. Keine Wolke zeigte sich am blauen Himmel, als ich auf die Terrasse meines Appartements trat. In dieser Sekunde sah ich meinen Freund Paul Tholey, der von einem frühen Dauerlauf zurückgekehrt war. Nach Indianer-Art begrüßten wir uns über den Hof hinweg mit erhobener Hand.

Ich rief: „Guten Morgen, Häuptling Weiße Wolke!"

So nannten wir ihn seit geraumer Zeit, weil er eine erstaunliche Ähnlichkeit hatte mit einem alten, weisen Indianer. Er sprach stets leise und behutsam. Und er zwinkerte nie mit den Augen. Dabei schließt jeder von uns unbewußt seine Augen Dutzende Male innerhalb einer Minute – eine Programmierung der Natur, damit unsere Augäpfel nicht austrocknen.

Tholeys Augen blieben stets geöffnet. Ich habe ihn einmal darauf angesprochen, doch ich hatte keine Antwort erhalten, geschweige denn eine Erklärung für diese außerordentlich bemerkenswerte Tatsache.

An diesem Morgen blieb Paul Tholey, der sonst zu jedem Spaß aufgelegt war, schweigsam. Nachdem er zum Indianergruß die Hand gehoben hatte, deutete er ohne nach oben zu sehen mit dem rechten Zeigefinger in das makellose Blau des Firmaments.

Als ich der angebotenen Richtung folgte, stellte ich voller Staunen fest, daß sich direkt über uns inmitten dieser grandiosen endlosen Bläue eine kleine weiße Wolke bildete, so zart wie die Kringel aus einer Zigarette.

Tholey schaute nicht nach oben, doch er schien zu wissen, was sich da so deutlich formierte. Die Wolke blieb nur für Sekunden und löste sich gleich wieder auf.

Darüber habe ich mit meinem Freund und Lehrmeister Paul Tholey nie gesprochen. Er war ein Mann, mit dem man gerne trank, lachte und redete. Fast immer nur über das Geheimnis Mensch und dessen unergründliches Bewußtsein.

Paul Tholey war Psychiater, Universitätslehrer, Vater und vor allem Klarträumer. In diesem Buch sind seine Forschungen zu meiner Freude häufig erwähnt worden.

Es geht um die seltsame Welt unserer Träume. Sind sie verschlüsselte Botschaften aus dem Unbewußten oder nur ein Trommelfeuer von Nervenreizen, eine Art nächtliches Großreinemachen im Gehirn? Alle uns bekannten Kulturen – primitive oder hoch entwickelte – verfügen über Theorien und Methoden der Traumdeutung. Nach neuen Erkenntnissen sind Träume nicht nur rein seelische Phänomene oder die Projektionen unserer Gehirntätigkeit, sondern sie sind beides zugleich.

Träume sind eine Art Jogging für das Gehirn, um unsere Lernfähigkeit zu trainieren. Ohne Träume müßte das menschliche Gehirn um ein Vielfaches größer sein, um alle zum Überleben wichtige Daten so komplex verarbeiten zu können. Für den Psychoanalytiker Sigmund Freud bildet der Traum den Königsweg zum Unbewußten: Traumforschung ist Bewußtseinsforschung.

Träume sind keine Schäume, sondern öffnen uns das Tor zu unserer Seele und hinterlassen Spuren im Unbewußten, die sich auf die gesamte Persönlichkeit eines Menschen auswirken. Nach Ansicht von Psychotherapeuten sind Träume wichtige Lebenshelfer. Doch die Traumkraft zieht sich zurück, wenn man ihr keine Beachtung schenkt.

Jeder Träumer ist sich selbst sein bester Traumdeuter.

Vorausgesetzt, daß er sich mit seiner eigenen Symbolsprache vertraut macht und sich für deren Interpretation Zeit nimmt. Da jeder Mensch individuell träumt, sind auch seine Traumvokabeln nur ihm allein zugänglich. Und die Traumsprache ist wie jede Fremdsprache auch im Selbststudium erlernbar.

Das alles habe ich von Paul Tholey gelernt, der sich im Traum darüber klar wurde, daß er träumt und der deshalb dem „Klartraum" seine ganze wissenschaftliche Aufmerksamkeit widmete.

Über seine Arbeit sollte es auch in einem Seminar im Schwarzwald gehen, zu dem sich viele seiner früheren Doktoranden angemeldet hatten, um mehr über die weiteren Forschungen Tholeys zu hören. Auch Laien waren gekommen, die vom Wirken des humorvollen und klugen Traum-Professors gehört hatten. Ich sollte zwischen Lehrer und Zuhörern vermitteln.

Doch Paul Tholey kam nicht. Bei Rückrufen in seiner Wohnung war das Telefon stets besetzt. Als irgendwann die Tür aufgebrochen wurde, fanden sie den Mann ruhig und still in seinem Bett. Der Arzt scheute sich, das Wort „Freitod" auf den Sterbezettel zu schreiben. Nichts außer dem ausgehängten Telefonhörer deutete darauf hin. Der Träumer Paul hatte einfach die Wirklichkeit gewechselt.

Luxemburg, im Frühjahr 2002
Rainer Holbe

Glossar

Aktivierungs-Synthesis-Modell: Modell zur Traumentstehung nach J. Allan Hobson und Robert McCarley, wonach Träume durch zufällige elektrische Signale aus dem Stammhirn erzeugt werden.

Apnoe: Atemstillstand von länger als 10 s Dauer. Führt zu Abfall des Sauerstoffgehaltes im Blut.

Archetypen: Nach C. G. Jung eine Reihe angeborener Ur-bilder der menschlichen Psyche. Hierzu gehören vorrangig mythologische Gestalten. Da diese Bilder auf einer sehr tiefen Bewußtseinsstufe angesiedelt sind, ist ihr Auftreten ein Hinweis auf → Hyperkommunikation.

CFIDS-Syndrom: Chronical Fatigue and Immune Defective Syndrome. Immunschwäche- und Antriebsstörung mit gleich-zeitigem Schlafmangel, in der Regel hervorgerufen durch un-terschiedliche Umweltfaktoren.

DNA: Desoxyribonucleic Acid (Desoxyribonukleinsäure). Das grundlegende Erbmolekül, aus dem die Chromosomen bzw. die Gene aufgebaut sind.

Dreamscaping: (deutsch: Traumspringen) Das Bewußtsein eines Menschen tritt während des Traums in den Traum eines anderen Menschen ein. Anschließend erleben beide Personen einen gemeinsamen Traum.

Durchschlafstörung: Häufiges Aufwachen in der Nacht, wobei das Einschlafen nicht gestört ist.

EEG: Elektroenzephalogramm. Mit Hilfe von außen am Schädel plazierten Elektroden kann man die Gehirnaktivität messen. Wichtig für die Bestimmung der Schlafstadien.

Einschlaflatenz: Zeitraum zwischen dem Löschen des Lichts und dem ersten im → EEG nachweisbaren Schlafstadium.

EMG: Elektromyogramm. Elektrische Aktivität der Muskeln, meist am Kinn und an den Beinen gemessen. Dient u.a. zur Bestimmung von Schlafstadien.

EOG: Elektrookulogramm. Die Aufzeichnung der Augenbewegungen, wichtig für die Bestimmung des → REM-Schlafs.

Geomagnetischer Sturm: Anomalie des Erdmagnetfeldes, ausgelöst durch Schwankungen des → Sonnenwindes.

Hyperkommunikation: Informationsübertragung unter Benutzung von Wurmlöchern durch den → Hyperraum.

Hyperraum: Mathematisch definierbarer höherdimensionaler Raum (nach heutiger Erkenntnis vermutlich mit 11 Dimensionen), von dem unser 4-dimensionales Universum ein Teil ist. Außerhalb des uns bekannten 4-dimensionalen Raum-Zeit-Kontinuums existieren im Hyperraum weder Raum noch Zeit.

Hypnagoge Bilder: Während des Einschlafstadiums auftretende erste flüchtige Bildimpressionen.

Jet-Lag: Schlafstörung, die bei Fernreisen über mehrere Zeitzonen hinweg aufgrund der Zeitverschiebung auftritt.

Klartraum: Nach Paul Tholey ein Traum, in dem der Träumer weiß, daß er träumt, und sich gleichzeitig der Tatsache bewußt ist, daß er den Trauminhalt bewußt verändern kann.

Luzider Traum: Im englischen Sprachgebrauch (lucid dream) ein Synonym für den → Klartraum. Im deutschen Sprachgebrauch eine Vorstufe zum Klartraum, in dem der Träumer lediglich weiß, daß er träumt.

Non-REM-Schlaf: Alle Schlafstadien (Leichtschlaf, Tiefschlaf) mit Ausnahme des → REM Schlafs.

Polysomnographie: Gleichzeitige nächtliche Registrierung multipler Körpersignale, wie → EEG, → EOG, → EMG, Atemparameter u. a. Dient zur Diagnose von Schlafstörungen.

Quantenphysik: Teilgebiet der Physik, das sich mit den kleinsten Teilen der Materie beschäftigt.

REM-Schlaf: Rapid Eye Movement. Durch schnelle Augenbewegungen gekennzeichnete Schlafphase, umgangssprachlich auch Traumschlaf genannt. Wichtig für den erholsamen Schlaf.

Schlafstadien: Der Schlaf wird eingeteilt in mehrere Stadien, die sich durch unterschiedliche Signale in der → Polysomnographie unterscheiden. Allgemein unterscheidet man die Stadien 1 und 2 (Leichtschlaf), die Stadien 3 und 4 (Tiefschlaf, → Non-REM-Schlaf) und den → REM-Schlaf. Ausreichendes Vorhandensein und eine geregelte Abfolge dieser Stadien in der Nacht ist Bedingung für einen guten Schlaf.

Schumann-Frequenz: Fundamentale Erdresonanz von ca. 7,83 Hertz. Das menschliche Gehirn kann durch diese Frequenz zu ganz bestimmten Reaktionen angeregt werden.

Soliton-Welle: Nichtlineare Wellenform von außerordentlicher Stabilität und Speicherfähigkeit, die nach neuesten Erkenntnissen als Trägerwelle der → DNA auftritt.

Sonnenwind: Von der Sonne ausgehende radioaktive Teilchenstrahlung.

Trauminduzierter Klartraum: Eintritt in einen → Klartraum während eines normalen Traums durch Erkennen von → Traumsymbolen.

Traumsymbol: Element eines Traums, das im Wachzustand normalerweise nicht auftritt (z. B. eine Person zur falschen Zeit am falschen Ort, unmögliche Handlungen etc.)

Traumtelepathie: Informationsübertragung von einer träumenden Person an eine andere (wache oder ebenfalls träumende) Person oder umgekehrt, unter Umgehung der normalen Sinneskanäle.

Wachinduzierter Klartraum: Eintritt in einen → Klartraum direkt beim Einschlafen unter Beibehaltung des klaren Bewußtseins (bewußtes Einschlafen).

Anmerkungen

1 s. auch Alexander Borbély: „Das Geheimnis des Schlafs"

2 s. auch Fred Alan Wolf: „Die Physik der Träume"

3 Der Spiegel 36/2000

4 Ausführliche Informationen zum CFIDS-Syndrom finden Sie über unsere Internet-Seite http://www.fosar-bludorf.com

5 s. hierzu unser Buch „Vernetzte Intelligenz"

6 s. unser Buch „Reif für die Zukunft"

7 s. hierzu unsere Artikel in raum&zeit oder im Internet unter http://www.fosar-bludorf.com

8 s. hierzu unser Buch „Vernetzte Intelligenz"

9 s. hierzu unser Buch „Vernetzte Intelligenz"

10 vgl. hierzu unser Buch „Dialog mit dem Unsichtbaren".

11 s. auch Alexander Borbély: „Das Geheimnis des Schlafs"

12 s. hierzu unser Buch „Zaubergesang"

13 s. Julius Fast: „Das Wetter und wir", München 1983

14 s. hierzu unser Buch „Zaubergesang".

15 s. hierzu unser Buch „Vernetzte Intelligenz"

16 s. hierzu unser Buch „Zaubergesang"

17 über Schumann-Frequenzen berichten wir ausführlich in unserem Buch „Zaubergesang"

18 s. Beck-Bornholdt/Dubben: „Der Hund, der Eier legt"

19 Wir hoffen, daß der genannte außerirdische Wissenschaftler diese Sorgfalt auch walten ließ. Nur – wo nahm er eigentlich eine zweite Erde für seine Kontrollgruppe her?

20 s. Arnold L. Lieber: „Guter Mond, böser Mond"

21 s. Arnold L. Lieber: „Guter Mond, böser Mond"

22 Dieser Weltraum-Wetterbericht ist für jedermann ständig im Internet abrufbar unter http://www.sec.noaa.gov/SWN/

23 Genaueres hierzu in Felix Sigel: „Schuld ist die Sonne"

24 s. hierzu auch unser Buch „Vernetzte Intelligenz"

25 s. „Vernetzte Intelligenz"

26 Stephen LaBerge: "A Course in Lucid Dreaming"

27 http://www.lucidity.com

28 Diese und einige der folgenden Übungen entnahmen wir unserem Buch „Reif für die Zukunft", das sich auch mit einer ganzen Reihe weiterer geistiger Techniken beschäftigt, die nicht unbedingt alle etwas mit Klarträumen zu tun haben. Wenn Sie dies also vertiefen möchten, empfehlen wir Ihnen die Lektüre dieses Buches.

29 Sie haben dazu zum Beispiel Gelegenheit auf unserem Internet-Message-Board, das Sie über unsere Website http://www.fosar-bludorf.com erreichen können.

30 Hartmann, E.: "Dreams and other hallucinations: an approach to the underlying mechanism" (1975)

31 Schwartz, B.A. und Lefebvre, A.: „Conjunction of waking and REM sleep" (1973)

32 Rainer Holbe veranstaltet in jedem Sommer Ferienseminare „Sinn und Sinnlichkeit" auf romantischen und einsamen Flüssen und Seen in Frankreich. Informationen unter http://www.rainer-holbe.de oder E-Mail: RHolbe@compuserve.com. Postadresse: Maison sur les collines, L-6991 Rameldange.

33 LaBerge, Stephen: Lucid Dreaming: Psychophysiological Studies of Consciousness during REM Sleep (1990)

34 Zitiert aus folgenden Materialien: a) Wolfgang Pauli, unveröffentl. Manuskript, b) Herbert von Erkelens: „Wolfgang Pauli and the Spirit of Matter"

35 s. hierzu auch unser Buch „Vernetzte Intelligenz"

36 Besonders häufig geschieht dies bei sogenannten Hyperkommunikationserlebnissen. Wir gehen hierauf ausführlich ein in unserem Buch „Vernetzte Intelligenz".

37 s. hierzu auch unser Buch „Zaubergesang", Kapitel „Zu Besuch bei den Göttern"

38 s. auch Douglas Monroe: „Merlyns Wiederkehr"

39 Wir weisen in diesem Zusammenhang ausdrücklich darauf hin, daß die hier beschriebene Liste der Substanzen, die man unter der Wirkung eines MAO-Hemmers nicht zu sich nehmen darf, nicht vollständig ist. Wir haben absichtlich nur einige Beispiele zitiert, damit niemand beim Lesen unseres Buches auf dumme Gedanken kommt und meint, er wisse aufgrund der Lektüre genug über MAO-Hemmer, um einen Selbstversuch wagen zu können.

40 Zum Verhältnis Tiefschlaf-REM-Schlaf-Gruppenbewußtsein siehe auch unser Buch „Der kosmische Mensch", Kapitel „Ebenen der Kommunikation".

41 s. „Vernetzte Intelligenz"

42 s. hierzu unser Buch „Das Erbe von Avalon"

43 vgl. hierzu unser Buch „Zaubergesang", wo wir eine ähnliche Messung im fränkischen Marienerscheinungsort Heroldsbach dokumentiert haben.

44 s. „Vernetzte Intelligenz"

45 s. hierzu auch das Traumbeispiel auf S. 140

46 Einige Beispiele finden Sie in unserem Buch „Vernetzte Intelligenz".

47 s. auch Elmar Gruber, „Die PSI-Protokolle"

48 s. hierzu auch die keltische Technik der „Mondvision", beschrieben auf S. 215

49 in seinem Buch „Die Kunst des Pirschens"

Literatur

Alexander, Charles: A Conceptual and Phenomenological Analysis of Pure Consciousness During Sleep, in: Lucidity 10, Nr. 1/2, S. 129. 1991.

Ansha: Reinigungsrituale für Haus und Wohnung. Wie Sie Räume von Fremdenergien reinigen. München 1999.

Beck-Bornholdt, Hans-Peter und Hans-Hermann Dubben: Der Hund, der Eier legt. Erkennen von Fehlinformation durch Querdenken. Hamburg 1997.

Bertelsen, Jes: Traumarbeit und Meditation. Bewußtseinsentwicklung durch Übungen mit Chakrasymbolen. München 1988.

Borbély, Alexander: Das Geheimnis des Schlafs. Neue Wege und Erkenntnisse der Forschung. Stuttgart 1984.

Bytof, Adam und Robert Stein: Jasność. Podręcznik świadomego śnienia i medytacji. Warszawa 2001.

Castaneda, Carlos: Der Ring der Kraft. Frankfurt 1978.

Castaneda, Carlos: Die Kunst des Pirschens. Frankfurt 1983.

Castaneda, Carlos: Die Kunst des Träumens. Frankfurt 1994.

Castaneda, Carlos: Die Reise nach Ixtlan. Frankfurt 1972.

Cerny, Christine: Magisch Reisen. Österreich. Lebendiges Brauchtum und alte Kultplätze. München 1992.

Crick, Francis and Graeme Mitchinson: REM Sleep and Neural Nets, in: The Journal of Mind and Behavior 7, Nr. 2 und 3, S. 229 [99]-250 [120]. 1986.

Crick, Francis and Graeme Mitchinson: The function of dream sleep, in: Nature 304, Nr. 5922, S. 111-114. 1983.

Danker-Hopfe, Heidi und Werner M. Herrmann: SIESTA – A New Standard for Integrating Sleep Recordings into a Comprehensive Model of Human Sleep and its Validation in Sleep Disorders. EU-Biomed 2 – BMH4-97-2040. Freie Universität Berlin. Berlin 2000.

Erickson, Milton H. und Ernest L. Rossi: Hypnotherapie. Aufbau – Beispiele – Forschungen. München 1989.

Fast, Julius: Das Wetter und wir. Wetterfühligkeit und wie man ihr begegnet. München 1983.

Fosar, Grażyna und Franz Bludorf: Das Erbe von Avalon. Verborgenes Wissen in den europäischen Mysterien wiederentdeckt. München 1996.

Fosar, Grażyna und Franz Bludorf: Der kosmische Mensch. Ein Weg, um zum Denken zu kommen. Frankfurt 1992.

Fosar, Grażyna und Franz Bludorf: Dialog mit dem Unsichtbaren. Der achtdimensionale Überraum als Ursprungsort paranormaler Phänomene. Frankfurt 1991.

Fosar, Grażyna und Franz Bludorf: Reif für die Zukunft. Auf den Spuren des kosmischen Bewußtseins. Frankfurt 1996.

Fosar, Grażyna und Franz Bludorf: Vernetzte Intelligenz. Die Natur geht online. Gruppenbewußtsein – Genetik – Gravitation. Aachen 2001.

Fosar, Grażyna und Franz Bludorf: Zaubergesang. Geheimnisvolle Erdfrequenzen – der Schlüssel zur Wetter- und Gedankenkontrolle. München 1998.

Freud, Sigmund: Das Ich und das Es. Gesammelte Werke Bd. XIII. Frankfurt 1967.

Freud, Sigmund: Die Traumdeutung. Gesammelte Werke Bd. II/III. Frankfurt 1960.

Gackenbach, Jayne, & Stephen LaBerge: Conscious mind, sleeping brain. New York: Plenum Press, 1988.

Gruber, Elmar R.: Die PSI-Protokolle. München 1998.

Hartmann, E.: Dreams and other hallucinations: an approach to the underlying mechanism. In R. K. Siegal & L. J. West (Eds.), Hallucinations (pp. 71-79). New York 1975.

Hawking, Stephen: A Debate on Open Inflation. Cambridge 1998.

Hawking, Stephen: Das Universum in der Nussschale. Hamburg 2001.

Hawking, Stephen: Space and Time Warps. Cambridge 1998.

Hewitt, William W.: Rozwój zdolności parapsychicznych. Poznaj swój ukryty potencjał. Praktyczny podręcznik. Warszawa 1999.

Hobson, J. Allan and Robert W. McCarley: The Brain as a Dream-State Generator. An Activation-Synthesis-Hypothesis of the Dream Process, in: American Journal of Psychiatry 134, Nr. 12, S. 1335-1348. 1977.

Hobson, J. Allan: The Dreaming Brain. How the brain creates both the sense and the nonsense of dreams. New York 1988.

Jung, Carl Gustav: Archetypen. C. G. Jung-Taschenbuchausgabe in elf Bänden. München 1990.

Jung, Carl Gustav: Die Beziehungen zwischen dem Ich und dem Unbewußten. C. G. Jung-Taschenbuchausgabe in elf Bänden. München 1990.

Jung, Carl Gustav: Typologie. C. G. Jung-Taschenbuchausgabe in elf Bänden. München 1990.

Klein, Stanley A.: Is Quantum Mechanics Relevant To Understanding Consciousness? A Review of Shadows of the Mind by Roger Penrose. University of California. Berkeley 1995

König, Johanna: Sonnenflecken und Erdbeben. In: raum&zeit Nr.94, Juli/August 1998.

König, Johanna: Flugzeugabstürze durch Sonnenflecken. In: raum&zeit Nr. 102, November/Dezember 1999.

LaBerge, Stephen and Howard Rheingold: Exploring the World of Lucid Dreaming. New York 1990.

LaBerge, Stephen, Nagel, L., Dement, W., & Zarcone, V.: Lucid dreaming verified by volitional communication during REM sleep. Perceptual & Motor Skills, 52, 727-732, 1981.

LaBerge, Stephen: A Course in Lucid Dreaming. Lucidity Institute, Palo Alto 1993.

LaBerge, Stephen: Hellwach im Traum. Höchste Bewußtheit in tiefem Schlaf. Paderborn 1987.

LaBerge, Stephen: Lucid dreaming: Evidence that REM sleep can support unimpaired cognitive function and a methodology for studying the psychophysiology of dreaming. The Lucidity Institute. Stanford 2000.

LaBerge, Stephen: Lucid Dreaming: Psychophysiological Studies of Consciousness during REM Sleep. In Bootzen, R. R., Kihlstrom, J.F. & Schacter, D.L., (Eds.) Sleep and Cognition. Washington, D.C.: American Psychological Association, 1990 (pp. 109-126).

Leighton, Robert B.: Principles of Modern Physics. New York 1959.

Leuner, Hanscarl: Lehrbuch des Katathymen Bilderlebens. Verlag Hans Huber (o.J.).

Lieber, Arnold L.: Guter Mond, böser Mond. Geheimnisvolle Kräfte bestimmen unser Leben. Düsseldorf 1997.

Linn, Denise: Die Magie des Wohnens. Ihr Zuhause als Ort der Kraft, der Kreativität und der Zuflucht. München 1996.

Meinhold, Werner J.: Das große Handbuch der Hypnose. Theorie und Praxis der Fremd- und Selbsthypnose. Genf 1980.

Monroe, Douglas: Merlyns Lehren. 21 Lektionen in praktischer Druidenmagie. Freiburg 1996.

Monroe, Douglas: Merlyns Wiederkehr. Die verschollenen Schriften und Zauberbücher des großen Druiden. Freiburg 1999.

Pauli, Wolfgang: Unveröffentlichtes Manuskript, ETH Zürich, WHS, Hs 1056:30867. o.J.

Pennick, Nigel und Paul Devereux: Leys und lineare Rätsel in der Geomantie. Chur 1991.

Pennick, Nigel: Handbuch der angewandten Geomantie. Wie wir heute Landschaft und Siedlung wieder in Einklang bringen können. Saarbrücken 1985.

Pogačnik, Marko: Schule der Geomantie. München 1996.

Pogačnik, Marko: Wege der Erdheilung. München 1997.

Rätsch, Christian: Enzyklopädie der psychoaktiven Pflanzen, Botanik, Ethnopharmakologie und Anwendung. Aarau 1998.

Scheiner, Joachim Alfred P. und Christine M. Bradler: Feng Shui als Spiegelbild. Ich wohne, wie ich bin. Landsberg 1997.

Schütz, Gerhard: Hypnose in der Praxis. Über das Phänomen der Trance. Paderborn 1997.

Schwartz, B. A. & A. Lefebvre: Contacts veille/P.M.O. II. Les P.M.O. morcelees [Conjunction of waking and REM sleep. II. Fragmented REM periods.]. Revue d'Electroencephalographie et de Neurophysiologie Clinique, 3, 165-176, 1973.

Sigel, Felix: Schuld ist die Sonne. Leipzig 1975. Originalausgabe: Феликс Зигель: Виновато солнце. Москва 1972 г.

Stapp, Henry P.: Why Classical Mechanics Cannot Naturally Accommodate Consciousness but Quantum Mechanics Can. Lawrence Berkeley Laboratory. Berkeley, California, 1995.

Stockinger, Günther: Tour durch die Wachhölle. Der Spiegel 36/2000.

Talbot, Michael: Jenseits der Quanten. Wie die neue Physik die Kluft zwischen Wissenschaft und Glauben überbrückt. München 1990.

Talbot, Michael: Mystik und neue Physik. Die Entwicklung des kosmischen Bewußtseins. München 1989.

Tholey, Paul und Kaleb Utecht: Schöpferisch träumen. Der Klartraum als Lebenshilfe. Niedernhausen 1987.

Tholey, Paul: Bewußtsein, Bewußtseinsforschung, Bewußt Sein. Bewußt Sein 1(1), S. 9-24, 1989.

Tholey, Paul: Bewußtseinsveränderung im Schlaf. Wach' ich oder träum' ich? Psychologie heute, 9(12), S. 68-78, 1982.

Tholey, Paul: Blick-Varianten im Wach- und Traumzustand. Frankfurt 1992.

Tholey, Paul: Der Klartraum als ein Weg zu schöpferischer Freiheit. In: A. Resch (Hrsg.), Veränderte Bewußtseinszustände. Träume, Trance, Ekstase, S. 199-242. Innsbruck 1990.

Tholey, Paul: Der Klartraum. Seine Funktion in der experimentellen Traumforschung. In: W. Tack (Hrsg.): Bericht über den 30. Kongreß der Deutschen Gesellschaft für Psychologie in Regensburg, 1976, S. 376-378.

Tholey, Paul: Die Entfaltung des Bewußtseins als ein Weg zur schöpferischen Freiheit – Vom Träumer zum Krieger. Bewußt Sein 1(1), S. 25-56, 1989.

Tholey, Paul: Diskussion über Induktionsmethoden, theoretische Grundlagen und psychotherapeutische Anwendungen des Klarträumens (ein Gespräch mit B. Holzinger und St. LaBerge). Gestalt Theory, 20, S. 143-172, 1998.

Tholey, Paul: Erkenntnistheoretische und systemtheoretische Grundlagen der Sensomotorik. Sportwissenschaft, 10, S. 7-35,1980.

Tholey, Paul: Haben Traumgestalten ein Bewußtsein? Eine experimentell-phänomenologische Klartraumstudie. Gestalt Theory, 7, S. 29-46, 1985.

Vedfeldt, Ole: Dimensionen der Träume. Ein Grundlagenwerk zu Wesen, Funktion und Interpretation. Zürich; Düsseldorf 1997.

von Erkelens, Herbert: Wolfgang Pauli and the Spirit of Matter. In: Pakka Lahti, Peter Mittelstadt (Eds.): „Symposium on the Foundations of Modern Physics 1990: Quantum Theory of Measurement and Related Philosophical Problems. New Jersey 1991.

von Rohr, Wulfing (Hrsg.): Orte der Kraft – Kräfte des Lebens. Münsingen-Bern 1991.

Williams, Strephon: Durch Traumarbeit zum eigenen Selbst. Kreative Nutzung der Träume. Interlaken 1984.

Winson, Jonathan: The Meaning of Dreams, in: Scientific American. November 1990.

Wolf, Fred Alan: Die Physik der Träume. Von den Traumpfaden der Aborigines bis ins Herz der Materie. München 1997.

[ohne Autorenangabe]: Polysomnographie. Die Kunst, den Schlaf zu Meßen. Schlaflabor der Psychiatrischen Klinik und Poliklinik des Universitätsklinikums Benjamin Franklin. Berlin (o. J.).

Bildquellennachweis

Kontaktadresse der Autoren:

Grażyna Fosar
Franz Bludorf

Postfach 242

D-12112 Berlin

Tel./Fax: +49 30 795 36 63
E-Mail: mail@fosar-bludorf.com
Internet: http://www.fosar-bludorf.com

Auf der Internet-Site der Autoren finden Sie eine Vielzahl von Informationen, die weit über die Themen dieses Buches hinausgehen.

Register

A

Acetylcholin 65
Acetylsalizylsäure 216-217, 220
Aktivierungs-Synthesis-Modell 63, 182
Alpha-Wellen 33, 57, 121, 226
Alptraum 21, 51, 79, 176, 218, 239, 240
Amygdala 59
Archetypen 266
Aristoteles 55, 179
Aspartam 53
Aufmerksamkeit, Stadien der 57, 69, 72, 241, 260
Augenbewegungen (im Traum) 17, 30-34, 37, 54, 113, 117, 162-164, 167-169, 181, 184, 239
Aura-Soma 73
Aurora borealis 118, 124
Ausschließungsprinzip 203-204

B

Bachblüten 52
Baldrian 47, 216, 217
Beta-Wellen 57, 58, 103, 188
Bett 7-9, 11, 16, 22, 24, 33, 37, 43, 47-49, 52, 69, 71, 74-75, 77-78, 82, 83, 85-88, 90-94, 133, 135, 136, 148, 151, 157, 192, 205, 206, 222, 228, 240, 250, 255
bewußtes Einschlafen 227-231
Bewußtsein 17, 24-26, 36-38, 54, 58, 66, 88, 116, 119, 134, 137, 139-140, 147, 162, 164, 166, 169, 171, 174-175, 179, 185-186, 189, 191, 196, 202-206, 216, 222-223, 225-226, 230, 232, 235, 238, 242, 248, 253-254, 258

Bewußtseinszustand 39, 54-55, 57-58, 79, 104, 134-136, 139, 145, 151,162-163, 169, 189, 211, 213, 219, 220, 230, 235
Bilsenkraut, schwarzes 219-220
Bioenergie-Pendeltafel 84, 92, 95
Book of Pheryllt 215-216

C

Castaneda, Carlos 260
CFIDS-Syndrom 51, 53, 270
Chakra 165
Chiasma opticum 48
Chromosomen 266
circadianer Rhythmus 50, 116
Corpus mamillare 59
Crick, Francis 19, 60, 61-62, 64
Curry-Gitter 89-91

D

Dali, Salvador 8-9, 60
Delphine 63
Delta-Wellen 34, 35, 57, 106
Demodulation 65
Depression 65
Distanzierung (vom Traum) 239-240
DNA 60, 81, 100, 222-223, 225, 251, 252, 256, 266, 268
Dreamcard 150-152, 155, 169
Dreamscaping 60, 215, 258, 259, 260
drittes Auge 46, 165, 244

284

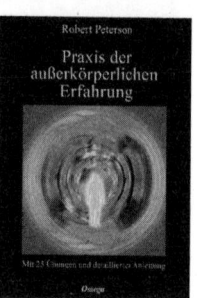

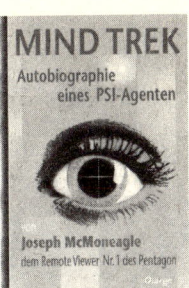

Weitere Bücher aus dem Omega-Verlag Ω